JN056689

地方自治と半世紀

石川嘉延　回想録

第13～16代静岡県知事

3選を果たし支援者と喜びを分かち合う=平成13(2001)年7月29日、
静岡市曲金の選挙事務所　©静岡新聞社

第50回全国植樹祭森づくり会場（天城湯ヶ島町）で天皇皇后両陛下に会場をご説明する＝平成11（1999）年5月30日　©静岡新聞社

平成14（2002）年5月8日～15日、浜名湖花博PRのため訪欧。フランスでモネの庭を見学し、オランダでは国際園芸博「フロリアード2002」で静岡県の展示イベントに出席した　©静岡県

中国・浙江省友好提携20周年記念式典に出席＝平成14（2002）年10月25日、浙江省杭州市　©静岡県

習近平副主席と会談。習氏との会談は通算4回目。静岡空港への中国便就航に理解を求める＝平成20（2008）年4月23日、北京人民大会堂　©静岡県

FDA 1号機の機内をフジドリームエアラインズの鈴木与平社長に案内いただく＝平成21（2009）年2月28日、静岡空港　©静岡県

富士山静岡空港開港記念内覧会でテープカット＝平成21（2009）年5月22日　©静岡県

富士山静岡空港開港式で開港宣言し、くす玉割り
＝平成21(2009)年6月4日　©静岡県

着陸機の乗客を笑顔で出迎え＝平成21(2009)年6月4日　©静岡県

退任の日、職員や市民に見送られ県庁を後にする＝平成21（2009）年6月17日　©静岡県

旭日大綬章を受章し、皇居で親授式が執り行われる。終了後、海部俊樹元首相(前列中央)らと記念撮影＝平成23(2011)年6月24日

地方自治と半世紀　石川嘉延回想録

もくじ

装画　石川和賢
装丁　島田雅裕

第一章　生い立ち

台湾での幼年期

私のふるさとは台湾・台中市と、静岡県大東町（現掛川市）にある。

静岡県西部の穀倉と称される広大な小笠平野のうち、内陸部の掛川市街から遠州灘の海岸線まで、ほぼ真南に向かう十数キロの間には小笠山系と呼ばれる山地が連なり、ここだけが周辺といささか趣の異なる景観を呈している。

入り組んだ小高い丘陵とそこから発する数えきれない沢や小河川によって複雑な地形が生じ、戦国の世にこの地では武田・徳川の軍勢による激しい城盗り合戦が繰り広げられた。天下統一を賭けた戦国大名の覇権争いのまさに舞台となった小笠山の砦跡や高天神城跡を仰ぐ一角が私の生まれ故郷で、当時は小笠郡佐束（さづか）村と呼んだ。

遠州灘に注ぐ一級河川菊川の支流、佐束川に沿って南に開けた小さな村はその後の町村合併を経て昭和30年に城東村、48年には大東町となり、さらに平成の大合併で掛川市に組み入れられた。両親もともにその佐束村の生まれである。

農家の二男坊だった父石川瀧司は積極果敢の人で、早くから海外雄飛を夢見て戦前に日本統治の台湾に渡った。製糖会社に職を得て広大なサトウキビ畑の管理に当たった。周囲は旧制中学・高校卒のエリートばかり、負けん気一本で働いたらしい。当時の製糖会社といえばそれは羽振り良く、社員の福利厚生も行き届いていた。戦火が激しくなる以前には何度か一家で本国に帰省することもあったと聞く。

母喜世はこの台湾時代、末っ子の私を含めて3人の男児を生んだ。昭和15年の秋にも、出産のため佐束村の実家に数カ月間滞在した。そして間もなく師走を迎えようとする11月下旬、私は石川家の第3子としてこの世に生を受けた。

その後5歳半まで台湾で過ごすことになり、当然ながら彼の地の記憶はおぼろげで断片的なものでしかない。それでも当時住んでいた台中市周辺の社宅にはバナナやマンゴーが実り、甘いものなど不自由したことなどなかった記憶がある。

さらに幸いなことに台北や台中にあって、空襲というものの体験もない。

母は実父の事業失敗の教訓から「手に職こそ、生きる道」と実母に諭されて上京し、文化服装学院で洋裁を修めた。戦前の第1期卒業生で、なんでも助手として学校に残るよう懇願されるほどに成績抜群だったという。

後に父と結婚して渡台した母は、娘時代に取得したその腕を生かして社宅の一角で洋裁教室を開いた。一時は在留邦人の子女や台湾の娘さんなど30人ほどが通っていたという。

ことほど左様に台湾で過ごした日々は平穏で、それなりに豊かな暮らしだった、という実感が子供心にもある。

本土帰還

そんな一家が再び故郷・佐束の地を踏むのは太平洋戦争が終結し、各地から抑留民間人の本土帰還が本格化する昭和21年春のことである。

台湾の基隆（キールン）という港から数日をかけて和歌山・田辺港に着いた。ほとんど船酔いの記憶しかないが、引揚船は「リバティ船」と呼ばれた米国輸送船であることを後年になって知った。

田辺に上陸すると全員がシラミ退治のＤＤＴ風呂に入浴させられ、その日のうちに京都に向かった。

もはや覚えていないが、東西どちらかの本願寺にようやくのこと旅装を解いて、本土帰還後の初めての夜をこの寺で過ごした。翌日の朝食の白米ご飯と、刻んだネギの味噌汁のおいしかったこと、今も鮮やかに思い出す。

引き揚げに伴う我が同胞の悲劇は枚挙にいとまない。後に知ることになるが終戦後、軍人・軍属とそれらの家族、そして一般在留邦人の多くが命からがらシベリアや満州の各地から、さらには朝鮮半島や南方などから必死の思いで逃げ帰った。

そこまでもが今次大戦の悲劇であった。翻って私の場合、幼児の記憶とはいえ恐怖や辛苦、飢えや寒さといった苛烈な体験からはまるで遠い。日々の生活は先述した通りであり、引き揚げに際しても何事もなく、身の危険を感ずる修羅場など全くなかったといっていい。

永い日本統治下にあって、台湾の人々の日本人に対する感情は他の地のそれと比べていささかの穏やかさを宿したものではなかったろうか。耐え難いご苦労をされた多くの引揚者の皆さんにはまことに申し訳ない思いであるが、この終戦の一時期に我ら一家を包んだ幸運には正直感謝せざるを得ない。

京都から東海道線を乗り継ぎ、掛川駅からは恐らくバスに乗って佐東村の父の実家に戻った。

戻ったというより、当然ながら私にとっては初めての、己の脳裏に刻み込むことができた故郷の春景色であった。日本の都市部を阿鼻叫喚の地獄図と化した、米軍によるあの空襲や艦砲射撃の痕跡もない、日本のどこにでもあるひなびた寒村の一つが私の眼前に広がっていた。

見渡す畑や乾田には、今を盛りと咲き競う菜の花が鮮やかであった。眼に染み入るほどの、その黄色の絨毯の広がりを私は今でもハッキリと思い起こすことができる。間違いなく私の故郷の原風景といっていい。

平和で純朴なこの小さな村で山野を駆け、あるいは佐東川で魚獲りなどをしながら、私は屈託ない少年期を過ごした。

山川を駆け巡る〝自然児〟

父の実家に引き揚げて間もなく、母の生家脇に空いていた家があったので移り住んだ。生活再建に向けた一家の暮らしが本格的に始まったのである。

父は若いころに祖母が営んでいた衣料品の行商を手伝った経験を生かし、この道で生計を立てることになった。その年、長兄雅信は旧制掛川中学（掛中）に入学、片道10キロの道のりを自転車で通学し始めた。すぐ上の公万兄も村の佐束小に転校し、やがて私も次兄の後を追って佐束小に通い始める。

父の商いは少しずつ軌道に乗り、私が高校生の頃になると両親は村の中心部の一角に小さな店を開くまでになった。父の名をとって「マル瀧衣料品店」といい、母が洋服を仕立てて、父が仕入れや販売などの外商を担うという、文字通りの二人三脚が始まったのである。

親の苦労を知ってか知らずか、幼年時代の私といえば来る日も来る日も山や川を駆け巡り、夏休みともなれば近くの溜池で日が落ちるまで泳いでいるという〝自然児〟だった。小学校が終わるまで生キズの絶えないヤンチャ坊主だった。学校の内でも外でも先頭きって集団を率い、先生に叱られるのもイの一番、というような元気印であったらしい。

父は子育てには厳しく、しつけを重んじた。田舎の洋品店経営ぐらいでは将来、子らに残すものとてないと考えたのか、私たちには自立すること、すなわち「自活力」の大切さをしきりと説いた。

10歳も年長の雅信兄は私にとってオジさんのような存在だが、父の教えを守る良き先輩でもあった。在学中の学制改革により新制掛川西高（掛西）第一回卒業生の栄に浴したその春、「県内の大学なら入学を許す」という父の提案を拒否。進学を断念し、大手都銀に入行を決めて上京してしまった。

兄にとっては初めての独り暮らしだが、勤務を終えるとその足で早稲田の夜間部に通うという試練の日々を自らに強いて、慣れぬ東京で一人、自立の道を模索した。高校では剣道部で活躍した。文武両道・質実剛健の良き気風を身に受け継いだ、まさに戦前の掛中人の一人であったように思う。

雅信兄のケースとは逆に、父の狙い通りというか、教え通りに的を射たのが私と3つ違いの次兄公万で、望んだ一期校には手が届かなかったものの、地元の静岡大工学部に合格し、見事に理系志望の夢を叶えてしまった。

その公万兄が城東中を卒業して掛西に進学した昭和28年、兄を追い出すかのごとく、私も城東中に進み、佐東小のいたずらっ子とともに中学生に仲間入りした。呑気に小学校時代を過ごした私だが、この頃から勉強にもまじめに向き合うようになった。

部活のバレーボールにも真剣に取り組み、夏の終わりにはそれこそ顔の表裏がつかぬほどに日焼けしてクラスの皆を仰天させた。

病いに悩まされた学生時代

ところが好事魔多しである。進級するに従い、なぜか私の体はスタミナ切れが激しくなった。3年生になると視力も衰え、病院で診てもらうと「慢性扁桃腺炎」という診断だった。疲れると風邪の症状や発熱に悩まされた。

昭和30（1955）年10月、城東中3年。西部地区英語弁論大会で優勝、県大会でも優勝を果たす

この病いは大学を卒業するころまで私の生活をかなり翻弄した。母は心配の毎日であったろうが、31年の春はひと時、我が家を小さな幸せが包んだ。公万兄が静岡大へ進学を決めると同時に、私も掛西に入学を許されて2人の兄と同じ道を歩むことになったのだ。

公方兄は受験勉強に通信教育の添削テストを利用した。時に同級生の友と一緒に難問の解答に苦悶する兄の真剣な勉学ぶりを見て、中学生の私も刺激を受けた。理数系は苦手だったが、それ以外の得意な科目で目いっぱい点を取ろう、という大胆な戦略で成績は伸びていった。

お下がりの自転車で毎日片道30分、大東街道を北上南下する登下校は2人の兄がしたのと同じ日課である。峠越えのそれなりの起伏もあった。季節風を正面に受ける冬の朝はいささか難儀した。掛川の街が近くなると合流する自転車は増え、青田の隧道を抜けると車列は2列、3列になった。隣り合わせた友達としゃべりながらペダルをこいだ。

当たり前に壮健な高校生ならば、朝のこの通学はまことに適度な運動だったろう。ただ、扁桃腺炎と闘う私は学校に到着後は授業に出るのが精いっぱいで、とても部活の余裕はなかった。長兄を見習って剣道部に入ったものの、3カ月で退部した。

しかも体力温存のためには十分な睡眠が必要で、遅くとも10時までには寝たい。それでは勉強の時間が足りない、さてどうするか。考えた末に学校の休憩時間や昼休みなど、許されるすべての時間を勉強に充てることにした。

授業の合間に教科書や参考書と首っ引きで暗記に取り組む私は、皆から相当に「やなヤツ」と思われたに違いない。だが、そんな目を気にしている余裕はなかった。苦手の数学には苦労した。理解できないと先生をつかまえて質問攻めにした。ご迷惑だったろうが、先生方はトコトン付き合って下さった。

授業が終わればサッと家路に着き、夕刻までのわずかな時間と、食事や入浴が済んで床に就くまでの数時間、受験勉強に没頭した。決して勉強が好きという人間ではなかったが、それをしなければ父の言うように自らの道は切り開けないのだと思っていた。

病いとうまく折り合いをつけながら懸命に取り組んだ受験勉強だったが、狙い定めた志望校の東大は私にその門を開け放ってはくれなかった。「1年間なら浪人してもいい」という父の言葉に甘えて、2年目は東京で兄の家から予備校に通い、一層の受験対策を練った。

もう一度失敗したらそのまま社会人になろう——。そう覚悟を決めた私は二期校への併願もせず、再び東大一本に絞って再度の試験に挑んだ。

そうして1年後、後に「安保の年」として歴史に記憶される昭和35年の春、私は晴れて東大法学部の門をくぐった。

大学での出会い

過激に運動するとダウンしてしまうという体調は相変わらずだったが、私は東大で再び剣道部の門を叩いた。普段の稽古はもちろんのこと、年3回ある合宿などにも勇んで参加するのだが結局、最後には寝込んでしまうというダメ剣士だった。

だが、辞める気はさらさらなかった。途中で放り出しては元も子もないという思いと、そんな軟弱な部員でも置いてくれる寛容さが当時の東大剣道部にはあった。

入部して間もなく、同郷人として國松孝次先輩を知った。浜松出身で後に警察庁長官としてご苦労されるが、当時は留年したての4年生。初めて道場でお会いすると「おう、掛西だって！」と、親しげに声をかけて下さった。役所こそ違え、同じ公務員としてその後も永くお付き合いを頂くことになる。

剣道部の活動で学んだことの一つに「観見二目」なる言葉がある。「見る」は文字通り眼前に起きている現象を正確に捉えること、「観る」はその現象の奥にある本質を見抜く

法学部の級友らと尾瀬へ

ことと理解する。すなわちすべて物事には結果として現れる現象と、その現象の原因を作り出した流れがあり、現象と本質の双方を観察する2つの眼力が大切だ、ということである。

後に行政を預かる立場になった時、この言葉は私にとって極めて重要な心得となった。剣道部では良き友を得た。未だに付き合いがあり、そんな縁で恥ずかしながら今も「全日本剣道連盟」の顧問を仰せつかっている。

この頃、岸内閣の下で進められていた日米安保条約の改定は学生を中心とした広範な反対運動を招き、国会周辺では連日10万人を超えるデモが繰り広げられていた。規制する機動隊や右翼団体との衝突で、東大女子学生の樺美智子さんが死亡する事故も起きるなど、社会は騒然としていた。

私は日米安保は日本に不可欠と考えていたが、1度だけ駒場寮で同宿の仲間に誘われて国会デモに参加した。当然ながら学内も落ち着いた雰囲気には程遠く、キャンパスを見渡せば大学自治会の委員長だった1年先輩の西部邁氏などが立て板に水のごときアジ演説をふるっていた。

教室に行けば後に西部氏の後を襲って2代目委員長になる江田五月がいた。西部氏は母校で教壇に立つものの辞職、その後は保守派の論客としてマスコミ等で大活躍する。平成30年1月、なぜか自死という壮絶な最期を選んで逝った。

級友の江田とは教室を共にした。政治思想史の講座では丸山真男教授の話を聞いた。明快で面白い講義だった。学生の中には教授に傾倒するあまり、戦後民主主義の加重な信奉者になる者も結構いたが、私はそこまでのめり込まなかった。

ある時「教養人とは何か」という話になって、先生は「自らを客観視できるのが真の教養人なり」と、これまた明快に答えられた。「なるほど」と腑に落ちる気がして今も印象深く記憶している。

江田はといえば、学生委員長の時に全学ストを主導した責任を問われ、退学処分を受けてしまう。2年後に復学した彼は在学中に司法試験に合格、卒業後は法曹の道を選んで判事に任官する。私が千葉県庁に勤務したころ、たまたま千葉地裁に判事補として務め、旧交を温めた時代があった。

ところが運命はわからないもので、彼が36歳の誕生日に元社会党委員長代行を務めた父・三郎氏が急逝、政治家の後を継ぐ。法相や参院議長を務め、清廉なイメージで野党陣営を支えた。まことに好人物で、それ故に私は政界に身を置くにはいささか不適ではないか、と見ていた。

多くの辛酸をなめたに違いないが、政界を引退した後、弁護士活動を再開したと聞く。彼にとって願ってもない晩年ではなかったろうか。その彼も令和3年の夏、80歳で逝った。与野党を超えて悼む声が相次いだ、と報道にあった。

傍からはノラリクラリに見えたであろう私の剣道修行だが、それなりに精進を続けたお陰か、最終学年を迎える頃には発熱の症状は引っ込み、健康不安はほぼ消えていた。体調が戻ると同時に、そろそろ卒業後の進路を考えねばならぬ時期となった。

進路

自らの適性を鑑みるに、どうも民間で活躍できる人材ではなさそうだ、世のために尽くすならばやはり役所だろうか、といって成績抜群なわけでもないし……。などなど思案した揚げ句、国家公務員上級職試験を受けることにした。

案の定というか、３５０人ほどの合格者中、終わりから数えた方が早いほどの成績だったが、ともかくも試験はパスした。後はどの省庁に行くか、である。

時まさに高度成長下。翌年にオリンピック開催を控えた東京の街は昼夜いとわず建設のツチ音高く、首都大改造ともいうべきインフラの整備が怒涛のごとくに進んでいた。このころ帰省で東京と田舎を往復すると、如実に都市と農村の格差を目の当たりにした。

東京を中心に大都市圏は経済成長の果実を独り占めするがごとく発展し、都市生活者の暮らしぶりは目に見えて良くなっていく。ただ、成長に並行して過密がもたらす様々な弊害、すなわち大気汚染や水質汚濁などの公害による環境悪化が生活を脅かし、都市は苦悩し始めていた。

　一方、地方は地方で人は流出する、所得水準はさほど上がらない、という具合で地域社会そのものが先細りし、その存立さえ危ぶまれる現実に不安と焦燥が募っていた。

　放置しておいては日本全体の均衡ある発展は望めない、さらにこれを良い方向に持っていくために自分にはどんな関わり方があるのか。問題意識が自然と芽生え、選ぶべき道は自ずと見えてきた。

　さらに霞が関で働く剣道部の先輩なども訪ねて意見を拝聴し、それらを総合して最終的に自治省に進む決意を固めた。農水省も最後まで迷ったが、親しかった級友の久間章生（後に衆院議員、初代防衛相など）がいち早く農水省に志望を決めたため、「2人して行くこともないか」という配慮も、幾分か働いたのである。

　自治省では入省を希望する者にはさらに面接試験を課しており、必ずしも上級職試験の結果だけで判定はしない、という触れ込みだった。筆記試験の成績にいささか自信のない者としては正直、それも志望を後押しした理由である。そんなこんなで、この年に自治省に入省を許された同期生は20人であった。

発足したばかりの第三次池田内閣はこの年の暮れ、「所得倍増論」という長期経済政策を閣議決定し、10年間で国民所得を2倍にするという前代未聞の構想をブチ上げて世間をアッと言わせた。

日本中がオリンピック景気に沸く昭和39年4月、私は東大を卒業して同期の19人とともに、自治官僚としての第一歩を踏み出した。

第二章　自治官僚として

最初の地方赴任地・三重県で

地方自治を総括する所管官庁として巨大な権限を有した明治以来の旧内務省は、敗戦後の占領政策の中でGHQの指令により解体的出直しを迫られる。細分化されて存続した組織は再編を重ねながら昭和28年には自治庁が発足、そして我々が入省する4年ほど前に自治省に昇格していた。

さらに私が静岡県知事を務めていた平成13年、中央省庁等改革基本法によって総務省に改編され、今に至っている。

日本の地方行政を担う中核的人材を育成するという方針に則り、我々は採用後の4カ月間、東京の本庁で研修を受け、8月になるとそれぞれの任地である各道府県へと赴任していった。私の辞令は三重県総務部地方課財政係主事である。着任してからは今でいうところのＯＪＴで、実践しながら仕事を覚えていくという段取りであった。

この赴任を皮切りとして本庁と地方を行き来するのが自治省人事の習いで、私の場合は平成5年6月、縁あって静岡県知事選挙に出馬のため退職するまでの30年間、三重と千葉、静岡の3県を本庁との間で往来することになる。

決して本流というか、日の当たるポストばかりを歩んだという経歴ではない。が、その任地それぞれに人と仕事に恵まれて、実に充実した役人生活を全うできた。その人的・知的資源が知事に就任して以後、どれほど役立ったか知れない。

当時の三重県は伊勢湾台風（昭和34年）被災の傷が癒えず、まだまだ復興の途上にあった。財政はひっ迫し、予算編成するにも国の監督を必要とする財政再建準用団体に指定されていた。厳しい台所事情の中で自治省の天下りを何人も受け入れる余裕などなく、私の赴任は実に6年ぶりのことだった。

財政係は係長以下4人のプロパーで組織され、末席に新入りの私の席が設けられた。県内市町村の予算・決算に関する統計資料の作成や分析に当たるのだが、武器は算盤と手回し計算機という、今から思えば素朴な時代だった。本庁の研修からではとても想像つかない実務で、まさにOJT、現場における指導・教育だった。

少ないとはいえ周辺には自治省の先輩が何人かいて仕事の指導や助言、退庁後のお付き

三重県庁の職場の仲間と

合いに至るまで何かにつけてお世話になった。翌年、財政課予算係に異動するが、併せて総務課にも条例や規則の審査担当として兼任の辞令が出た。

「法令の勉強もしておけ」という、自治省の先輩でもある総務課長の配慮だった。独身の気楽さの故か、いつの間にかこの総務課長とは官舎を訪ねるほどの付き合いとなっていった。

この課長が後に義兄となる片山虎之助（後に参院議員、総務相）であった。とはいえ、当時はそんな先のことなど夢想だにせぬ駆け出し時代の私だった。財政課予算係で仕事する一方、総務課では法制執務に従事するという二足の草鞋をこなす日々を過ごしていると、三重県での勤務も2年8カ月近くになった。

そろそろ異動を思い描いていると辞令が出た。入省からちょうど3年になる昭和42年4月に、私は再び本庁に戻り、行政局公務員部福利課員として新しい職務に就いた。

片山は私に先んずる1年前、大臣官房企画室の課長補佐として戻っていた。職場は違えども、再び付き合いが始まっていた。そんなある日、片山から「家内の妹と会ってみんか」という申し出があった。これが妻玲子との馴れ初めであった。

初任地から本庁に戻り2、3年後にまた地方に出る、というのが自治省の慣例で「その間に所帯を持たないと、いいところへ出してもらえんぞ」と、上司や先輩方からも諭されていた。

そんな省内伝説のプレッシャーも少なからずあった。断るまでもなく、日を置かずして見合いの席が用意された。その後何度か会ううちに、彼女の控えめで堅実な人柄に好感を持った。

田舎出の私にはどう見ても不似合いであろう深窓の令嬢という風でもなく、会えば2人の間の会話にはいささかの違和感もなかった。とんとんと話は進み、本庁に復帰翌年の昭和43年10月、神田の学士会館で式を挙げた。28歳の誕生日まであと1カ月、同期入省20人のうちでは11番目のゴールであった。早くもなく遅くもない。何とも私らしい位置取りではなかろうか。

「公害先進地」千葉県へ

翌昭和44年4月、まったくもって予定調和な展開というか、早速ながら千葉県転出の辞令を受ける。新婚半年の異動であった。

千葉勤務は都合5年の長きにわたった。2年余ずつを公害対策と都市開発に従事する。本来ならばこの辺りで地方課長や財政課長を務めてもいいはずなのに、またもや現場的な仕事である。

ひょっとして人事上、軽い扱いをされてはいないかと思いたくなる状況だったが、当時の私はあまり気にもとめていなかった。

慣例に照らせば極めて稀な職責ということになるのだが、逆に言えば千葉県に赴任したからこそ体験できたキャリアといえるわけで、自治官僚としては誠に得難い経験を積んだことになる。

この頃、日本国内は高度成長の負の側面というか、各地で大気汚染をはじめとする公害問題が表面化し、反公害ともいうべき国民世論が高まりつつあった。千葉県内でも臨海地帯の工場公害に始まって内陸部の畜産公害などが深刻化し、放置できない状況に陥っていた。

対策を本格化するため県当局はそれまで「公害課」一本で対応していた環境行政を改編し、「対策課」と「規制課」の2課からなる「公害対策局」を新設した。私はその一方の課長を命ぜられた。千葉県初代となる公害対策課長である。

まさにこの年、昭和45年は日本の公害行政にとってエポックメーキングな年で、7月には内閣府に総理大臣をトップとする公害対策本部が置かれ、立法府では11月召集の第六十四臨時国会において公害の早急な改善と防止を狙いとする関係法令の抜本的整備が行われた。

後に「公害国会」と称されるこの国会では、大気汚染防止法を始め14の公害関係法案が新規に、あるいは改正によって可決・成立したのである。

新設の千葉県公害対策課は辞令こそ出たものの、部屋も何も決まってないというドタバタの中の船出であった。急激な都市化と人口増による行政需要の肥大に日々追いまくられて、当時の千葉県庁は大げさにいえば機構も組織も日ごとに変わっていく、というほどにあわただしさの極限にあった。

従って出来たての課に部屋をあてがう余裕など庁舎のどこを探してもなかったのだ。1階の県民ロビーの端を黒いカーテンで仕切って、にわか仕立てのスペースができたと思ったら「しばらくそこに居ろ」という指示であった。

申し訳程度の机とイスが置かれていた。課員が集まることは何とかできても、業務遂行には全くもって不自由な状況の中で、しかし我々には山ほどの仕事が待ち受けていた。

新しい条例・規則の整備、押し掛けるマスコミの対応などにてんてこ舞いするうち、国の対策本部が動き出すと早速に公害行政の新方針が打ち出された。公害が著しく進行する国内の各地域に対し、それぞれが総合的な「地域公害防止計画」を策定するよう当該都道府県知事に要請がなされた。

全国第一号として臨海工業地帯や石油コンビナートを抱える岡山・倉敷地域、三重・四日市地域、そして我が千葉・市原地域が指定された。3地域はいわば「公害先進地」として名指しされたわけで、対策本部に詰める厚生省や環境庁の担当者と協議しながら、千葉県の公害防止計画の基本方針や細部計画を立案するという作業にいきなり組み込まれたのである。

新米課長としては戸惑いと模索の日々だったが、一方で私にはガムシャラに突き進む若さがあった。何よりも国の公害行政の指針となる政策モデルを3県が力を合わせて作り上げるという、先例も前例もない最前線の作業に加わっているという手応えを感じて、充実感のある毎日だった。

本庁担当者と掛け合ってみて感じるのは中央省庁特有の、アキレス腱ともいうべき弱点の存在であった。機構上、間接情報に頼らざるを得ない中央は地方の持つ感覚とは著しくズレがあり、リアリティが薄弱なのは否めない。

公害の問題でいえば、現場の逼迫感が何といっても希薄だった。逆に切迫した状況下の地方は毎日が深刻であり、対策について我々は「ああすべき、こうすべき」と焦るような思いで注文をぶつけていった。

それは地方が発する、いわば湯気が立つほど新鮮でリアルな情報であった。それらを国に理解させることは単に3地域の利益というにとどまらない。それは同じように公害に苦しむ全国の類似地域の公益につながることなのである。

個別の事情を抱えたある地域が、ある手法で国からカネを分捕ったという類の手柄話とはわけが違うのだ。全国初となるこの「公害防止計画」の策定に関わって霞が関に通ううちに生きがいといえば大げさだが、公務員として国の根幹に関わる作業に携わっているという思いを感じ、私は大いなる使命感に燃えていた。

こうして千葉県では46年度をスタートとする「千葉・市原地域公害防止計画」の策定がなり、翌年1月には県として初の公害白書をまとめることができた。公害関連の法令整備や新しい条例づくりに奔走した2年間はアッという間に終わった。

千葉ニュータウン開発計画

新米ながら公害対策課長としては合格点を頂いてもよいのでは、などと自己採点していたら次の異動先はまたもや開けてビックリ。何と県開発庁の新都市開発局開発課長という驚くような辞令だった。

自治省本流というべき財政課長や地方課長といった総合的な地方行政の一端を担う役割とは全く異なる公営企業の開発担当というのである。公的責任で住宅地や工業用地を開発造成して民間に提供するという、要するに不動産事業を公営で展開する仕事であった。

当時、千葉県において宅地供給は県政の重要懸案であり、実際に内陸部では「千葉ニュータウン開発」が緒に就いたばかりであった。

高度経済成長による労働力人口の都市集中は一方で深刻な住宅難を生じさせ、都市近郊の地価高騰と「虫食い開発」などと呼ばれる民間による無計画な開発被害が各地で社会問題化していた。国土の乱開発を防ぎつつ、良質な住環境を大量に提供することが国としても喫緊の課題であると捉えられていた。

首都圏近郊では東京都の「多摩ニュータウン」に次ぐ大規模開発が「千葉ニュータウン」計画で、総面積約3000ヘクタール、計画人口34万人とされていた。

後になって宅地開発公団が参画するものの、当初は県単独の取り組みとして昭和41年に事業開始した。さすが千葉県、というべき壮大な事業ではないかと感じ入ったものだ。

内示を受けて「何でまた私が？」という場違い感が十分な異動だったが、この公的不動産屋、やってみると面白いというか、地方財政の運営を肌で理解する機会を得たという点で実に有意な体験だった。ここでの勉強もまた、後に知事として静岡県政のカジ取りに当たる際、極めて重要なスキルとなったのである。

船橋市など県北西部の市町村にまたがる千葉ニュータウン開発は、私が開発課長に就く直前に造成が始まったばかりだった。

人口の少ない近郊農業地帯や、原野といってもいい未開発の一帯に新しく街を造っていくのである。道路や上下水道、学校や病院といった社会インフラを整備するには莫大な公共投資が必要となる。

それらの負担に県や対象市町村の財政は果たして耐えられるのか、しかもこれら社会資本整備は人口の増加とともにさらに拡大していくのである。ニュータウン開発側としての投資計画、採算のとれる開発の範囲・規模というものを十分に見極めて方針を固めていかないと、とても地元の協力は得られないのではないか。開発課長の仕事はここから始まった。

まずは自治省の財政課に協力を求めて研究会を立ち上げ、対象となる市町村の財政力を掌握し、今後20年、30年にわたる財政収支の将来推計をシミュレーションしていった。

例えばある町のケース。年間の税収がこれだけあって、その財政規模に公共投資がこのぐらい上積みされるとすると、償還に関わる経費は財政計画にどうはね返ってくるのかとか、研究会のスタッフと一緒になって関係する市町村の一つ一つにきめ細かな見通しを立てていった。

先行する多摩ニュータウンの例などを見ても、大規模開発の対象区域ともなると当該市町村の財政負担は大変なものになる。万が一にも財政破綻する事態など断じて生じてはならないわけで、そこが保証されるなら事業に協力しましょうというのが、そもそも地元市町村の条件であり出発点であった。

その辺りの県と市町村との詰めが、私が行くまでほとんど手つかず状態だったため、相当に気骨の折れる仕事であった。ただ、幸いしたのは地価が右肩上がりの時代だったことで、それなりの価格で買収し造成してもなお、十分に引き合うという見通しのもとに事業を進めることができた。

開発課長の2年間は不動産開拓という、それ以前には想像もつかなかった業務に携わることができた一方、市町村財政の仕組みを学ぶというか、勉強させられた貴重な時期となった。

ニュータウン開発区域の市町村の財政収支見通しを推計して事業計画を進めていくなどという作業は、考えてみれば県において地方課長や財政課長の立場で毎年の財政運営に携わるのと何ら変わりない。

というよりも全く同じような仕事なのである。ニュータウン計画を推進する中で財政計画の立案に深く関与できたことは、私にとってまさに天与というべき巡り合わせであり、本当に多くのものを学ぶことができた。

一方、仕事を離れて家庭を振り返ると、この時期の我が家はまさに育児戦争の真っただ中にあった。赴任後に誕生した長男が間もなく2歳を迎えようとするころ、今度はなんと双子の男の子を授かったのである。

3人の乳幼児、というより三つ子を抱えたようなもので、妻の日常はまさに戦場であった。無我夢中の中で「大変だ」などと思う間もなく、振り返れば若さの勢いで乗り切ったようなものでる。

千葉県にはこのころ、福利厚生で家事手伝いの派遣制度があり、これは大助かりだった。制度を利用し、さらに自費を追加して週に2、3度、今でいうヘルパーさんに来てもらっていた。

仕事に追いまくられて、育児という大仕事に精いっぱい取り組んだのかと問われれば、いささか忸怩（じくじ）たる思いがないではない。が、正直いって内でも外でもこのころの我が家は2人してまさに懸命な毎日であったと思う。

第三章　静岡県に赴任

県政史上まれに見る熾烈な知事選

地方勤務や本庁職員として自治官僚の経験を重ねていくうち、入省11年目を迎えた昭和50年4月、私は出身地である静岡県に初めて赴任した。祖母が今で言う認知症を発症し、介護する母親を近くでサポートする必要が生じて転出を願い出たのである。

個人的な事情による転勤だったが、この静岡勤務は予期した以上の長期にわたり、自治省の仲間と比べていささか特異な私の経歴の中でも、さらに異彩を放っている。

この年から昭和61年3月までの11年間に一度だけ大臣秘書官などで自治省に戻ったが、その2年を除く9年間を静岡県職員として勤めた。トップに戴く山本敬三郎知事はその前年の昭和49年7月に行われた選挙戦に勝利し、前職の竹山祐太郎氏に代わって戦後では4人目となる第8代の静岡県知事に就いていた。山本県政は以後3期12年に及ぶが、そのほとんどが県職員としての私のキャリアと重なるのである。

元県議で参院議員から転身の山本氏と、副知事の椅子を蹴って出馬した永原稔氏によるこの知事選は県政史上の語り草となるほどに熾烈な争いだった。千葉県から戻って大臣官房の文書広報課長補佐として自治省にあった私ごときにも当時、静岡のすさまじい選挙戦の状況は誰に聞くともなく耳に届いてきた。

山本氏は政治家として、片や永原氏は行政官としてともに豊かなキャリアを有し、人望も厚かった。いわゆる大物対決ということになるのだろうが、激戦の裏にはそれ以外にも政治的伏線があった。

在任2期目の竹山知事はこの頃、国立医科大の県内誘致という極めて重要かつ困難な政治課題に立ち向かっていた。県民の関心事である開設場所を巡っては浜松を中心とした県西部の市町村と、県都・静岡が互いに譲らず、県政界を二分する激しい誘致合戦を繰り広げていた。

西部出身の竹山知事の意向は当然のごとく浜松への誘致にあり、その政治生命を賭けて県内世論の一本化に奔走していた。中央政界をも巻き込んだ政治折衝の揚げ句、昭和48年の年明け間もない臨時閣議で、ようやくにして浜松市への医大設置は国の了承をみたのである。

懸案の処理を果たしたとはいえ、県内に残した根深い政治的対立を前に竹山知事は自ら退陣を決意、半年ほど後に自民党の県選出国会議員団との懇談の席で初めて辞任の意向を明らかにする。

ところがである。この辞任表明は現職参院議員の山本氏を後継に指名した上、さらに退任時期を翌年の参院選に合わせる、という極めて異例の内容だったため、反竹山陣営は猛烈に反発、これにより竹山―反竹山の確執は以前にも増して激烈の度を加えていった。

自民党が山本氏の公認を機関決定すると、反竹山陣営は「竹山―山本」の禅譲路線を厳しく批判し、対立候補として永原氏を担ぎ出した。

独自候補の擁立を目ざした共産党を除いた革新陣営も相次いで永原氏を推薦し、選挙戦は保守分裂に加えて、自民対保革連合という保守・革新入り乱れた戦いへと展開していった。

七夕豪雨の中、投票率81％

翌年に参院選が迫る中での竹山氏の中途退陣は、参院選との同日選を仕掛けることによって知事選勝利と参院自民の2議席独占を目論む政治戦略であった。こうして県民注視のダブル選挙は翌49年の7月7日に実施された。

投票日の県内は台風8号の接近と梅雨前線の活発化による強い雨に見舞われ、昼ごろになると雨足は一層強くなった。だが、白熱した選挙戦を反映して有権者の関心は高く、最終的には81％を超すという高い投票率を記録した。翌日開票の結果によれば山本、竹山両候補の獲得票はともに80万票を上回り、両者の差はわずかに４２００余票という驚嘆すべき競り合いだった。

報道各紙は「薄氷の」とか「冷や汗の」といった形容で、知事選史上最少差での山本勝利を興奮気味に伝えた。確かに有権者の誰もがア然とするほどの僅少差である。県民の帰趨はどちらにあるのかと問われても、これではいずれかに軍配が上がったとはとてもいい難い。「引き分け」というほかには形容のしようがない選挙結果であった。

今後になお波乱含みな形で投開票が終わるや否や、県民にとってはそれ以上に驚くべき災禍が待ち受けていた。投票日から降り続く雨は止む気配もなく、気づかぬ間に県内全域を覆う集中豪雨と化していた。記録によれば静岡市内では8日朝までの24時間雨量が最大

七夕豪雨　静岡、清水市ではほとんどの河川が氾濫、2階まで浸水する家屋も＝昭和49（1974）年7月8日、静岡市内長尾川流域　© 静岡新聞社

で508ミリに達した。

これは静岡気象台の観測史上、長きにわたって最高値とされた。これから新知事を迎えようとする県当局、そして激烈な戦いの後始末として選挙違反事案の摘発に乗り出さんとする県警本部には、時が経つにつれ県内各地から山がけ崩れ、洪水、浸水被害の報が大量に、しかも続々ともたらされた。

県内の死者は40人を超え、被害は県中部で特にひどく、静岡・清水地区だけで浸水家屋は床上床下2万6千戸を超えた。後に「七夕豪雨」と名付けられるこの災害は、静岡県民には「狩野川台風」に次ぐ水害禍として記憶に留まることになる。

第一次の山本県政はこうして、災害復旧活動が各所で始まる中でスタートした。当選証書の受領ももどかしく、作業衣に身を包んだ山本知事は被災状況の視察にと各地に飛び出した。県庁と被災地とを往復する毎日で、しばらくは背広に袖を通すこともなかった、という逸話が残されている。

山本県政の下で

山本県政がスタートした翌年の昭和50年4月、私は本庁の大臣官房文書広報課長補佐から前述したように初めて静岡県に転出し、総務部学事文書課長の職に就いた。県庁からほど遠からぬ市内西千代田の公務員住宅に一室をあてがわれ、一家5人の新生活が始まったのである。

知事選に災害が重なった前年の夏から8カ月、七夕豪雨の災害復旧はそれなりに進み、静岡市内は落ち着きを取り戻していた。が、激しい選挙戦の傷跡は未だ癒えておらず、県内の保守政界は対立抗争が止む気配なく、山本支持派と反山本派のいがみ合いは苛烈を極めた。

当然ながら余波は県庁内にも及び、職員の間の人間関係もいささかギクシャクしたものにならざるを得なかった。

私はこの頃30代の半ば。中堅の官吏としていくつか地方も経験し、知事選挙後のこうした混乱は程度の差こそあれ、どこの地にもあるものだと達観していた。静岡への辞令を受けて、それなりの想定は抱いて赴任したつもりであった。

ただ、静岡のこの「選挙後」はいささか想像を超えるものであった。戦後もまなく県庁入りした永原氏は企画調整部長や出納長など主要な職務を歴任し、副知事にまで登り詰めた人で、行政官として文字通り長いキャリアを誇る。

温厚な人柄で人望も厚かった。「永原さんを知事に——」という思いを抱いた職員がいたとしても何ら不思議はない。知事に仕えるという意識が強い幹部職員ほどその期待は高かったであろう。

表立って活動できたわけではないにしろ、その支援の活動はとても隠し覆せるものではない。そんな状況下で県庁入りした山本知事は、まるで敵陣に降り立ったと見紛うばかりの現実にいささか驚愕したであろうことは想像に難くない。「永原派」への懲罰人事は容赦なかった。

山本氏は理の人であり、決して情の人ではなかった。とはいえこれだけの激戦の後だと懲罰される側にとっても左遷人事は覚悟の上。「首を洗って待つよ」とか「島流しだろうね」とか、内実はともかく幹部の表情は表向き穏やかなものだった。少なくとも噂される人達に、潔い諦観はあっても悲壮感はなかったように思う。

県議も2期勤めた経験のある山本知事は庁内に知己も多い。報復的人事とはいえ、身を切り刻むがごとき仕業はできれば避けたい思いがあったに違いない。仕事に自信を持つ人ほどデンと構えていたし、能力を発揮してその後、然るべきポジションに戻ることのできた人も何人かいた。

そんなこんなで知事部局では3年もするうちに元の落ち着きを取り戻し始めていた。これに対していささか状況の異なるのが県教委で、ここだけはいつまでも知事の頭痛のタネだった。

山本対永原の知事選で、永原氏を推した中心勢力の一つが県教委であった。管理職を始め、一般職員から県教組の組合員に至るまで、大げさな言いようを許されるなら、それこそ教職員を挙げて永原氏を推した、という状況が生まれていた。

敗れたとはいえ人事を掌握して県教育界に君臨する石田潔教育長を頂く県教委は、こうして山本知事の不倶戴天の敵となってしまった。そんな確執の狭間に、よもやと思われる私までもがやがてどっぷりと浸ることになるとは、この時はまだ知る由もなかった。

特命

学事文書課長として2年間勤めた後、自治省に戻った私はさらに2年後の昭和54年、今度は財政課長として再び静岡県に呼び戻される。自治官僚として一度は経験したいと願った職務であり、充実した思いで精勤しているうちに1年は瞬く間に過ぎた。

今年は他人事だろうと思っていた異動の春が来た。だが、意外にも人事課長から教育委員会への出向を命じる知事の意向を伝え聞いた。「はてどうして？　財政で何かミスでもしたのだろうか」と、わずか1年での異動に腑に落ちない思いでいると、知事から呼び出しがあった。

休日ながら公舎を訪ねた私を前に、山本知事は仰天の指示を下したのである。「教育長を交代させろ」――。「鳩に豆鉄砲」とはこの時の私だろうか。真意を測りかねていぶかしげな表情の私を前に、知事は「教育委員会の正常化」に向けたその胸の内を懸命に説くのであった。

山本知事はこの時2期目。前々年にあった選挙では共産党を除いた全与野党から支持や推薦を取り付け、100万票を超える信任を得た。盤石の態勢を築いて2期目に船出したはずだが、教育委員会だけは未だ手に余る存在だった。知事の目指す「正常化」にはほど遠かったのである。

就任するや、直ちに石田教育長を退任に追い込むと、後任に意中の宗知信氏を据えた。次いで2人目が佐久田昌一氏である。氏は鹿児島出身。悠揚迫らぬ大人の風で、県内行く先々で人気があった。

酒宴を開けば薩摩名物の焼酎を手に座を盛り上げた。ただ好人物の故か、側近を重用するあまり、人事に情実が絡むという芳しからぬ評が立ち、やがて投書が知事の元にも届き始めた。

他県の出身で本県内にしがらみもなく、知事と同様に東大卒。東京高師対広島高師という旧学閥の争いからも離れて身を置く立場にあり、当初の期待は高かった。が、この時期すでに知事の気持ちは離れていたのである。

とはいえ「教育長の首をとる」などという物騒な指示に「承知しました」とも言えず、この時の私はただ「はあ、はあ」とカラ返事を口にするぐらいしかなかった。

そして4月。私は県庁西館を拠点とする県教委事務局に教育次長として初めて足を踏み入れた。知事の特命を帯びたとはいえ、新米の私に何か秘策があるわけではない。財政課長として予算編成でお付き合いしたが、本格的に教育行政に取り組むのは初めてのことである。

まずは人脈づくりから始めねばならなかった。しばらくは特命など忘れて新しい仕事に没頭した。夏を過ぎ、さらに年が押しつまり、県議会が終わるころに事は起きた。

それは報道から始まった。テレビが先駆けし、新聞が追って騒ぎとなった。佐久田教育長が自民党県連幹部とともに、次期知事選へ向けて出馬準備を進めているという、水面下の動きをすっぱ抜いたものであった。

教育界に衝撃が走った。教育委員会も同様である。これは由々しき事態であった。何人たりとも個人の政治活動に故なく制限が加えられることは許されないのは当然だが、一方で公務員の政治的行為には一定の制限があることも世の常識である。

事実、教職員の組合活動に行き過ぎを認めた場合、教育長名で警告が発せられることは県教委でもしばしば起きていた。その現職教育長が特定の政党と諮って知事選立候補を模索している、というのである。

当然ながら「これはまずい」というのが教育委員の皆さんの一致した意見であった。真意を伺うべく、日を置いて教育長の公舎を訪ねた私の問いかけに対し、佐久田氏は報道を否定も肯定もしなかった。教育長更迭は必至の情勢となり、年が明けると教育委員長が本人に直接、退職を勧めた。

春の定期異動に関連して教育長の処遇が人事の焦点となり、議会筋からも関心が寄せられた。退職の勧告には首を縦に振らなかったが、佐久田氏はその後に辞表を提出、県内の私学短大学長に招かれて県教委を去った。一連の騒動を経て、私には「人事はすべからく透明であれ」という教訓が残された。

県内の義務教育、高校教育合わせて4万人の教職員すべてに公平な人事を施すなどというのは絵空事に近い。不当な外部圧力も実際にはある。しかし、問われて説明のつかない人事は避けたい、偏った人材登用だけはやめにしたい、その思いを強くした。

佐久田氏の後任に座った吉川教育長が極めて穏当な方だったこともあり、幸いこの方針は次第に徹底し、学閥・情実人事はほぼ一掃されたように思う。こうして知事から託された特命事項は思わぬ形で成就した。私にとって初めてといえる政治的案件の処理だった。

紆余曲折の美術館建設

日本平の山麓、有度山丘陵の一角に中央図書館と並び建って県立美術館がある。開館して35年。「考える人」に代表される「ロダン館」の存在、風景画の巨匠ターナーの作品収蔵などで今や全国にその名を知られる。

美術館建設は静岡県議会百周年記念事業の一環として昭和54年に事業決定した。翌年4月に建設準備室が県教委事務局に置かれたことにより、私は教育次長の4年、さらに総務部長として2年、都合6年間をこの事業に携わることになる。その分、思い入れも強い。

建設地は55年の夏、県庁に隣接する駿府公園に決定していた。旧駿府会館の跡地利用として県が要請し、静岡市が受け入れたものである。県都の中心市街地にあり、県民の利便性はこの上ない。

すでに廃館が決まっていた公園北辺の駿府会館跡地で、県教委による事前の発掘調査が始まった。ところが調査は思わぬ展開をみせる。計画の敷地内には駿府城本丸の天守台石垣が存在することが判明、文化庁から「建設用地として不適」と行政指導を受けてしまうのである。

このため建設地を公園内の少し北方、二の丸跡に移して絵図などを基に慎重に遺構の確認調査をした。その上で再度の発掘がスタートした。しかし何ということであろうか、ここでもドンデン返しが待っていた。発掘作業が進んだ57年秋、徳川時代の層よりさらに1メートルほど深い土中から室町後期とみられる今川氏の遺構が見つかったのである。

調査をリードした歴史学者の一人で、今川研究の第一人者である静岡大の小和田哲男助教授（当時）によれば「義元、氏真らの居館、あるいは重臣たちの屋敷に付随する中世庭園の跡とみられ、極めて貴重な遺構」という。

氏は県庁記者クラブで緊急会見を開いて独自の見解を披歴し、「建設地は他に求めるべき」と強く主張した。

これにより駿府城跡は、県内はおろか全国の歴史マニア、戦国ファンから一躍耳目を集める存在となった。戦国時代の大名、今川氏の居城は「謎の館」と言われ、それまで位置や規模などが全く不明だった。「美術館建設などどとんでもない」という声が高まり、県が設置した有識者による検討委員会からも「遺構は保存すべし」と指摘を受けた。

さらに翌年の年明けから始まったＮＨＫ大河ドラマは何と「徳川家康」であった。滑り出しの３カ月ほどは今川家中心に物語が展開したこともあり、「遺跡に美術館を建てるなどもっての外」という世論はいよいよ沸騰した。かくして美術館の駿府公園設置案は白紙に戻ってしまった。

文化財保護の立場から計画見直しは至極当然の結果でもあり、受け止めざるを得ないのだが、新たな建設地の選定や建物の設計変更等々、準備室にとってはしばらく混乱と喧騒の日々だった。

念願の美術館は当初計画より2年遅れて現在地にオープンした。同じころ県立大の谷田キャンパスもこの地に開設し、一帯は緑の森に彫刻が点在する芸術の香り高き文化ゾーンに生まれ変わった。

初代館長の功績

「県美」といえば忘れられない方がいる。初代館長の鈴木敬氏である。地方美術館のポリシーというか、あるべき方向性を的確に示し、我々を指導して下さった。その功績や大なるものがある。

私は教育次長に就いた当初から、館長予定者には早いうちから開館準備に携わってほしいと懇願していた。

山本知事の意向もあって文化庁にお伺いを立てると、折よく本県出身である佐野文一郎長官から「伊東の出で、うってつけの方がいるではないか」と、早速に紹介をいただいたのが鈴木先生である。

東大の美学出身で東大教授、東大東洋文化研究所長、美術史学会代表委員などを務めた中国絵画史研究の世界的権威であった。55年に県教委参与にお招きし、開館から6年間、館長を勤めていただいた。ワンマンで敵もつくったが、仕事に私情を差し挟まない、公私に厳格な方であった。

このころ、地方公立美術館の建設は全国でブームだった。近くでは山梨県が本県に先駆けて計画に着手していた。「種まく人」など一連のミレー作品の落札では新聞紙上を大いににぎわしていた。当然ながら我々の関心もそこに向く。

ところが鈴木先生は違った。「話題作探しにばかり目が向くと画商の餌食になる。別のアプローチが必要だ」という指摘だった。スタッフは知恵を絞った。そして「景勝地に恵まれ、風光明媚な本県ならばこそ、風景画のコレクションに特色を見出すべきである」という収集方針をまとめ上げた。

具体的には「17世紀以降の日本、西洋の風景画」であり、結果的に西洋絵画ではターナー、モネ、ゴーギャンなど、そして日本画は狩野探幽、池大雅、歌川広重らが描く風景画、山水画、さらに本県ゆかりの作家のものなど質の高い作品を収集できた。ただ、先生は専門の中国絵画には決して手を出させなかった。潔癖な姿勢を貫き通した。

その一方で、思いがけぬお土産ももたらされた。ある時、伊藤若冲の作品「樹花鳥獣図屏風」が持ち込まれた。当時、国内ではほとんど知られていない存在だったが、「これは値打ちのあるものです」という先生の一言で購入が決まった。

その後、日本画にはない独特の色彩感が海外で評価を高め、昨今は世界のコレクターが注目する作家であり、作品となっている。慧眼（けいがん）に感服する次第である。

先生のさらなる功績はスタッフの質の向上に心を砕いたことである。採用された学芸員には「勉強しろ、論文を書け」と尻を叩いた。熱心な指導は時に若いスタッフの反発を招いたとも聞くが、この研究活動重視の姿勢は伝統として県美に脈々と受け継がれ、今にしてなお館の評価を高らしめている所以ではなかろうか。

建設地を巡って紆余曲折あった県美だが61年4月、新緑萌える谷田の森にめでたくオープンを迎えた。開館記念展「東西の風景画」はニューヨーク・メトロポリタン美術館の特別出品もあり、県内外の入場者でにぎわった。私は3月末、7年に及ぶ静岡での勤務を終え、自治省公務員2課長として東京に戻っていた。

開館の熱気はその後も続き、5カ月足らずで20万人の入場を記録した、というニュースを伝え聞いて、感慨深いものがあった。

微妙な立場で関わる知事選

地方に赴任した自治官僚は、当然ながらトップにある知事に仕える身である。知事は行政官であるとともに政治家の顔も併せ持つ。年齢を重ね、キャリアを積むうちに赴任地で幹部職員に登用され、知事絡みの政治案件が業務の中に増えてくる。その入り口が地方課長や財政課長のポストである。

私は前述した通り、教育次長の前に財政課長を経験した。知事が県民と約束してまとめ上げた施策に、財政的裏付けをするのが主要な担務の一つである。新年度予算の仕上げには議会与野党との折衝が必須で、これを通じて県議、国会議員などとの接触が日常となっていく。

知事の選挙はそのうちで最大の政治案件といえ、傍観していられる立場ではない。といって我々はあくまでも公務員。政治的中立性は法が定めるところであり、政治活動には当然限界がある。

表に出ず、ひたすら黒子としてできる範囲で関わっていくしかない。自治官僚の宿命みたいなものだが、マニュアルがあるわけでなし、先輩が教えてくれるものでもない。どんな呼吸か案配か、ひたすら現場で学習するのみである。

山本知事との選挙には実質、2度お付き合いした。最初は昭和57年、3期目を目ざす選挙である。

知事は前年の暮れ、自民党県連に「3選出馬」の意思を伝え、党公認として態勢を整えた。翌年の選挙では革新系無所属候補を寄せ付けず、2期目に続く100万票の大量票を獲得した。在職8年の評価を県民に問う、いわゆる無風選挙であった。

しかし、次の選挙はそう上手く事は運ばなかった。無風どころか台風襲来のごとくに大風が吹いた。61年6月実施の選挙をにらみ、県内保守政界は前年から波乱含みの展開をみせる。

現職対代議士の横綱対決

山本知事にとっては多選批判にさらされる4期目。年が明けても出馬への動きは慎重で、県議や国会議員など対立する陣営の動きを見極めようとしていた。

ただ、陣営内では4選出馬は既定路線化しつつあった。7月に入るとそれまでの水面下の動きが表沙汰になる。機先を制する形でまず、衆院2区選出の代議士斉藤滋与史氏が出馬を表明、自民党県連会長に意思を伝えた。

山本氏も2日後、追いかけるように出馬を明らかにした。ここからほぼ半年、党公認を目指す両陣営のせめぎ合いは延々と続き、師走の県連総務会でようやく決着をみた。このころ私は教育次長から総務部長に異動し、2年目を迎えていた。

選挙戦の前哨戦となる公認争いは、いってみれば自民党というコップの中の争いである。県民・有権者の投票行動が及ばない、いわば場外の戦いだ。

とはいえ、そこは政権与党の権力闘争。両者とも田中派ゆかりの政治家であったため、時に中央政界も巻き込む虚々実々の攻防は熾烈を極めた。県内メディアの報道も熱を帯びた。

当時の新聞報道などを追いながら戦いの記憶をたどってみる。斉藤、山本両氏の出馬表明を受けて自民党静岡県連は公認候補の絞り込みという難題に直面する。山本氏には何よりも3選知事としての強み、かたや斉藤氏には大昭和製紙オーナー一族として企業グループ挙げての後ろ盾がある。

横綱同士の大物対決で、県連を二分しての激しい戦いになることは誰の目にも明らかだった。両氏は「県政の総仕上げ」（山本）、「政治生命を賭ける」（斉藤）とそれぞれ一歩も譲らぬ構えで、不退転の決意を記者会見などで披露していた。多難な前途が予測される船出であった。県連はこれに先立つ6月、栗原祐幸代議士（2区）を会長に選出していた。

栗原会長は早速、幹事長など県連執行部と諮って対応を協議、調整作業には当面着手せず、両陣営の動静を見守る――という選考方針を固める。執行部はこの後、矢継ぎ早に会合、集会を招集し、役員会や県議団総会のほか党市町村支部や主要な経済団体から意見を聴取、県内情勢の把握に努めた。

夏の盛り、両派は県下全域で支持取り付けの多数派工作を活発化させる。斉藤陣営の動きは恐れ入るものだった。県東部はもとより県内各地で後援会の集会を開き、静岡、浜松では事務所を構えるなど体制はもはや選挙戦本番並み。後援会や支援者の足跡は西部北遠の山里にまで及び、その物量作戦には驚嘆させられた。

山本知事はもともと個人後援会づくりには消極的で、選挙は県議や市町村長頼み。足腰の強さでは格段に劣る。そんな中、8月初めには前回選挙でも推薦を決めた町村会、市長会がいち早く推薦を決議、序盤の公認争いでは斉藤陣営をリードしたかのような形となった。

ただ、市町村長らの結束は前回ほど強固ではなく、推薦決定に慎重論や時期尚早論が噴き出して不安定要素はあった。やがてそれは現実となる。

9月末、県連執行部は初めての常任選対委員会を静岡市で開催、両候補がこの場に臨んで出馬の決意を述べた。ところが会議は多選の弊害に論議が集中、山本知事に対し4選批判の声が集中した。結果、38人の選対委員のうち山本支持を明言したのはわずか1人にとどまった。

会合後の記者発表で「両者を支持する意見は五分五分」と森口幹事長は語ったが、山本知事の劣勢は明らかだった。公認レースの行方は見えてきたのである。栗原会長はこの場の雰囲気を「大勢はほぼ見当がついた」と、後に自著『本音の政治』（静岡新聞社）で明かしている。

田中派の調整報道に大混乱

戦況は山本氏に利あるものではなかったが、県連の調整はそのままスンナリとは運ばなかった。党中央、即ち両人が所属する自民党田中派の動静が伝えられて、公認争いは混迷の度を加えていくのである。

山本支持か斉藤支持かを問わず、最大派閥の田中派に属する代議士、国会議員は県内にも多い。公認争いの決着後に備えて派内は県連の調整作業に重大な関心を寄せていた。

そんな状況下の10月2日、全国紙の一紙が県内版で「流れは斉藤氏公認」と、田中派の調整入りを大きく報じたから大変、県内政界は蜂の巣をつついた騒ぎとなった。

県連に出向いた栗原会長は血相変えた大勢の記者に囲まれ、その前々日に党本部で派閥会長の二階堂自民党副総裁と面談したことを明らかにした上で、「二階堂さんから公認問題の調整は田中派で行いたい旨の申し入れがあり、これを了承した」と経過説明した。

これには山本派も黙ってはいなかった。もともと山本知事とは政敵の立場にある栗原会長の公認調整には陣営内に不満がくすぶっていた。これに火がついた。知事はすぐさま記者団の求めに応じ、「田中先生にはお世話になったが、国会議員でもない今は田中派の人間ではない」と反発、不快感を露わにした。

さらに一日置いて、今度は山本氏に近い戸塚進也代議士が県庁で会見。前日に二階堂副総裁に確認したことわって、「田中派が公認調整することはあり得ないし、派内が斉藤氏で固まったという事実もない」と、栗原氏の発言を否定した。さらに「調整は栗原会長が申し入れた」と、先の会長発言とは真逆の説明を行った。

これに対して栗原会長は再度会見、「戸塚氏の話は全く事実に反する」と厳しく批判し、「二階堂副総裁が調整を申し出たからには田中派幹部の間で意思統一ができているとみるのが当然」と反論した。山本派の巻き返しで両派の対立は一層激化した。

一方で斉藤氏が期待した田中派内の調整は、山本氏に応じる気配がないことでとん挫し、目指す円満な一本化は遠のいた。連日の報道で県民の公認問題への関心は日ごとに高まっている。ずるずると決着を先延ばしにはできない。焦りの色を濃くした県連執行部は年内の決着と党県連を割らないことを方針として確認し、急ぎ両派の説得に当たった。

雌雄を決する自民党県連総務会

こうして11月下旬、最終決着の場として県連総務会を12月7日、静岡市で開くことが決まった。執行部はさらに、両者には「県連の公認決定に従う」旨の誓約書の提出を求めた。総務会に向けて県内地方支部の推薦決議が相次ぐ中、山本知事が所属する静岡市支部の態度決定が注目されていた。

遅まきながら開かれた12月4日の静岡支部総務会の決議はしかし、意外なものだった。山本氏の推薦を見送り、斉藤氏を推薦——という結果で、県都における山本氏の不人気を印象づけた。斉藤陣営の攻勢が強まる中で、県民注視の県連総務会は7日午前、静岡市内のホテルで始まった。

会議は山本知事の推薦問題を巡って冒頭から紛糾。党の公認申請には所属支部の推薦決議が条件だが、知事はその支部決議を経ていないのである。手続きの不備を突いて斉藤派は「知事は公認争いに名乗り出る資格があるのか」と激しく詰め寄る。「支部決議は絶対条件なのか」と反論する山本派も譲らず、会議はこう着状態となった。

ただ、その場の大勢は次第に明らかになりつつあった。こうなると執行部がどう引き取るかが焦点で、午後の再開会議で「議論はいつまでも平行線。公認の決定は4役に一任すべきだ」という提案が出された。

両派のさや当てがあった挙げ句、執行部の4役に、両派から2人ずつの代表を加えた8人が別室で協議に入った。栗原会長ら4役がそれぞれの代表から最終的な意見を聴く一方、院外総務の意向も質すことになった。

総務会は県会、国会議員で構成する院内総務31人のほかに、業界や支部の代表、元県議に青年部、婦人部の代表を加えた院外総務17人から成る。組織を代表する立場であるからか、院外総務の中には会議で態度を明確にしない人も多かった。執行部はそこで17人をさらに別室に移して無記名投票を行うことにした。

候補の2名を印刷した用紙を配り、一方に○印をつける簡単な方法だった。これだと誰の投票なのか、後に調べようもない。重圧から逃れ、院外総務は自らの思いを正直に○印に込めたに違いない。後に聞いたところによると、鉛筆も削りたての全く同じものが配られたという。

巧妙というか、よく考えられた作戦である。総務の中には中間派の者、あるいは緊迫した会議の空気に触れて、それまでの考えに迷いが生じた者など、様々な状況下にあったと想像される。それが各々、心おきなく意中の人に投票したのではないか。それなりの数の山本支持票が、斉藤支持に回ったとみて間違いない。

執行部はこの後、投票結果を「斉藤支持多数」と発表した。院外総務の意向も加えて、総務会全体の勢力が斉藤氏優勢と判断したのである。会議終了後に会見した会長は「斉藤代議士支持の意見が多数であることを基本線に決断を下したい」と述べ、年内に党本部に上申することを明らかにした。

斉藤、山本両氏の出馬表明からほぼ5カ月、2人の争いはこうして事実上決着した。党の公認獲得を目指す戦いは、いってみれば身内のケンカである。しかしその分、激しさは選挙戦本番を上回るほどで、逆に県民の耳目を集める結果となった。

山本知事は去就が注目される中、県議会の終了を待って知事選への出馬断念を明らかにした。記者会見で所信を読み上げる知事は一瞬、声を詰まらせる場面もあったという。その後、翌年夏までの任期いっぱいを務めあげ、退任した。山本氏にとってはこれが政界からの引退でもあった。知事が勇退する前の4月、私も公務員2課長として自治省に戻った。

第四章　静岡県知事へ

難問「ＩＬＯ条約への対応」

７年にわたる静岡の勤務を終えて自治省に戻った昭和61年４月、行政局公務員２課長を拝命した私は、ここから１年ほどの任期で行政局や大臣官房などの課長職をめまぐるしく異動する。

公務員２課長としていきなり担当したのがＩＬＯ（国際労働機関）条約への対応という、永年に渡って日本が抱える厄介な労働問題の処理であった。

高度成長期を経て国際社会の仲間入りを果たした日本だが、社会の端々には近代化の流れに乗り遅れたかのように取り残された戦後処理の残滓（ざんし）というべき課題がいくつもあった。民主主義社会を標榜する先進国の一員としては早急に解決すべき宿題といえ、いつまでも「日本固有の特殊事情」などという屁理屈で言い逃れできるものでもなかった。

国際社会から是正を求められているそんな懸案の一つが、「結社の自由及び団結権の保護に関する条約」と訳されるＩＬＯ第87号条約の履行であった。

「軍隊と警察」を除くすべての労働者に組合の結成と加入の権利を認め、その権利を行政機関が制限してはならないことを規定したILOの基本条約の一つで、日本の労働界も戦後早くから条約の批准闘争を展開した。

その結果、佐藤内閣の昭和40年5月、衆院特別委で強行採決の挙げ句、ようやくにして世界で70番目の条約批准国入りを果たした。

批准したとはいえ、日本の公務員の労働基本権には依然として大きな制約があり、特に非現業職員である消防職員は地方公務員法によってスト権はいうに及ばず、団結権さえ与えられないという状況下にあった。

自治労は47年、第87号条約違反事案としてILOに提訴した。当然ながらILOはこうした現況をよしとせず、日本政府に改善を求めて「労働側と率直かつ有意義な協議を行い、適切な措置を取るべき」と強く勧告する旨の報告を繰り返し行っていた。

ILOの総会は毎年6月、本部のあるスイス・ジュネーブで開かれ、この件は「日本問題」として2年に1度、つまり隔年ごとに会議の俎上に上っていた。しかしながらその間、何らの進展もないまま私が担当した時には既に批准から20年を経ていた。日本政府の旗色は年々悪くなる一方で、もはや新たな手だてが必要となっていた。

江戸初期から300年以上の歴史を持つ日本の消防は明治以降は警察の一部門とされ、戦後になってようやく組織的に分離した。いわゆる自治体消防制度の発足である。これによりすべての消防職員が一般公務員となった。

だが、消防も警察も国民の生命財産を守るという同様の使命・任務を帯びて、互いに補完し合う関係にあるとされた。

それに加えて木造家屋が密集する国土は常に火災、地震、風水害に襲われる特異な条件下にあり、消防職員は常に厳正な規律の下に統制のとれた迅速な部隊活動が求められている。

政府はこのような日本の特殊事情を訴え、「消防職員に団結権を認めれば組織内に上司と部下の対抗関係が生じ、常時即応の体制と規律を維持するのが困難になる。消防職員に団結権は必要ない」と主張してきたのである。

つまり、「消防職員の職務は警察官のそれと同一、もしくは類似の様態であり、団結権の保障がなくとも第87号条約には抵触しない」という立場であった。国内的にはともかく、既に世界の多くの国で消防職員の団結権付与が当たり前となっていた当時、国際的にはとても理解を得られる理屈ではなく、いささか無理筋ともいえる見解であった。

「いつまでもこの方針で押し通していけるのだろうか」――。私はいささかの不安と懸念を感じつつ、初めて参加するＩＬＯ総会の出席に備えていた。実はその年、昭和61年の総会は新任の私にとっては幸いといっていいのか、「日本問題」が議題に上らない、いわゆる「裏年」に当たっていた。

総会には主務官庁である労働省のほか自治省や郵政省、人事院など複数の省庁の担当者がほぼ20日間近く、現地に滞在して会議に対応することになっている。しかし、消防職員の労働基本権問題が討議されないとなれば、自治省の我々にはさほどの忙しさはない。

私はこの時とばかり、ＩＬＯの事務局が用意してくれたレンタカーを駆って国境の山岳地帯を、週末を利用して時間が許す限りドライブした。スイスと独仏伊の3国が近接するこの地は、世界でも屈指のリゾートである。

そして欧州のこの時期といえば、もうこれ以上望みようのないベストシーズンだ。展望台から白く輝くヨーロッパ・アルプスの山並みを、世界中から集まった観光客らと共に飽くことなく眺めつつ、それでも頭のどこかでＩＬＯの勧告と我が政府の主張が何とか折り合う妙案がないものかと、考えを巡らせていた。

端緒は意外に身近なところにあった。帰国後、何か参考になる情報はないかと霞が関を聞き回るうち、先輩の警察官僚との雑談の中で「警察職員協議会」なる組織の存在を知った。調べてみると職員の互選で選出する委員によって構成する会で、足元の警視庁では32年に発足していた。

その協議会規程には任務の一部に「職員の勤務、給与、福利厚生などについての諮問に答え、また自ら調査協議して意見を提出する」とある。労使交渉ではないが、管理者側も上がってきた要望を汲み上げながら職員との意思疎通を図り、待遇改善などに結び付ける制度だった。

団結権も争議権も保障されない中で知恵を絞った、いわば妥協の産物ではあるが、組織内の融和を保つ効果的なシステムのようだった。「これはいい」——。私は膝を打つ思いだった。

警察職員協議会の例を参考に、急ぎ消防組織向けにアレンジした試案をまとめ、相談がてら思い当たる人達に当たってみた。労働側はどう反応するか、自治労を訪ねて説明すると、当時の委員長は「日本の事情から考えるとこれならしょうがないか」と、案外すんなりと飲んでもらえた。

外堀は埋まったが、むしろ「敵」は内にあった。ＩＬＯの会議を経験した先輩諸氏や上司らに、今後の総会に臨むこの作戦を披露すると、一様に「そりゃあ大変だ。今まで通りにやればいいんじゃないか」と、にべもない対応だった。

さらに、親しい先輩の一人は「キミ、それは無理だ。国会のあの2人を説得するのは到底不可能だよ」と、自民党の国会議員の名を挙げて心配してくれるのだった。

二人とは村上正邦、鈴木宗男の両議員で、既に剛腕の政治家として衆参両院でニラミを効かせ、ともに消防議員連盟に所属するタカ派の代表だった。ただ、それを理由に不可能と断じられても、私に引く気はなかった。議員連盟はともかくとしても、国内的にはこれで収まりをつけるしかない、と覚悟を決めていた。

従来通りの見解で臨んだとして、ＩＬＯから再び改善勧告を受けるようなら政府としてはその方が大ごとではないか、と考えていたのだ。傍からは頑固者に見えるであろうけれど、しかし本人はいたって楽観的なのである。こういう難題にぶつかった時、私は昔から「苦労するなら止めておくか」という風には頭が働かない人間だった。

むしろ「何とか打開の手だてはないか」と夢中になって解決策を見出し、決まれば後先考えずに突っ込んでいくタイプであった。子供の頃から母親には常に「おっちょこちょい」と心配されて育った。生まれつきのんきな性格なのであろう。

無論、議員連盟の主張には真摯に耳を傾けねばならない。しかし、当方の言い分がキチンと筋の通るものならば、対決するのに何を恐れることがあろうか。そんな風にいつもと同様、さほど深刻に考えることなく構えていたのだ。

この後、大臣官房文書課長を1年の余務め、私は63年に公務員1課長に異動、後に「消防職員委員会」として陽の目を見ることになる新しい組織づくりのたたき台を引っ提げて、再びジュネーブに向かった。

日本問題はまたもや「裏年」になる総会だが、この間、ＩＬＯは事務局次長をはるばる派遣して、日本国内の消防事情を視察するなど特段の関心を払っていた。私は、持参する新提案によって、今年こそ第87条の問題に決着の糸口をみつけたい、といささか高揚した気分だった。ところがまたも思わぬ肩透かしを食ってしまう。

ジュネーブに到着するや、労働省の担当者が私を呼び出して「石川さん、日本問題どころではない議題が持ち上がったようです」と、耳打ちするではないか。驚く私に彼が言うには、英国の電波情報局で団結権を巡る労使対立が起き、こちらの処理が大きな議題になりそうなのだという。

英国の電波情報局職員は一般公務員であるにも関わらず、未だ団結権の保障がないそうで、今回のＩＬＯ会議を機に労働側が攻勢を強めているのだという。現状固定を望む政府側・使用者側は、先進各国に呼び掛けてこの問題の広がりを阻止する狙いらしい。

後に知ったのだが、英電波情報局は諜報活動の任務に当たっているようで、それが労働基本権の付与に慎重な理由らしい。いわば英国版「日本問題」である。

その「英国問題」が緊急性を増して主要議題に躍り出た結果、もともとの「日本問題」などはさらに脇に追いやられてしまったのである。思わぬ展開で、私の2度目のＩＬＯ総会は徒労に終わってしまった。

こんな風に私とＩＬＯの本舞台とはいささか縁遠い存在であった。その後、自治省や出向先の国土庁で審議官などを勤めた後、４年後の平成４年、再び公務員部長として古巣に戻った。翌年は待ちに待った「表年」なのだが、この時期の私には人生で最大級ともいうべき転機が訪れていた。

静岡の多くの方々の後押しにより、県知事選に出馬することになったのである。６月に自治省を退職、８月実施の選挙に立候補し、当選を果たした。日本問題はどうなったかといえば、私が静岡県知事の職にあった平成６年の総会で提案し、各国の支持を得て承認された。日本問題はようやくのこと、一つの山を越えたのである。

自治省から連絡を受け、私は原案作成者としていささかの満足感に浸った。内輪の祝賀会に招かれたので、静岡の地酒を手土産に駆けつけ、ＯＢの新米知事としてかつての上司や部下、後輩らと喜びを分かち合った。

「委員会」は平成8年10月に制度がスタート、全国の消防本部・消防署に設置され、今や職員から上がる要求や要望などの意見を年間5千件ほど審議するという。消防組織の中ですっかり、労使の協議組織として定着したのだ。

ただし、「団結権の付与」という本丸のテーマは未だ賛否両論あって未解決である。消防を警察や軍隊と同一の組織とする国は別として、職員を一般公務員とみなす多くの先進各国の中で日本は未だに団結権を保障しない国として残されている。

斉藤県政

公務員2課長を終え、私が大臣官房文書課長に就いていた昭和63年春、前年から既に体調の悪化が懸念されていた昭和天皇の病状はさらなる深刻さを増していた。

公務の中止が相次ぐ中で、大相撲観戦をお取りやめになった9月には大量吐血を発し、その後も吐血、下血を繰り返された。

ことが事だけに、それまで抑制気味だった報道もついには「陛下の重態」を大々的に伝え始め、様々な日常活動を自粛する動きが全国に広まった。

緊張と祈りの日々が続く中、年が明けた64年1月7日朝、昭和天皇は87歳で崩御された。わずか7日間という短い最後の年を刻んで、昭和の時代が終焉したのである。元号は平成に引き継がれ、私は翌年には50歳を迎えようとしていた。

霞が関の私の許へはこのころ、静岡県庁時代にお付き合いをいただいた方々が時折、東京に出たついでを利用して立ち寄って下さっていた。話しが行き着くところは当然ながら県政の話題であり、9年間もお世話になった静岡県のその後については私も平生から気になっていた。

熱心に耳を傾けていると、中には帰り際に遠慮もなく「斉藤知事の次はあなたですよ」などと無責任な軽口を飛ばす人もいて、困惑の思いであった。ともかく、山本知事の後を受けた斉藤県政は盤石の態勢で2期目をうかがう状況にあるかにみえた。

自治官僚たるもの、地方で経験を積むうちに自治体の行政運営に興味と関心を持たざる者はない。まして私は縁あって長く静岡県庁に勤めた。年齢を重ねるうちに「あの人を知事にどうか」などと、稀にでも評価して下さる方がいたとしたら、これはこれで役人として望外のことである。

ただ、この時点の私は「知事の座」などというものを、具体的に自らの将来と結び付けて考えるような環境や状況下にはなかった。私はできる限り冷静に、そして客観的に斉藤県政を評価しようと努めていた。

山本知事の4選の望みを打ち砕いて、衆院議員からの転身に成功した斉藤知事だが、県の保守政界を2分した激しい公認争いの結果、山本陣営との間には抜き差しならない対立が生じていた。

それ故か、就任した当時の斉藤氏には新知事として山本県政を継承していくなどという思いは端からなかったようにみえた。衆院当選6回、建設大臣も務めた有力政治家の矜持としてはむしろ、山本色を徹底して排除する方向に向き、いわば「脱山本路線」でその存在を示していく道を選んだといえる。

ある意味で当然のことだろうし、1期目の斉藤県政は次々と大規模プロジェクトを打ち上げて、県民にアピールしていた。

後に私が引き継ぐことになる静岡空港をはじめ、それらプロジェクトを当時の報道で振り返ると、第2東名、音楽公園、こどもの国、大規模スポーツ公園、東静岡新都市拠点――等々、いずれも県政の目玉と称する大型事業が並ぶ。

「21世紀を見据えた社会資本の整備」をスローガンに、他の一般事業も加えたそれらの政策全体を、斉藤知事は「プロジェクト21」と呼んで具体化への速度を上げるよう命じていた。

時まさにバブルの絶頂期。日本経済は「プラザ合意」後の空前の好景気に沸き、国内各地はまさに「開発ラッシュの新時代」というがごとき様相を呈していた。順風満帆の斉藤県政とも映ったが、東京から遠目に拝見している私の脳裏には、それとはまた別の感想が浮かんでもいた。

ズラリと並ぶ大規模事業は一見して壮観である。だが、目を全国に転じればその多くは他県にはあって静岡県にはないもの、という施策の羅列にもみえる。

つまり斉藤県政の試みは、その時点で既に他からは周回遅れのインフラ整備――と指摘されても仕方ないものではなかったろうか。ただ、これは独り斉藤県政の責任というより、前任の山本知事由来のものでもあった。

山本県政の3期12年は、国の財政再建路線のもとで緊縮予算を余儀なくされたうえ、大規模地震対策の対応がさらなる財政圧迫の要因となっていた。それに加えて経済学部出身の山本氏は、参院議員時代に大蔵政務次官を務めた経歴も重なってか、予算執行に当たっては徹底した健全財政主義であった。

知事在任中、その政治姿勢を愚直なまでに貫き通した。例えば山本氏は箱もの行政、土建行政と呼ばれて後年、社会問題化する公共事業にはそもそも冷淡で、住民が渇望する道路問題にさえその取り組みは消極的といえた。

自身の地盤である伊豆半島の産業・生活の基盤強化に期待されてスタートした「伊豆縦貫自動車道」の整備計画に対する不熱心さは語り草になるほどで、当然ながら地元の不興を買った。

東海地震対策のほか、行財政改革などソフト面でも大きな成果を上げた山本県政だが、こと社会インフラの整備に関しては対応の遅れが目立ち、懸案を積み残したまま次代に先送りする形となった。

斉藤県政の「プロジェクト21」は、そんな因縁絡みのリレーの産物ともいえ、バトンを受ける形となった斉藤知事の、前走者に対する明確な政治的意思表示であったように思う。

ただ、こうしたいささか総花的な施策の提示は、他県の後追い事業ともいえるだけに、肝心の静岡県民にインパクトはさほど伝わらなかったようにも見えた。

この頃訪ねてくれた中に、大規模プロジェクトを推進する斉藤知事に対し、こう言って不満を露わにする人もいた。「それぞれの事業の意義づけが今一つ不明で、知事の哲学とかポリシーといったものが見えてこない」――。

あるいは「可能性を秘めた一等県が、このままだと二流県に落ちてしまわないか」と、県の将来を危惧する人もいた。確かに全国で誘致合戦を繰り広げた空港建設を除けば「プロジェクト21」のメニューに、国内の耳目を集めるほどの斬新なアイデアは見当たらなかった。

自治省には全国の自治体が取り組むホットな地域情報が集まる。各自治体の地域政策の動向を探り、それらの情報を共有するために年ごとに冊子が作られ、省内に公表されていた。

地方交付税の算定や地方債の発行などの参考とするための資料であるが、新鮮でアイデアあふれる地方の政策の一つ一つからは、当該自治体とその担当部課の熱気が伝わってきて刺激的だった。そうした政策リストの中に、残念ながら静岡発の情報は当時、見当たらなかった記憶がある。

「小成に安んじる」といったら失礼な言い方になるのか、東海道の雄県でありながら、その持てる力を十二分に発揮しているとは思えなかった。

「社会資本の整備」をうたいながら、河川の災害防止対策や道路整備、市街地の区画整理事業といった地域の生活や産業の活力を高めていく上で地味だが重要な意味を持つ事業に対し、明確なビジョンを持って進めているというメッセージが伝わってこなかった。私も静岡県の将来に一抹の不安を覚えるようになっていた。

決意

そんなところへ折り悪しく、日本中を躍らせたバブル経済が崩壊し、景気は一挙に後退期に入った。税収の落ち込みは県の台所を直撃し、財政運営は不透明さを増した。当然ながら大規模プロジェクトの進展にも陰りが見え始めてきた。

斉藤県政の2期目は自社公民の4党が相乗りする安定政権でスタートしたが、自民党内の反斉藤派のみならず、ついには他の与党3党にも批判がくすぶり始めた。後に判明するのだが、県政界の地下水脈で静かに蓄えられていた「斉藤後」に備える動きがこの頃、ついに地表に向けて胎動を始めたのである。

私の周りでも変化は見えた。常々から我が身の行く末を案じて下さる方々の中に「ポスト斉藤」を意識した現実味のある議論が沸いてきたのである。そんな折、ある先輩からお声がかかった。かつて出納長として山本県政を支えた県幹部の一人、中山原次さんであった。

県庁を去った後、浜松市に開局した静岡FM放送（K－MIX）で専務に就いていた。私が財政課長や総務部長の在職中には上司であったし、何よりも掛川西高の同窓（旧制掛川中学37回卒）として尊敬すべき先輩であった。

その中山先輩曰く、「3期か、あるいは4期か。いずれ斉藤知事引退の際には後継として名乗り出てもらいたい。その心積もりでいてほしい」。もはやうろ覚えだが、大要、そんな内容のやりとりだった。

いつかはそんな時が来るのかもしれないと、いささかの覚悟を持ちながら日々を送っていた私に、異論などなかった。おぼつかないものであった私の気持ちは、先輩のこの後押しで確たる決意として固まった。

静岡FMは昭和57年に創業したラジオ局で、浜松の経済界などが後押しして開局した。中山さんはその立ち上げの段階から関わっており、それが縁で地域の経済人から厚い信頼を得ていた。

知事選に出馬する決意を固めたとはいえ、役人のキャリアしかない私には、候補者として足らざるものばかりで地盤もカバンも無いない尽くしである。そんな私に経済界との繋がりに道を開いて下さった中山先輩の存在はこの後、自民党県連の公認争いや選挙戦などを通じた私の未知の戦いに大きな力となっていった。

斉藤県政も2期目の半ばに差しかかっていた。知事は3選出馬に意欲を燃やし、県内政財界や市町村長などに着々と布石を打っていた。東京から見ても斉藤知事の3選はゆるぎないものに見えた。私が知事選に出馬するなどもっとずっと先のことだろうと、現実感覚としては遠い将来を思いやった。

斉藤知事の入院

いずれ時期が来れば知事選出馬へ、と気持ちを強くしたとはいいながら霞が関にあって私の身辺が特にそれまでと変わったわけではない。

一時、国土庁に審議官として出向し、雲仙普賢岳の噴火災害対策に従事した後、平成4年に公務員部長に昇任して自治省に戻った。進展をみないＩＬＯ問題の処理に再び対応するなど、勝手の知った古巣の業務をこなす日々は忙しくも、まずは平穏だった。

淡々と過ぎる日常に思いもかけぬ報せがもたらされたのは、年が明けた翌5年2月のことである。

「2日夜、斉藤知事が公舎で倒れ、緊急入院」という衝撃のニュースであった。翌日の午後に開かれた県幹部の記者会見の報道によると、知事はめまいを起こして救急搬送されたそうで、左手足にしびれを訴えているという。1週間入院し、精密検査を受けると発表された。

「大事には至らぬ」ということで、まずは安堵の状況と見受けたが、3選を目指す現職知事の「異変」だけに県内政界は衝撃に包まれた。検査結果が1週間後に公表され、病名は「脳内出血」と知らされた。さらに2、3週間の入院が必要とし、復帰は当初の見込みより遠のくこととなった。

知事の日程はキャンセルとなり、下旬に開会する予定の2月県議会に向け、職務代理者として二橋副知事が指名された。翌年夏の任期満了まで残すところ1年8カ月。斉藤知事はこの2月議会で3選出馬を正式表明する予定だった。

対立陣営の機先を制する戦略はしかし、本人の長期入院という思いもかけぬ事態を前に大きく揺らいだ。3選に向けた陣営のシナリオは練り直しが必至となった。この時点では誰一人知る由もなかったが、これが斉藤知事退任に至る序章の始まりだった。

結局、知事の入院生活はさらに長引き、退院は3月下旬までズレ込んだ。その後、公舎と富士市の自宅で静養し、公務復帰は4月14日まで待たねばならなかった。

その当日、実に72日ぶりに県庁に姿を見せた斉藤知事は、3選の見通しを問う報道陣に対し、「そのために充電しなければ……。ファイトを失ってはいかん」と答えて意欲を示した、と新聞の報道にはある。

自らを鼓舞するがごとき知事の決意であるが、長期の闘病生活で体力の衰えは周囲の目にも明らかだったようで、「もはや3選出馬は遠のいた」とする見方が県政界には広まった。さらに追い打ちをかけるように、20年前に患ったとされる持病が再発し、手術のため再入院となった。

脳内出血とは直接関係ないというものの、結局入院生活は5月下旬まで続いた。斉藤知事にとって3選出馬はおろか、2期目の引退が現実味を帯びて語られるほどに瀬戸際の状況となった。この後、事態は大方の予想を裏切って急展開する。

来るべき時が来た

ヘルニアの手術後に退院し、公務復帰に向けて試運転をソロリと開始した知事だが、体調の回復は思うにまかせなかった。

6月9日は皇太子浩宮さまと雅子さまの結婚の儀が予定され、国中が祝賀に包まれる日であった。全国の都道府県知事とともに参列する予定だったが、朝からあいにくの冷たい雨が皇居を包んでいた。

知事は迷わず列席を断念、静岡に戻った。公務への差し障りはもはや無視できず、知事はついに辞任を決意する。

留守居役の二橋副知事は13日夜、突然の電話で呼び出しを受け、富士市比奈の知事私邸に駆けつけた。そこで知事から県議会議長宛の辞任届を託されたという。議長への届け出は翌14日になされた。「知事辞任」の報は再び県民を驚かせた。

私はその1日か2日前、政界関係者から「知事が辞めるらしい」という連絡を受けていた。少なくとも残る1年余の任期は全うされるだろうと考えていたので、やはり青天の霹靂だった。ただ、「来るべき時が来た」という思いで、早まるであろう知事選に向けて覚悟を新たにした。もはや私に迷いはなかった。

この日を境に後継知事選びは一挙に本格化し、県内政界は慌ただしさを増していく。斉藤知事は辞任に際し、後継については一切の意向を口にせず、「今後のことはお任せする」と伝えたため、自民党県連は8年前の山本—斉藤の公認争いと同様に候補の一本化という難局面に再度、向き合うハメになった。

混迷する政界と後継候補選び

実際には8年前と違って10日間余りの短期決戦だったが、うわさで終わった方も数えるとその間、後継候補として取り沙汰されたのは私を含めて十数人に上るという混迷レースであった。

中央政界はこの頃、「東京佐川急便事件」に端を発する政治家の巨額闇献金問題に揺れ動き、国民の政治不信は極限に達していた。とりわけ政権与党の自民党に対する批判は激烈で、その後に行われた解散総選挙を経て非自民8党派による細川連立内閣が誕生するに及んで、自民党は下野に追い込まれる。

昭和30年来続いた自社対決の、いわゆる「55年体制」がとうとう崩壊してしまったのである。政治が混迷の季節を迎えていた。政党の離合集散を目の当たりにし、自民党県連執行部は何よりも組織の分裂を恐れた。

このため後継候補選考の方針として「斉藤県政を継続する人物」を基本原則とするとと

もに▽県連が分裂せず一致して推せる人　▽与党である社公民3党とも協力できる人——という2つの条件を加えた。派閥ごとに選挙区で争う代議士の先生方からは反発が出たが、私など官僚には追い風となった。

代議士、首長、労組の代表など、県政与党の各党が推す何人かの名前が紙上をにぎわした挙げ句、自民党県連に推薦状が上がったのはともに中央官庁の現職官僚4人。このうちお二人は選考作業が始まると早々に辞退され、最終的に残ったのが私と大蔵省財務官の千野忠男さんだった。

千野さんは私より7歳年長である。かつて大臣秘書官のころ、週2回の閣議のために総理官邸に出向くと、大蔵省からは千野秘書官がいて、同郷の先輩であることを知った。さらに内閣官房長官秘書官が東大剣道部の國松先輩で、閣議が終わるのを控室で待つ間、話が弾んだこともあった。

千野さんが出馬するいきさつについては後日、斉藤知事の実兄で大昭和製紙名誉会長の了英氏が取材に応じ、「(斉藤) 知事から辞めると聞いて、すぐさま電話で要請した」と擁立の仕掛け人であることを明かしている。

大昭和グループが運営する財団に「知恩会」という育英奨学支援団体があり、優秀な学生に奨学金を給付している。兄弟の父で、大昭和を創業した知一郎氏が設立した。千野さんはその第一回奨学生という。藤枝東高から東大、そして米スタンフォード大経済学部で学んだ大蔵省のエリートだった。「いつの日か故郷に恩返しするのが夢」というのが口癖で、了英氏の呼びかけに即座に応じた。

了英氏はすぐさま千野さんの擁立を周辺に働きかける。斉藤派県議が主導する県連執行部にとって、次官クラスの大蔵官僚の出馬は願ってもない展開であったろう。役員の一人は「三顧の礼を尽くしても知事選になど出てくれる人ではない」と、率直に過ぎるほどの期待を語った。紙面には「大物官僚出馬か」と、情勢記事が躍った。

一方で私の周辺でも出馬を促す声が日増しに強くなっていた。6月16日には浜松周辺の経済人の集まりがあり、私を念頭に後継者選びの条件について意思統一を図って下さるなど、その後の県内経済界での支援の広がりに弾みとなるきっかけとなった。

翌日、新聞社の取材を受けた私は、自治官僚としてかねてから責任ある立場で地域のお役に立ちたいと考えていたことを話し、「チャンスを頂いたので生かしたい。出る以上は戦う」と、率直に思いを伝えた。

18日の朝刊紙面には「石川氏、出馬の意向」と、大きな見出しが立っていた。「さあ、後へは引けんぞ」という決意で身が引き締まる思いであった。折よくというか、悪いというのか。その日、中央では宮沢内閣不信任決議をめぐる政局がいよいよ緊迫し、決議案は何と、一部の自民党議員の造反で可決してしまった。

「不退転」の決意

衆院は解散し、自民党分裂から政界再編に至る激動のドラマの始まりだった。総選挙に向けた準備が始まり、これに県議補選、さらに清水市長選も加わって県内にはひときわ熱い選挙の夏が訪れようとしていた。私にとっては、千野さんを軸に進む候補者選考をめぐる県連執行部との戦いの幕開けであった。

県連内部や斉藤陣営ではこのころ、「調整によって石川は降りる」と踏んでいたようである。先の後日談でも了英氏は「千野君が出たら、石川さんは出馬をやめますよ」と、自信満々に記者の質問に答えている。ところがである。私は既に「退職—知事選出馬」の意思を上司に願い出て、事務次官にも内々で承諾を得ていた。

正式には6月21日に辞職届を提出する予定でいた。一切の退路を断って勝負に臨む覚悟だった。「落ちたらどうする？」、そんな先のことは頭をよぎりもしなかった。というより何とかなるさ、という例のおっちょこちょいの楽天主義がここでも頭をもたげたのである。

落選しても1年ほどの浪人暮らしを我慢すれば、収入は減ることはあっても職にはありつけるだろうと考えていた。役人の天下りに対して今ほど規制は厳しくなかったし、世間の目もまだ鷹揚な時代だった。退職の日も決まり、戦いに向けて腰が据わってくると相手陣営の手の内も冷静に読めてくる。

このまま県連執行部の調整に任せていたら、我が方に不利なのは明らかである。何とか密室の裁定を打ち破る手だてはないか。

そこで中山さんらと諮って出た案が、県民の皆さんに向けて記者会見を開く作戦だった。知事後継者として既に複数の候補がメディアの俎上に上っている。だが、多くの人々にその姿は見えていない。

ここで会見して「石川」という人間を有権者に知ってもらうと同時に、「不退転」の決意と覚悟を県連執行部に突き付ける狙いだった。期日を決め、会場を確保して県政記者会に連絡した。

果せるかな、日を置かずして県連幹部が事務所を訪ねてみえた。東京で残務整理中の私は面談できなかったが、聞くところによれば県連側は「今、石川さんで調整中である。会見はしばらく待ってほしい」と言い置いて戻ったという。

私で調整しているという話は信じ難いし、それが真実ならなおのこと、記者会見を止める理由などないではないか。会見は予定通り開くことにした。

こうした中、有難いことに私への支援の動きは各地で広がりをみせ、19日には商議所系の経済人で組織する日本商工連盟浜松支部が臨時総会を開いて私の推薦を決定、続いて24日には県中部の静岡経済同友会が例会で推薦を決めて下さった。

また、掛川市など周辺7市町の自民党支部が県連に推薦を上申するなど県内各地、各方面から支持の輪が整いつつある状況が伝わってきた。

自民県連の後継者選考が事実上、私と千野さんの2人に絞られていく一方で、県政与党の社会党県本部は掛川市長の榛村純一氏に、さらに民社党県連も連合静岡の野口武利会長に出馬要請する動きが伝えられ、各党の候補者担ぎ出しも本格化した。

私を支持する国会議員は自民党の戸塚進也氏と、自民党を離党して新生党結成に参画した熊谷弘、杉山憲夫の両氏で、ともに前回8年前の公認争いでは山本知事を担いだ方々である。

このため今回の後継選考を巡っては候補がともに現職官僚であるにも関わらず、多くの政界関係者は8年前の激しい公認争いを想起し、メディアはそれを「山本―斉藤抗争の再現」と揶揄して紙面をにぎわした。

私はそのことで取材を受けると「公務員として仕え、部下として仕事に携わらせていただいた。自分は政治家ではないし、山本派といわれてもピンとこない」と答えていた。

東京サミット

世間はそんな風に対立を図式化していたが、実は私の支援者の中には斉藤派内に影響力を持つある政界実力者と太いパイプを通じた人物がいた。その支援者は斉藤県政がスタートした直後から私を後継知事候補として考え、折に触れて背中を押した。同時に、厚い信頼関係にあるくだんの政界実力者にその思いを機会あるごとに伝えていた。実力者は知一郎氏の存命中から斉藤家と親交があり、了英氏にとっては兄とも頼る存在として知られていた。

今回、了英氏は「千野擁立」を決めた後、まずはこの実力者に協力を仰いだに違いない。にもかかわらず、実力者は動かなかった。動いた形跡がなかった。一方で、千野さん自身も出馬へ向けて懸念材料を抱えていた。

東京ではこの頃、先進7カ国の首脳を招いた国際会議「東京サミット」の開幕が7月に迫り、千野さんは財務関係の実務方トップとして準備に忙殺されていた。

一度だけ静岡駅の新幹線ホームで、遠くに千野さんの姿をお見受けしたことがあった。分刻みのスケジュールを縫っての帰省だったのだろう。ただ、この頃の千野さんには度々地元へ帰っている余裕などなかった。

千野さんの思いはあくまでも県連による候補一本化が出馬の前提で、私のようにたとえ争ってでも出るという選択肢はなかったと思う。世界が注目するサミットの開催は7月7日から3日間。終われば自由の身になるはずが、次官クラスの財務官人事は閣議案件で、翌週に開かれる閣議で了承されるまで辞職はかなわない。

それまでは勝手に身動きできないという状況なのである。サミットの日程は千野さんに重くのしかかっていた。総選挙をにらみ、県選管は知事選の日程を7月15日告示、8月1日投票と決めた。一方で党県連は中央で進む党分裂、新党結成騒動の県内波及を恐れ、後継候補の一本化作業を急いだ。

6月24日夕、上京した県連執行部幹部はそれまでに推薦申請のあった4人の候補に次々と面談して最終意思の確認を行った。その結果、千野さんら3人が「辞退」を伝え、私だけが変わらずに「出馬」の意思を申し出た。翌25日、県連はただちに選対小委を開いて私の推薦を決め、後日の総務会で正式決定した。

千野さんは最後まで出馬に意欲をみせていたそうだが、やはりサミットが障害となった。「国家的事業の成功のため国務に専念する」というコメントを執行部に寄せて、選考レースを降りた。千野さんの無念の思いが伝わってくる。

出馬

予定していた私の出馬表明はそんなことで推薦決定の翌日という、願ってもないタイミングとなった。

26日午前、ＪＲ静岡駅前のホテルで開かれた共同記者会見。私は晴れやかな気分でその場に臨んでいた。ともかくホッとしていた。多くの方々の助けを借りながらようやくここまで来た、という感慨があった。

テレビカメラの放列の前で、報道陣から当選後の抱負を問われた私は、県連の推薦条件でもある「前知事の基本路線の踏襲」を県政運営の方針とすることを述べ、「地方の時代の幕開けであり、市町村を重視した新しい県土づくりに全力を挙げて取り組む」と訴えた。「市町村自治の尊重」というスタンスは、自治官僚出身者としてある意味当然の姿勢といえるが、私は選挙期間中に県内どこの街頭でも繰り返しこの主張を訴えた。

この年、国会は「地方分権推進決議」を行い、分権論議が改めて新しい政治課題に躍り出た。後に続く「地方分権の時代」の幕開けを告げる衆参両院決議だった。私は知事就任1年目から、この分権議論に実践者として立ち向かうこととなった。

知事選候補者を巡る他党の試みは私の出馬表明を境に急速に収れんへと向かった。榛村掛川市長を推していた社会党県本部は28日、擁立断念を発表すると同時に執行委員会を開いて私の推薦を決めた。

他党も私の申請を受諾して推薦を決定、翌29日にはこれら自社公民の県議会4会派が代表者会議を開き、今後の選挙態勢づくりを協議した。選対本部は自民党が主体となって運営することなどが決まり、斉藤県政のケースと同様に4党の相乗り体制が早々とでき上がったのである。

告示に向けての準備が着々と進むなかで、私はともかくも斉藤前知事にお会いし、県連の推薦決定を報告したいと考えていた。斉藤県政の継続を公約に掲げて出馬する以上、何よりもその決意を直接、伝えるべきと考えたのである。とはいえ前知事は病の床にある。最悪、玄関先の挨拶だけでもと思っていた。

県連総務会で推薦が正式決定した翌29日、家内を帯同して富士市のご自宅に伺った。案に相違して部屋に招じ入れられ、40分ほどお話しした。前知事は思った以上にお元気で、「今や370万県民の1人。もはや県政にあれこれ申す立場にはない。存分にあなたのカラーでおやりなさい」と激励を受けた。何よりのはなむけだった。

7月に入り、知事選に先駆けて総選挙が告示を迎えた。中央政界の激動は地方にも波紋を呼び、本県では自民党を分裂した新生党から熊谷、杉山の両代議士が立候補した。

それに伴って両者の系列県議ら11人も自民党を離党、県議会に新会派を結成した。まことに手前勝手ながら、我が知事選へ波及せぬかといささか気をもんだが、それは杞憂だった。私の支持基盤に影響はなかった。

政治改革への期待で盛り上がる総選挙が終盤に差しかかるなか、15日に知事選が告示された。私の推薦政党は新たに新生党と、さらに選挙中に社民連も加わって、最終的に6党相乗りというにぎやかさとなった。こうして、私にとって初めての知事選は共産党公認候補との一騎打ちとなった。

県の東西を端から端まで2往復する目標を立てて、ひたすら選挙カーを走らせマイクを握り続けた。どこの市や町村で何をし、どなたと出会ったか、今、思い出そうにも私は全く記憶にない。それほど無我夢中だった。

ただ、有権者の関心は低かった。新人候補にはそれに気づく余裕もなかったが、このころ新聞には「選挙疲れで低下心配」などと、投票率の行方を見守る県選管の心配が見出しになっていた。なるほど総選挙告示から知事選投票までほぼ1カ月間の長丁場。疲れもやむなしである。炎天下、広大な選挙区で奮闘する知事選の両陣営にはもう一つ、「無関心」という敵があったのだ。

戦後6人目の知事

案の定、8月1日実施の投開票の結果、投票率は戦後の知事選史上最低という35・14％にとどまり、選管の心配は的中してしまった。当方の得票は82万355票で、相手の共産党候補に68万7000票余の大差をつけて勝利した。得票率は86・02％で、これは逆に知事選史上の最高ということである。

数字を並べればそのような結果で、ともかくも私は戦後6人目となる静岡県知事に初当選を果たした。この先の重責を考えれば身の引き締まる思いに包まれるが、まずは感謝と喜びの一夜であった。

実は裏話を披露すると、この日はもう一つ特大の吉報がもたらされていて、私は開票前から有頂天だったのだ。

投開票日の1日、県営草薙球場では全国高校野球選手権静岡大会が決勝戦を迎え、母校の掛川西が静岡商を逆転で下して甲子園出場を手にしたのである。実に16年ぶりの快挙で、何という幸運、何という巡り合わせであろう。

掛西と静商の決勝対決は27年ぶり2度目という。その静商にも19年ぶりの甲子園出場がかかっていたのだった。文字通りの「古豪対決」で、県内の高校野球ファンには見逃せない大一番だった。

テレビ各局はこの日朝から知事選の投開票日と、高校野球の決勝戦を伝えるニュースでもちきりだった。球場に駆けつけたい思いが募った。何年かぶりで外野席を開放したという超満員の草薙球場で、母校野球部の躍動する姿を目に焼き付けたかった。

後片付けに大わらわの選挙事務所で、そんな話をすると案に相違して事務長から「とん

感謝と喜びのあふれる初当選＝平成５（1993）年８月１日　© 静岡新聞社

でもない！」と一喝されてしまった。

昨日までの私は知事選候補者の一人として県内各地を跳び回り、声を枯らして支持を訴えてきた。ひたすら頭を垂れ、腰を折ってお願いをしてきたのである。そんな人間が対戦する一方の側に陣取って声援を送るなど、たとえそれが愛すべき母校の応援であるにしても、「許されるわけがない」と事務長は言うのである。

恐らく球場の半分は静商ファンで埋まっている。その中には私の支持者も大勢おられるに違いない。あるいは試合後に投票所にかけつけ、1票を投じて下さる方もいるかもしれない。うかつだった。浅薄だった。事務長の叱責で私はすんでのところで思いとどまった。今でも冷や汗の流れる思い出である。

そんなこともあったが、掛西の優勝は私にとってなおも特別な慶事であった。

当選後の日程は3日に選挙管理委員会から当選証書を受領した後、4日に県庁に初登庁、幹部を前にした就任式に臨んで知事の公務をスタートする段取りだった。ところが3日に母校ナインが甲子園に出発する前、優勝報告に来るというので知事の応接室でお会いすることになった。

校長先生、山内監督、それに県大会優勝旗を掲げ持つ太田泰敬キャプテン率いるナインを前に、「母校の活躍は何よりの喜びです。甲子園では正々堂々とプレーしてください」と激励した。

選挙戦の疲れなど吹っ飛ぶ思いだった。腹の底から喜びが沸き立った。そんなことで結局、この甲子園代表校の壮行激励が実質的な公務のスタートとなった。その後の4期16年にわたる私の知事生活がここから始まったのである。

第五章　県政を担う 1

地方分権と市町村再編

浜名湖花博

斉藤県政が社会資本の充実を掲げて打ち出した静岡空港、小笠山スポーツ公園などを始めとする大規模プロジェクトは、そのまま引き継ぐことを私は公約として掲げた。が、中に一つ、浜名湖音楽公園構想だけは選挙中から私の気持ちの中で疑問符が付いていた。計画公表後数年が経つにも関わらず、さしたる進展が見られなかったからだ。

当初、県音楽堂構想と名打たれた事業は浜名湖東岸、浜松市村櫛町の庄内半島南端の農地80ヘクタールにオペラハウスやコンサートホール、音楽家養成施設などを建設するという事業であった。

斉藤知事の「世界に誇れる音楽の名所を」という思い入れもあって、広大な音楽公園構想へと計画が膨らんだ。ただ、用地交渉はなかなか進展せず、私が受け継いだ頃もなお、地権者・農家で組織する地元の対策協議会とは計画縮小に向けた交渉が続いており、音楽公園構想実現の見込みは甚だ心もとないものだった。

加えて浜松市内では、JR浜松駅前に東海一の高さを誇る「アクトタワー」の完成を翌年に控え、ここには4面舞台を持つオペラ、クラシック専門のホールがお目見えする予定だった。

「楽器の街から音楽の街へ」を合言葉に、音楽文化都市への変貌を遂げるべく市民の熱気が高まる中で、あえて近隣の浜名湖岸に似たような音楽拠点を作る意味があるのか、それは事業執行者として真剣に問い直すべき問題点だった。浜松の経済界にも反対の意見があった。私はしばらく様子を見つつ、次善の策を練った。

計画を白紙に戻すのは難しくない。だが、それでは地元の農業生産者に県政への不信感を残すだけである。浜松を中心とする県西部地域は国内有数の花の産地で、なかでも浜名湖周辺はキクやガーベラの生産で知られる全国屈指の花き栽培地だった。

地場の産品をさらに活気づける手立てはないか。そこで考えついたのが花博の誘致であった。総事業費430億円を投じた「しずおか国際園芸博覧会（浜名湖花博）」は「花・緑・水―新たな暮らしの想像―」をテーマに、音楽公園の予定地で平成16年の4月から10月まで187日間開催した。

浜名湖花博開会式にご臨席の秋篠宮殿下、同妃殿下を会場にご案内＝平成16（2004）年４月７日、浜松市の花博会場　© 静岡県

花と触れ合い、安らぎを感じる３つのゾーンに世界各地から集めた６０００品種、５００万株の花、６万本の樹木を配して、花と緑の美しさを堪能してもらう趣向だった。

山本寛斎さんプロデュースの未来庭園や、植物学ご研究の成果を展示した昭和天皇自然館、さらには印象派の画家クロード・モネが住んだパリ郊外ジヴェルニの家や睡蓮の池を再現した「花の美術館」などが話題を呼び、来場客は県内のみならず首都圏や関西圏にまで及び、さらに翌17年に愛知万博を開催する予定の中部圏の各地からはマイカー客が駐車場にあふれた。

浜名湖や太平洋を一望できる高さ50メート

ルの「きらめきタワー」も人気で、週末には展望デッキに昇るエレベーターに長い行列ができた。こうして会期中、入場者は予想を上回る544万人を記録、県内への経済波及効果は2490億円に達したといわれた。

花博跡地はその後、浜名湖ガーデンパークとして整備され、幼児からお年寄りまで幅広く楽しめる湖畔の都市公園として無料開放されている。

花博の開催に合わせて周辺の県道整備を進めた結果、庄内半島と東名や浜名バイパス、その後開通した新東名などとのアクセスは格段に向上した。浜名湖地域の観光振興にそれなりの効果をもたらしたといえまいか。道路の恩恵かはともかく、生産者の努力によって今や浜松地域のガーベラ出荷量は全国一と聞く。うれしい話である。

行政の生産性向上

知事選の公約のもう一つは「市町村を重視した新しい県土づくり」であった。つまりは「住民に身近な行政は、地域の実情の分かる身近な自治体が行う」という視点に立った、分権型社会の実現に向けた取り組みである。

私が知事に就任したこの頃、中央では細川新政権が「地方分権推進法」の制定に向けて分権論議を活発化させていた。全国の自治体がその実現に向けて基盤づくりを始めたが、その取り組みはまちまちで、未だ手をつけかねているところもあった。試みは緒に就いたばかりだった。

県と市町村の関係でいえば、市町村へ事務や権限を委譲するには、並行的に自らの体質改善、すなわち県の行政改革も進めねばならない、と私は考えていた。そこで就任直後に提唱したのが「行政の生産性の向上」という改革である。

国と地方を通じた行政制度が見直される中で、地方自治体は中央の提示する行財政システムに頼るのではなく、独自の組織形態、役割、運営について明確なビジョンに基づく経営理念を確立する必要がある。この考えを庁内に指示した。

これは一般職員には戸惑いもあったようだが、行革担当のスタッフには大きな刺激を与えた。本県も行政改革には従前から懸命に取り組んできた。ただ、反省点も多々あった。

これまでの行革は行政が主体で、人と金を特定の分野に投入してどれだけの行政サービスを生み出せるかといった、つまりは供給側の論理で効率性を追求してきた。

今後は、単に行政サービスの量的拡大ではなく、受益者（県民）側の視点に立って、本当に県民が求めている質の高い行政サービスを提供できるような執行体制の構築が必要となる。従来からの手法であるマイナスシーリングとか、職員定数の一割削減などでは十分な効果は得られない。

行政の効率性に、有効性の観点を加えた手法はないか、という問いかけなのである。そこで採り入れたのが「リエンジニアリング」という聞きなれないアイデアで、県立大経営情報学部におられた大坪檀教授の指導をいただいた。

既存事業のプロセスや執行体制をゼロベースから見直し、新たな視点に立って生産性の高い効率的な行財政運営を進めるという改革で、民間企業では採用が始まっていたが、広域行政を担う県レベルでの導入は本県が初の試みとなった。

早速、庁内で勉強会をスタートさせた。そうやって幹部職員と行革スタッフがまとめた本県版行革が「目的志向型の行政運営」というものであった。「行政のリエンジニアリング」を基本的な考え方として、県行政の運営を目的志向型へ転換し、生産性向上に向けた取り組みが平成7年から始まった。

地方分権と自治

運動に取り組む基本的な考えや分権と自治についての考察は、知事就任1期目に機会があって出版した「論より実践―『ふじのくに』から世界へ発信―」(発行：ぎょうせい)に詳しく述べたので、その一部を引用してみたい。

第2章 「地方政府」の樹立

1　分権と自治

分権と自治の意義

分権と自治とは、「自分たちの生活に関する身の回りのことは、主体性を持って、自分たちで解決する」ということであり、分権と自治とは表裏一体のものです。

すなわち、自分たちの生活に関する身辺の事柄について、他人から「ああせい、こうせい」といわれたり、「あれはダメ、この程度ならヨシ」などと制約を受けていては、真の自治はあり得ません。

人間でいえば、いつまでも親の庇護の下にいる人間は、いつまでも自分の頭で考えたり、行動できない人間になってしまい、一人前の成人として、責任ある人間として見られないことになります。

やはり、その成長の度合いに合わせて、主体性を持たせていくことが大切なのです。それは決して、愛情を懸けないということではなく、その子どもの成長を促進する愛情の形でもあるのです。これを国の内政のあり方に敷衍（ふえん）して考えれば、地方分権となり、地方自治となるのです。

また自分たちの住む、自分たちの問題を自分たちで解決する地方自治を深めていくことは、A・トックヴィルのいう「民主主義の学校」として、デモクラシーの原点でもあります。

⑴ 地方分権への歩み

中央と地方の関わりの変遷

歴史的にこれまで中央と地方がどのような関係にあったかを、明治以降について述べておきます。

一八六七年、第十五代徳川慶喜の大政奉還、江戸城の無血開城、王政復古の大号令により江戸幕府は消滅します。その後の戊辰戦争の内乱を経て、明治新政府が樹立されます。

（中略）

一九四五（昭和二十）年、日本政府はポツダム宣言を受諾し、日本は敗戦という結末を迎えます。その後、占領軍（ＧＨＱ）の指導による自由制限撤廃指令、五大改革指令、財閥解体、第一次農地改革、新選挙法、労働組合法、公職追放、新憲法公布、教育基本法、独占禁止法、労働基準法など、一連の民主化措置が実施されます。

日本国憲法は一九四六（昭和二十一）年十一月三日に公布され、一九四七（昭和二十二）年五月三日に施行されましたが、同じ日に地方自治法が施行されています。このことは重要な意味を持っています。まず、地方自治という言葉が初めて光を浴びたこと、さらに地方自治が憲法で保証されたということで、そのことは基本法である地方自治法を始め、多くの関係法規が例外なく憲法の要請を満たすものでなければならないことを意味します。

日本国憲法が第九二条から九五条において、わざわざ地方自治を保証したのは、中央政府が全国隅々まで強大な権力を行使する中央政権を廃し、そこから生じる恐れのある軍国主義を否定するためであったといえます。

こうした考え方から採用されたのが地方分権であり、地方公共団体は地方の自治権を持つ団体として認められたことになります。

一九四七（昭和二十二）年、新憲法と同時に施行された地方自治法によって、地方自治という言葉は、歴史の一ページに初めて記されます。したがってその歴史は浅いのですが、ようやく得た自治の権利は大事に育てていかなければなりません。

地方自治の権限を得た地方公共団体は、中央政府と対立したりあるいは懇願したりではなく、中央政府と対等な地位と立場で、その義務と責任を果たしていきたいと思うものです。また各地方が豊かになり、活力に満ちあふれることは、結果として国全体が豊かになり活力に溢れる国土になることであり、真の民主主義が定着する基となるものです。

それにしても、歴史のうねり、大波小波の泡立つ流れの中で、浮き沈みする数々の事件・事変を見るにつけても、歴史の必然性を感じざるを得ません。

ということは、これからの政治においても、時代のトレンド、日々生活する人々の意識や欲求の変化を正確に見極めなくては、ミスリードを許してしまう結果となります。

この本をまとめるにあたり、そんな思いを新たにしています。

独立自治と自治推進の問題

（中略）「地方分権」を別の角度からながめますと、次のようなことがいえます。人間一人一人に個性があるように、地方・地域にも個性があります。寒い地方もあれば、暖かい地方もあります。都市の地域もあれば、田園の趣の地域があり、海に面し水産で生活しているところもあれば、山間部の山村で高原野菜や果実の栽培で生活しているところ、観光で専ら生業を立てているところと、実にさまざま、千差万別です。このように地域の違いは問題の中身の違いや、類似した問題であっても関心の度合いの違いを生じます。

例えば防災問題といっても、海辺の地域では津波や堤防の決壊、船舶の避難などに関心が高く、山間部では雪崩、土砂崩れ、倒木、噴火や土石流などの対策に関心が向きます。

公害問題でも都市部では交通渋滞や事故の多発、産業廃棄物や生活廃水の処理、ゴミの問題、騒音や振動などの問題が、田園地域では不法投棄や水の汚染、農薬等による汚染、酸性雨などの対処が課題として取り上げられます。

特に地域の伝統ある文化や風習を残し育てよう、というようなことになると、その地域の差は明瞭になります。

このように地域による関心の所在の高低がある中で、本来、自分たちの問題は自分たちで優先順位を付け解決する、というのが地方自治の考え方なのです。

このようなことから、各地域がそれぞれの個性を磨き、輝く感性を発信して発展につなげていくための基本的な考え方、スタンスのあり方などを私なりの考えで述べてきました。そのためには静岡県ではどのような政策を進めて行くのかを述べてきました。その集約された具体策が「静岡県新世紀創造計画」なのです。（中略）

一方で、国では均衡のとれた国づくりという理由づけから、地方分権に消極的であることも縷々述べてきました。

国の論拠というのは、市町村などの地方自治体には、未だ人材が揃っておらず、自己完結的に行政処理する能力が十分でない、というものや、税源の偏在があるので、同じ国民でも、住民としての行政サービスの享受に凸凹が生じてしまい、具合が悪いというようなものです。したがって、ある程度、国が誘導的に介入して、もちろんお金も出して全国均一的なバランスを採ろうとするのが、今の制度なのです。
特に道路、港湾など基盤的な社会資本の整備には、このような傾向が強くあります。

分権化の歴史

地方分権論議の賛否は別として、こうした論議は地方自治法の発足当初からありました。

論点のポイントは中央と地方との行政事務権限の配分とお金の問題です。

このため、地方自治法は数次に亘って改正されてきました。

（中略）

分権自治への一試案

前述のように、地方自治法は施行当初から、ほとんど隔年くらいのペースで改正されてきましたが、地方分権・自治の成果は地方が期待するほどには挙がっておらず、どこか消化不良、欲求不満を残しています。

これは改正が常に部分部分であり、いわば改正が抜本的なものでなく、不都合だと思われるところを、その都度継ぎはぎしているような感じだからなのです。今後の分権論議を進める場合、ここは思い切って「リエンジニアリング」する感覚で抜本的に、あるいはゼロベースに戻して、発想を切り替える必要があるのではないかと思っています。

地方分権はまず「財源」の確保から

そこで、ある一つの試案、考え方を提唱してみたいと思います。分権・自治の推進には、何といっても自由な財源の確保という、お金の問題が焦点となります。

つまり、実態として地方の自主性を高めるのは、権限の問題よりも地方の独自の判断で事業を行うことのできるお金、つまり自主財源をもっとたくさん使えるようにすることが実際的です。

私自身、地方行政に関係する公務員として三〇年間、知事となってから三年間の経験の両方を通じて実感していることは、権限のないことの不自由さよりも、むしろ財源がないことの不自由さのほうが大きいということです。

財源には、地方から国へいろいろお願いしたり、承認を受けないと使えないものが随分とあって、そういうことの制約のほうがむしろ問題なのです。

例えば、最近のテレクラ規制の問題や、あるいは静岡では全国で初めての「地震対策推進条例」を制定し、自販機の設置等について一定の規制を実施することにしました。このように、秩序の維持については、地域の独自の判断で必要な権限を行使できるものが随分とあります。

ところが、より良い地域づくりをするためには、秩序を維持することのほかに、社会資本の整備など、お金があって初めて実現する仕事があります。その際、静岡県として地域の社会基盤を「こういうふうに整備したい」、「今、必要なのはこのことだ」というときに、自分たちの地域の力、お金で簡単にできるようでなければ、現実には困るわけです。

例えば、道路についてみると、国の定める道路整備五か年計画（現在は第十一次の計画）というのがあり、そのなかで市町村道から国道まで、ほとんどすべての枠が決められています。そのために、「市町村、あるいは県はこういう計画で道路を作ります」というように、勝手に五か年計画は立てられないのです。

県や市町村が「やりたい」と思っても、国の承認がないと必要な補助金が出ませんので、勝手にやることはなかなかできません。

国、県、市町村が国のペースで、それぞれ役割分担をさせられているのです。財源統制が、道路に限らず他のいろいろな社会資本の整備事業に必ずかぶさってくるのです。

私の意見は、国が補助金として、地方に配分する部分をもっと減らすべきだと思います。そうすると、それぞれの地域が必要としている事業をもっと自由に行うことができるようになるのです。

全国共通のルールは国で、地方は独自のルールで

地方分権を語るときに、はっきりさせておきたいことがあります。

国の機関委任事務として、都市計画、土地利用に関する権限の委譲が焦点のひとつとなっています。この中には、日本社会のルールをどうするかということにかかわるものが随分とあります。これらのルールについては、国が決めてよいことです。これは国民共通のルールだからです。当然国会で決めます。

例えば、土地利用の基準、規則というのは全国どこでも同じであるべきです。これは、経済活動を規制するひとつの基本的ルールなのです。スポーツにルールがあるように、日本全国共通のルールは必要であり、地域ごとに異なるローカル・ルールであっては困ります。国民は、移動の自由も職業選択の自由もあります。どこへいこうが、どこで経済活動をしようが、あるいはどういう行動をしようが、不法行為でなければ自由なのです。それは、日本全国共通のルールという保証があるからなのです。

問題は、その決まったルールをどう適用するかという段階で、地方の判断の自由まで今は奪ってしまっていることです。市街化区域をどこまでにするか、農業振興地域をどれだけにするかは、地方が決めればよいのですが、それもままなりません。それを束縛する手段というのが、国の社会資本整備についての財源を裏付けとする統制、つまりお金による統制なのです。

まず、地方分権は財源の「分権」、財源配分から解決するべきだと、私は思っています。

（中略）

地域を活性化する中核市及び広域連合制度

次に、地方の事務権限の拡大については、「中核市制度」、「広域連合制度」の考え方が大いに参考になるのではないかと思っています。

これらの制度は、一九九四（平成六）年に「地方自治法の一部を改正する法律案」として四月に、羽田内閣の初閣議で決定し、直ちに国会に提出され六月に衆参両院で可決され、六月二十九日に公布されたものですが、まさに予想外というか、予想していた以上に関心が高く、うまく機能して行きつつあると思います。

中核市制度は、一定の要件を備えた都市に与えられるもので、その要件は次のようになります。

① 人口三〇万人以上

② 面積一〇〇平方キロメートル以上

③ 当該市の人口が五〇万人未満の場合には、当該市を含む周辺の地域における経済社会生活圏の中核としての機能を有する都市として、政令で定める基準を満たすことなどの都市は、民政行政に関する事務、保健衛生行政に関する事務、都市計画等に関する事務、環境保全行政に関する事務、などの事務を大幅に国から委譲されて、これまで以上に自治権を拡大して行政活動ができる制度となっています。（中略）

ちなみに静岡県では、先の要件を満たしているのは、静岡市と浜松市の二市ですが、中核市のメリットがなお理解されるようになれば、要件を満たすのが、もうあと一歩という都市も、周辺町村との合併への動きを強めることになると思います。

広域連合制度についても、広域的な計画に対して、その広域地域の自主的決定・実行の権限を広げようとする趣旨ですから、広域に亘る総合計画に拍車がかかることになります。

この一連の中核市・広域連合の施策が成功した原因は単純明快で、市町村など地方の、つまり住民の上昇志向を刺激し、より良質で高度な行政サービスを享受したいという、願望や欲求に適合しているからであろうと思います。近年盛んになっている道州制の論議などは、一般には今ひとつピンとこない議論であって、地に足が着いていない感じがします。

また、都道府県についても、市に政令指定都市があるように、「政令県（中核県）」のようなものを作ればよいのです。名称はともあれ、地方が無理なく（歴史的・経済的・生活習慣・共同計画などで）手を組めるような現実的・実際的な仕組みを考えることが必要だと考えます。

「政令県」構想案

東京都は首都として特別な制度になっているので、これを別として、道府県については規模の大小を問わず、権限がすべて同じというのは、どう考えてもおかしいと思います。そこで私は「政令県」というものを制定して、各都道府県に競争の原理を導入していくべきだと思います。市に中核市、政令指定都市があるように、道府県にも政令県があってもよいと思います。道州制はだれもが言いますが、「政令県」はだれも言いません。ここで強く提案したいと思います。政令県には国の出先機関の事務を委譲するなど、国の権限を大幅に委譲します。それ以外の県は従来通りの権限とします。

一定の人口規模があれば「政令県」とします。例えば人口五〇〇万人以上を基準で考えてもいいのです。それも二段階くらいのランクがあったほうがよいと思います。「政令県」にすると、中核市制度のように権限が高まるという出世志向、上昇志向が芽生えますので、県の合併進行が非常に具体性、現実味を帯びてきます。

静岡県は三七五万人くらいですから、これでは足りません。それでは隣り県の神奈川県にいくか愛知県にいくか、いやいや、歴史的、人的に考えると山梨県、長野県と関係が強いからこちらといっしょになる、といった議論など、県民の反響が大きく出ると思います。また、特に「政令県」ですと、合併しないとなれないため、お互いに吸収合併した、されたという意識がなくなるのです。

こういう議論が道州制の前段階であってよいのです。現実性・可能性から出発した、足が地に着いた議論を重ねていかないと、地方分権問題でも大きな盛り上がりを期待できません。今回で三回目ともいえる地方分権論議も「いつかきた道」で、失敗、空中分解する恐れがあります。最初、アドバルーンをあげる総論のときは、そうだそうだといっても、いざとなるとみんなだめになるのは、国民に響いてこない、本音にマッチしていないからなのです。道州制にはその危惧を感じています。

県には知事がおり、議会がありというように、都道府県単位にさまざまな機構がきれいに組織化されています。これは、明治の廃藩置県以来、これで運営されてきており、それなりのアイデンティティができていますので、住民がこれ以外の事態を鮮明に想像することはなかなか困難だと思います。自治能力のより高まった「政令県」に向けて隣接府県が合併するというほうがイメージを描きやすいと思います。

道州制の考え方には、まず①地方分権的に道州制を考えるのか、②あるいは中央集権的に考えるのか、という両方のアプローチがあります。私に言わせると、道州制は理論上の興味はありますが、学者の理論、経済界のリーダーの意見など、どちらのアプローチも絵に描いた「もち」に見えます。道州制の前段階として、実際的現実的な方法として、「政令県」があると思います。道州制は、「政令県」制の先にあると考えます。

まず分権ありき

なお、お地方分権議論をすすめるとき、次の二点を押さえておくべきです。

① 市町村に能力がないから適当ではない、というのは分権をしたくない気持ちのカムフラージュの議論です

② むしろ、地方が力をつけないようなシステムにしておきながら、それで能力がないから分権できない、と言うとはいただけません。これでは、国は分権する気がない、と言われても仕方がありません。

これでは地方は浮かばれません。まず分権をして、そのときにもし能力が不足していたらどうするか、その方法を考えるべきなのです。

この方法として、まず市町村合併の促進があげられます。しかし、合併しても効果

が上がらない小さな市町村や過疎地もあり、これでは無理に合併しても地元の人はかえって困ります。不便が増大することもあります。このようなケースでは合併を無理押しするのではなく、市町村ができないところは、県が代行するシステムとすれば解決します。特に、住民に密接に関係している行政事務・サービスはこれが大切です。実際に、ごく一部ですが、下水道、道路などのハードウエアについては、過疎（地）代行といって、市町村でできないことを県が行っています。もっとこのやり方を全般に広げて、県が委託を受けて行っていくということにすればよいのです。特に、これからの高齢化社会を考えますと、住民に密接な市町村のほうへ事務がもっと下りてきます。ところが、市町村間に能力格差がありますので、サービスのアンバランスが生じます。これはこれで問題ですので、一方で住民の意見、希望は市町村が集約し、代弁し、他方、市町村に欠ける専門的能力は県が代行することにすれば、住民への密着性と専門性の両方の必要に応えることができるのです。

今までは、合併のインセント（誘因）がありませんでした。繰り返しますが、今度の中核市構想にはたいへんなインセントがあります。実際にやってみて、なかなか良い考えだと思います。
建前の分権化ではなく、地域住民へのより良い行政サービスの実現のためにも、真の分権化が望まれるところです。

政令市要件の緩和により静清合併が進展

国の積極的な主導による「平成の大合併」が全国で熱を帯びる以前から、本県では県都静岡市と隣接する港湾都市・清水市が「静清広域行政協議会」をつくって、互いに共通する行政課題を継続的に話し合っていた。ただ、合併への具体化にはなかなか結びつかず、話は起きてもその都度立ち消えとなるような状態だった。

機運が盛り上がったのは合併特例法の改正により、市町村住民の立場から合併協議会の設置を直接請求できる住民発議制度がスタートしてからだった。清水青年会議所（ＪＣ）が早速、住民発議による署名運動を開始するなど、行政や議会の決定に頼るだけでなく、外部から住民が直接的に合併問題に取り組もうとする動きが起き始めていた。

お隣りの静岡JCもこれに続き、6万人を超える市民の署名を添えて当局に協議会設置を陳情した。こうした動きを経て平成10年4月、ようやく両市の合併協議会がスタートする。清静両市の合併は、当然ながらその先に政令市の誕生を見据えたものでなければならなかった。

静清の政令市移行が成れば、それを刺激として浜松市が核となる県西部、さらには沼津、三島を中心とした県東部、という具合に県の東中西3地域にそれぞれ政令市が誕生するのも夢ではない。全国に例を見ない、スケールの大きな政令市設置構想を私は考えていた。

実現にはまず、政令市指定に向けた国の諸条件を緩和してもらうしかない。指定要件のうち最も壁となっているのが人口要件で、それまでは「人口100万人以上」か、または「近い将来これを超える見込みの80万人以上」の市が指定されていた。

この要件を70万人に緩和できれば、県内3カ所の政令市は実現へより近くなる。私はこれを国に理解してもらうため、自治省その他に陳情を重ねた。

「70万」の根拠は当時、全国最少の鳥取県の人口が70万人だったことによる。70万人の県が存在するなら「県と同等規模の権限を持つ政令市の資格も70万人あれば十分ではないか」というのが私の主張だった。

だが、国の壁は厚かった。要件を緩和すれば全国いたるところに政令市が誕生する、そんな国の心配が理解できないわけでもなかったが……。

自治省とは激論を交わした。ある時、後輩の行政課長氏とやりとりしていた。すると突然、「あのー」と話の腰を折るではないか。いぶかし気に見やると、彼いわく「スイマセン、わたし鳥取の出身でして……」。何ということか、これには参った。こっちが「スマン、スマン」であった。

なかなか腰を上げない国・政府への陳情はなおも続いたが、ここでも最後に味方してくれたのは私の強運だった。「平成の大合併」が緒に就いたばかりの平成13年、既に参院議員に転じていた義兄の片山虎之助が森改造内閣で入閣、何と総務相に就任したのである。

総務省はこの年の1月、中央省庁再編により自治省や総務庁などを統括して発足したもので、片山は次の第一次小泉内閣までの2年余りを初代総務相として務めた。国への陳情は一挙に話が通りやすくなった。静岡県にとってはまことにラッキーだった。

「静岡」と「清水」、ともに全国に名を知られるビッグネーム同士の合併はさらに、一方

私の立ち会いで、小嶋善吉静岡市長と宮城島弘正清水市長が合併協定書を締結＝平成 14（2002）年 4 月 2 日、静岡市南町のホテルセンチュリー静岡 © 静岡県

が県庁所在地という特色を持つ平成合併の全国モデルともいえる大型案件である。国にとっても期待は高かった。

その後、合併自治体を後押しする「市町村支援プラン」が国から示され、政令市の人口要件は「70万人」へと、狙い通りに緩和されたのである。

これにより静岡・清水の合併協議は一挙に進展した。ただ、造船などの構造不況を抱える清水市は、経済界の期待とは裏腹に市民・行政・議会の反応は今一つ盛り上がりを欠いた。中心商店街には一時、「静清合併反対」ののぼり旗が立った。

人口比でいうと静岡の47万に対し、清

水は23万5千人。このスケール差が清水市民には最後まで「吸収合併」の不安を想起させ、「清水」の市名への強いこだわりとなった。

平成14年が明け、発足して間もなく4年になろうとする合併協議会は最後の難関というべき新市の名称選考を控えていた。終盤になるにつれ協議会委員の意見対立は激しさを加え、時には怒号も飛び交った。水面下での駆け引きも熾烈さを増した。

あくまでも「対等合併」をめざす清水側は、静岡・清水の現行市名を選考の対象から外すよう求めた。これに対して静岡側は現市名の継続を主張し、協議会は結局、全国公募で集まった5万余件の中から絞り込んだ「静岡」「駿河」「日本平」の3つを最終候補に選んだ。

決戦の投票は2月10日。協議会は28回目を迎えていた。両市から18人ずつの委員と、これに加えて県職員の2人が投票し、結果は20対18で「静岡」に軍配が上がった。新しい県都・静岡市は翌15年4月に発足。政令市への移行はスムースに運び、2年後の17年4月に県内初、全国最少人口の政令市としてスタートした。

浜松市の政令市移行

一方、県西部でもこの頃、浜松市が中心となって政令市実現に動き出し、浜名湖を囲む9市町に呼び掛けて研究会が発足した。目指す都市ビジョンは、浜松市を核に市町がぶどうの房（クラスター）のように連なる「クラスター型政令市」。環浜名湖と呼べる浜松市など10市町で83万人近い人口を数え、政令市指定に十分な条件を満たしていた。

きっかけは静清地区と同様に民間先行で、平成4年に浜松商議所青年部が「二十一世紀に向けた都市づくり」への提言をまとめ、政令市実現までのプログラムを提示したのが始まりだった。とはいえ、当初は関係市町村に具体的な動きは乏しく、合併特例法の改正などにより全国的な関心が高まる時を待たねばならなかった。

前述の環浜名湖構想の研究会にはその後、天竜市や北遠4町村のほか磐田市、竜洋町もオブザーバーで参加する広がりを見せた。ただ、対象が広範囲なためか、研究会の協議はまとまりを欠いた。

平成15年には浜名湖西岸にあって豊橋市など愛知県東三河地方と交流の活発な湖西市が研究会から離脱、「環浜名湖」の構想が崩れてしまった。

製造業の盛んな湖西市は県内でも有数の工業製品出荷額を誇り、市財政はとびきり豊かだった。市民の間でも合併を支持する声はむしろ少数で、離脱は自然の流れであったように思う。

湖西市と地続きで、同じく西岸に位置する新居町は湖西の離脱に大きく揺れた。研究会に踏みとどまるか、湖西との連携を重視するか——。町民は2つの選択肢の間で悩んだ。

結局、合併協議会は湖西を除く13市町村でスタートすることになり、名称を「天竜川・浜名湖地域合併協議会」と変えて、平成15年6月に準備会が開かれた。

ところが協議会の正式発足を前にした8月末、新居町長が協議会への不参加を表明、独自の道を歩む決意を明らかにした。その後、紆余曲折を経た後、新居町は平成22年に湖西市との合併を実現する。

一方、「天竜川・浜名湖地域合併協議会」に残った市町村は14回にわたる協議を経て合併協定書に調印、平成17年7月に新・浜松市が誕生した。さらに2年後、静岡市に続いて県内２番目の政令市に移行した。

県東部の市町村再編

関係する市町村の努力のおかげで目標とする２つの政令市が誕生し、「県内３つの政令市」という私の構想の実現は東部地区に残された。

政令市の誕生が後押ししたというか、この時点で県内73市町村のうち、法定合併協議会に名を連ねるのは46市町村に達した。市町村の再編論議は他県に比べて極めて活発に推移していると感じられた。

これらを追い風に私は「国・県の広範な権限移譲によって自己決定力が増す。いちいち許認可の許しをもらわなくとも、自己実現の範囲が大幅に拡大するんです」と、中核となる沼津・三島市を重点に東部の各市町を説いて回った。

平成18年に県がまとめた市町村合併推進構想によれば､この時点で県東部地区には沼津、三島、裾野の３市と函南、清水、長泉の３町で生活圏の一体性がみられるとして、まずこの6市町で50万人規模の中核市を目指した取り組みを提案している。将来的な目標の政令市へ向けてのステップであるのは当然のことだった。

沼津、三島の両商議所が「広域合併研究会」を立ち上げるなど機運は一時、盛り上がるかにみえた。ただ、行政のレベルでは「三島を中心に中核市をつくり、その後に沼津と対等合併する」という2段階論にも支持があり、合併論議の先行きはなかなか見通し困難な状況でもあった。

北駿地域はもともと東京志向が強い。生活や文化・学術、医療、雇用といった様々な面で東京圏の外縁としての恩恵に浴している。

それが故に「現在居住する市町村に、これ以上の地域完結型の行政サービスを期待する度合いが他の地域の住民に比べて低いのではないか」と指摘する識者もいた。さらに三島と沼津の対立という歴史的な因縁も根底に絡みながら東部の市町村再編、政令市構想は次第に沙汰止みとなってしまった。私にとっては心残りの一件となっている。

「平成の大合併」を考える

平成の大合併は特例法による手厚い財政支援と、その反対に地方交付税交付金の大幅削減といういわば「アメとムチ」の両政策により、全国の市町村に「合併は時代の流れ」という空気を醸成していった。

「合併しないと自治体は立ち行かなくなる」という不安と危機感で、平成17年をピークに市町村再編は一気に進んだ。総務省によれば平成11年の着手から10年余で、それまで全国に3200ほどあった市町村はほぼ半減したという。

とはいえ、国を挙げての合併構想が結果としてすべての地域に恩恵を及ぼしたかと問われれば功罪相半ば、メリットもあればデメリットも生じたというのが正直な評価ではあるまいか。

合併のメリットはよく言われるように、自治体の権限拡大や効率化によって高度で多様な行政サービスを提供し、住民の利便向上を実現できるほか、国・県の支援によって自治体の財政力が強化されることなどが挙げられる。

一方でデメリットは、中心となる市に吸収合併された形の辺境の町村に集中的、象徴的に現れている。県内でも同様の例があるように、役場はなくなる、議会もない。学校は廃校をやむなくされ、人口流出は止まるどころか一層進んだ。

市中心部から遠いが故に、行政サービスが届きにくい。これら辺境の町・村は平成合併がスタートする以前から過疎に悩んできた。この難題を克服し、再び町を興す活路を合併に見出そうとしたものの、高齢化や人口減少に抗う有効な手立ては依然として見つかっていない。

では、様々な理由で合併を思いとどまり、独自の道を歩んだ町村のその後はどうなったかといえば、これが予想外というか、当初考えられたような財政破綻になど追い込まれてはいないのである。

国債の発行は続き、金利は下がり続けて地方財政は好転はせずとも、少なくとも悪化はしてはいない。合併をしなかったために行き詰まってしまったという町や村の例は聞かない。合併促進に際して国が将来像として提示した「悲観曲線」の予測は当たらなかったのである。

涙を飲んで中心市との吸収合併の道を選択した辺境の町や村には無念の思いが募るであろう。「単独でもやっていけたのではないか」という「合併ショック」の声は、市町村再編が終了して10年余を経た今も全国に満ちている。

一方、私の提唱した「政令県構想」のその後はといえば、余りの発信力のなさからか、声を上げた割に反応は少なく、話題に上ることなく終わってしまった。道州制論議の前にあえなく潰えたのである。

道州制の議論は戦前から続く長い歴史を有するが、分権改革をきっかけに平成に入って再び活発化した。交通インフラの整備による全国的な交流圏の拡大という社会変化を背景に、国と地方との新たな関係構築を巡って議論が沸騰した。

そんな状況を前に、県の合併・再編を考えるなどという突拍子もない私の構想に耳を傾ける人はいなかった。詳しくは前述した「論より実践」をお読みいただきたいが、私は今でも「道州制」の前段階として、あるいは実際的現実的方法として「政令県」の考えがあると確信している。

第六章　県政を担う 2

新公共経営

「成果指向」で行革

戦後日本の主要な政治課題の一つに「行政改革」がある。

第二次世界大戦終結後の、いわゆる「戦後改革」に始まり、時々の内閣は数次にわたって「臨時行政調査会」や「臨時行政改革推進審議会」、あるいは「行政改革委員会」等を設置して、国鉄民営化や中央省庁再編など多くの行財政改革に取り組んだ。大は国のシステムから小は地方自治体まで、行政機関の組織や機能の改革問題への対応は、自治省に身を置く者にとっては日常の課題である。

とりわけ公務員部で課長や部長を経験した私にとっては行革に関連して、いわゆる「公務能率の向上」を考えるのは日々の業務の一環であった。入省以来、言われ続けてきた言葉である。

国、地方に限らず、公務員の非能率性は「お役所仕事」と呼ばれ、長く国民の厳しい批判にさらされてきた。役所のこの仕事ぶりをどうやって改善していくか、それは自治官僚として私が自らに課した宿題の一つであった。平成5年に県知事となり、早速ながら県政の主要課題としてこれに取りかかった。

まずは「スローガン」である。改革に取り組むには新しい気分、新しい言葉が求められていた。手垢のついた、といったら僭越に過ぎるが、使い古したような「公務能率の改善」では職員の意気も上がるまいと考えたのだ。

そこで民間がいち早く取り組んでいた企業の生産性向上運動から借りて、「行政の生産性の向上」という新たなスローガンを考えついた。職員の意識改革や効率的な組織編成など、行政運営の土壌づくりからまず着手したいという思いを込めたのである。

当時、品質管理やモノづくりの立場から多くの著作や評論を発表していたシステム工学の権威、東海大の唐津一教授を講師にお呼びして部課長を集めた研修会を開いた。民間の生産性向上の具体例を引いて説明を受け、これからの行政の担当者には企業の経営感覚や知識が必要なことを説いていただいた。

平成6年、県庁職員による県行政の改革・改善の取り組みはこうしてスタートした。自治体が業務の効率化を図ろうとした場合、幅広く民間企業の経営管理手法を導入することの重要性はつとに指摘されていた。

とはいえ、職員が各々の職場で取り組むにはまだまだ具体的な手法を理解するイメージや参考事例は皆無であった。そんな折、県立大経営情報学部の大坪檀・学部長にお会いする機会があり、知恵をお借りした。

米国で学位修得し、企業の米国法人で経営責任者を務めるなどの経歴を持つ大坪教授の教えは具体的で示唆に富んでいた。

県庁の業務評価についてこう指摘を受けた。「役所の評価は専らアウトプット（業務量）で測っておられる。いかに仕事をしたかです。しかし、大事なのはアウトカム（成果）です。その業務によって県民がどんなメリットを受けたか、これが重要なのです」――。

まさに「目からウロコ」である。評価の方法を１８０度転換し、アウトカム指向に切り変えなくてはならない。大いなる気づきをいただいた。

民間と異なり、行政に「売上高」の目標はない。それに変えて例えば「県民の満足度」といった目標設定ができる。それを実現し、向上させることが評価の新基準となるのだ。「成果指向」、これが私たちの目指すべき行政運営の基本理念となった。

後に知ることになるのだが、民間の経営理念や手法を導入することで行政運営の活性化、効率化を図るこうした取り組みを「新公共経営（NPM）ニュー・パブリック・マネジメント」と呼び、サッチャー、レーガンの英・米政権が皮切りとされる。我が国には小泉内閣の構造改革あたりが導入の始まりで、その後全国の自治体に波及した。

当初は「新公共経営」なる言葉も知らぬまま、「行政の生産性の向上」を目標に県庁改革に突き進んできた。その後、本県は文字通り「NPM」先進県として全国から注目される存在となった。

その取り組みと成果を平成20年、県総務部が『県庁を変えた新公共経営〜行政の生産性の向上を目指して〜』（時事通信社）と題して、分かりやすく一冊にまとめている。主要な部分を抜粋し、再録する。

1．静岡県の行政運営〜新公共経営〜

（1）基本理念と基本方針

（中略）

ＮＰＭは、西欧諸国などで１９８０年代から行われてきた行政改革への取組を総称したものであるが、そのタイプについては様々である。共通して言えることは、民間企業における経営の考え方や手法を行政運営に取り入れた、という点である。

行政を取り巻く状況が激しく変化する今日にあっては、ある程度決められたルールにより行われてきた行政「管理」の考え方から、自立した主体としての行政「経営」の考え方に切り替えていく必要がある。こうした切り替えには、企業経営の考え方や手法が行政にとって参考になる。

静岡県の新公共経営は「成果指向」を基本理念とし、３つの基本方針に基づいて行われている。

①基本理念：成果指向

「成果（アウトカム）」を実現することを行政運営の目的としている。アウトカムとは、例えば道路を○メートル作る、という「業務量（アウトプット）」ではなく、道路の完成によって渋滞で失う時間を短縮する、という県民にとって実感できる効果（メリット）のことを意味している。

行政経営は複雑であり、アウトカムを明示することや、定量的に表すことが難しい。そのため、総合計画の中で、施策ごとに目指すアウトカムを目的・目標として示し、その実現を目指すこととしている。

②基本方針Ⅰ：県民満足指向

県民満足指向とは、県民の視点に立ち県民が満足できる行政を行うことを意味している。アウトカムを設定する際には、県民のくらし満足度が向上するかどうかを基準に内容を判断することとしており、成果（アウトカム）指向の基礎となる考え方である。

③基本方針Ⅱ：生産性向上指向

生産性向上指向とは、より少ないコストで質の高いサービスを提供していくこと、つまり効率性と質の持続的向上を追求していくことを意味する。

アウトカムは、サービスの受け手から見た効果であり、アウトプットと違い一方的に達成したら終わり、という性質の目標ではないため、サービスの質を向上させていかないとそれを実現することはできない。一方で人員・予算が限られているため、効率性の向上も欠かせない。そのため、アウトカムを追求していくためには、生産性の持続的な向上を目指した業務を常に改善していく仕組みが必要となる。

生産性の向上は、新公共経営の中でも中心的なスローガンとなっており、そのために数多くの取組を行っている。これらはいずれも、企業経営で重要な概念とされる「ＰＤＣＡサイクル」※を効果的に運用するための手法でもある。

※ＰＤＣＡサイクル＝Ｐｌａｎ（計画）―Ｄｏ（実施）―Ｃｈｅｃｋ（評価）―Ａｃｔｉｏｎ（改善）を繰り返すことにより、継続的に業務の改善を進めること

④基本方針Ⅲ：手段最適化指向

手段最適化指向とは、従来の手段にはこだわらず最適な手段を追求するという考え方で、ゼロベースから業務を見直すビジネス・プロセス・リエンジニアリング（ＢＰ

R）の手法であり、アウトカムを効果的に追求するためのもう一つの重要なポイントである。後述する「業務棚卸表」のロジックモデルなどを用いて業務のプロセスや業務を取り巻く要因を根本から見直し、目的達成のための最も優れた手段を常に用いることを意味する。

業務を見直した結果、県よりも他の実施主体の方が効果的・効率的に実施できる場合は、最適な実施主体に業務を任せることとし、市町村への権限移譲や、企業などの民間能力の活用を行うだけでなく、組織をフラット化し、職位がより下位の職員に業務の権限を委ねるなど、組織内での業務実施者の最適化に取り組むことでもある。

（2）新公共経営の留意点

先に掲げた基本方針のⅠ～Ⅲを理解する上には、企業経営などと比較して、以下の点に留意することが必要である。

①県民（住民）満足指向＝単純な顧客満足指向ではない

企業経営の対象である「顧客」は、自社の製品やサービスを購入してくれる人にある程度限定される。一方、行政経営では地域に住む多くの「県民（住民）」に影響が及ぶことから対象は広範囲である。そのため、意見の異なる様々な住民を意識して行政活動を実施する必要がある。

また、企業経営においては、主に顧客の嗜好(しこう)を満足させることが求められるのに対して、行政経営においては地域の将来像をどう考えるかといった長期的な視点も求められるため、個々の要求を満たすことだけを意識して施策を実施することが最善とは限らない。

「県民（住民）満足」の向上とは、より複雑で多種多様な「顧客満足」の追求であると言える。

②生産性向上＝効率性だけの追求ではない

生産性向上とは、限られた資源を用いて、それが生み出す製品・サービスなどの質・量を向上させることを意味する。

製造業においては、例えば製造ラインにおいて、単位時間当たりのラインでの製品生産率を向上させるという効率性の追求と同じ意味で使う場合も考えられるが、行政の場合は供給するのは住民へのサービスであり、サービスの有効性（質）の向上は欠かせない。

生産性の向上を効率性の側面だけで理解しようとすると、有効性（質）の側面が欠如してしまう。行政における生産性向上とは、効率性だけの追求ではないことを十分に理解しなければならない。

③手段最適化＝市場万能主義ではない

手段最適化とは、これまでの手段にこだわらず最適な手段を追求することであり、場合によっては業務に最も適した能力を有する者に対し実施を委ねるということも意味する。

ここで言う「最も適した能力」とは、より効率的に実施できる、という意味だけではなく、より質の高いサービスを確実に供給できる、という意味を含む。従って、コストを削減するために手段（実施主体）を見直していくということではない。

手段最適化は、様々な選択肢の中から「最も適した」手段を選択することであり、市場メカニズムの導入は選択肢の一つである。業務の特性に関係なくやみくもに市場原理を導入することを意味してはいない。

２．静岡県の行政改革の歴史

（１）新公共経営〜アウトカムとＰＤＣＡ〜が生まれた背景

静岡県の「新公共経営」の取組の特徴は、「目的指向型の行政運営」であり、言い換えれば「アウトカム達成のために、業務棚卸表のロジックモデルを基にＰＤＣＡサイクルを回す」仕組みである。

この考え方は、節約型の行政改革についての反省から生まれている。かつては、予算や人員の一律カットによる、シーリングと呼ばれる手法が、静岡県でも行われてきた。この手法には一時的な効果はあるが、いくつかの欠点があった。

①投入資源（予算・人員）に関心が集中してしまう。それによって何が生み出されたかという肝心の成果（アウトカム）についての視点が欠けていた。

②常に現在の業務が前提となってしまう。根本的な見直しや新しい発想に基づく施策

の展開、という視点が欠けていた。

③短期的・断片的な改革にとどまってしまう。業務を継続的に見直す、という視点が欠けていた。

これらの欠点を解消するため、新しい行政運営のスタイルを模索した結果、①に対しては「アウトカム」の設定による成果の明確化、②に対しては「ロジックモデル」を用いたゼロベースからの見直し、③に対しては「PDCAサイクル」による持続的な改善を実践することとなった。

アウトカムとPDCAは、節約型の行政改革の限界を克服するために生まれてきた手法である、ととらえることもできる。

(2) 行政改革から新公共経営へ

新公共経営へとつながる静岡県の行政改革は、平成6年度に石川嘉延知事が「行政の生産性の向上」を提唱したことから始まり、様々な取組を経て現在に至っている。(中略) その取組について経年ごとに振り返ってみる。(中略)

①「行政の生産性の向上」の提唱

平成５年８月に就任した石川知事は、地方分権の時代に向けた新しい経営の基本方針として、平成６年度当初に「行政の生産性の向上」を提唱した。同年４月、人事課に「行政改善担当（平成９年度から行政改革室）」が配置され、具体的にどのように生産性の向上を実現するかという、行政改革への取組が始まった。

②リエンジニアリングからの出発（平成６年度）

「行政の生産性の向上」という従来の行政運営にはなかった考えを具体化するためには、これまでの業務の在り方を抜本的に見直す必要があった。

そこで、当時静岡県立大学経営情報学部長であった大坪檀教授に指導を受け、業務のプロセスを根本から見直すＢＰＲの手法の行政への導入を、平成６年度から始めた。ＢＰＲとは、「いままでの仕事のやり方、仕組み、プロセスをすべて根本から否定・放棄して、ゼロベースで新しい仕組みをつくる」（大坪、１９９４）ことである。（中略）

この視点に基づき、職員の意識改革に取り組むとともに、業務の見直しなど、様々な取組を実施することとなった。

③文書・事務ハーフ運動（平成7～9年度）

文書、事務を半分にすることを掲げ、平成7年度から平成9年度にかけて取り組んだのが「文書・事務ハーフ運動」である。（中略）

文書ハーフ運動は、保管文書の半減（オフィス・クリーン作戦）、作成文書の半減（ワンベスト運動）の両面から取り組み、平成7年度と同9年度の比較で、文書量の減少率を47・1％とした。

事務ハーフ運動は、会議の回数の半減、及び文書の決裁印の半減を目標として取り組み、平成7年度と平成9年度の比較で、会議については49・4％の削減、決裁印についてはは32・4％削減した。

④事務ハーフ管理者研修（平成7～9年度）

事務ハーフ運動には、会議・文書に加え、事務処理時間の半減というもう一つの目標があった。（中略）そこで行われたのが「事務ハーフ管理者研修」である。これは、参加者が「リエンジニアリング」「行政の生産性向上」についての講義を受け、さらに本庁の課長級職員は自らの業務に関する課題とその解決方法を記した「リエンジニアリング企画書」を作成し、それを知事をはじめとした県幹部職員、取材の新聞記者等の前で発表するという形で行われた。

この研修は平成7年度から9年度にかけて、本庁・出先機関合わせて1140人の課長、主幹・係長等を対象に行われ、受講者の政策形成能力を高め、様々な改革を発想する原点となった。

⑤業務棚卸表の導入（平成9年度〜）

業務棚卸表は、事務ハーフ管理者研修の中で、当時、静岡県立大学情報学部教授であった北大路信郷・明治大学公共政策大学院教授の指導により、課題抽出のための資料として作成したのが始まりである。

業務棚卸表とは、「(特定の組織単位が与えられた）任務目的を定義し、その目的を達成するための手段の体系を記述したもの」（古川・北大路、2004）であり、目的達成のためのロジックモデルである。これを作成することによって、組織の目的が明確化され、また業務を体系化することにより目的との論理的なつながりがはっきりし、なぜこの業務を行っているかが分かるようになっている。

業務棚卸表の作成により、これまで実施していた業務が目的に寄与しているか、重複などムダが存在していないかといった課題の抽出が容易となり、平成9年度から行政評価の手法としても活用されることとなった。（中略）

業務棚卸表は平成10年度から県民に公表するとともに、平成15年度には県議会決算特別委員会に決算審査の参考資料として提出することとし、県議会からの検証も行えるようにした。

以上が「行革先進県」の自負の下、目的志向型の行政システムの構築に挑戦した本県の取り組みの経緯である。

ひとり1改革運動

これらに加えて「行政の生産性の向上」を進める上でさらなる成果の一つに加えたいのが、「ひとり1改革運動」と名づけた提案制度を柱とする業務改善運動である。こちらも全国一といっていい規模と成果を挙げた。

改善提案制度は民間・公共を問わず、あらゆる組織で実践されている業務改革の古典的手法だが、生産現場等で多くの業績を挙げる企業のケースなどと異なり、当時の役所の取り組みを検討してみると多くが「有名無実化」しているように私には思えた。職員の関心が極めて低調なのである。

取り組みの意欲を高める術はないか、考えた私は現行の提案制度の「報奨」、つまりはご褒美の部分を思い切って改善する案を担当課に命じた。民間では多大な報奨金が出るケースもあると聞く。公共ではそんな金は出せない、ということで図書券とか商品券などでお茶を濁してきたのである。

金がダメなら採用された提案やアイデアを、その提案者や所属課室ともに広く庁内に広報し栄誉を称えたらどうか、と始めたのが表彰制度である。

「ひとり1改革運動」は課題の解決策を報告する「提案」のほか、自ら改革・改善を行い、その結果をまとめた「改革成果」の2つに分類し、県民満足度が向上した取り組み、あるいは経費節減、時間節約などに効果があった取り組みなど、いくつかの部門で優秀事例を選び、表彰する。

さらには年に一度、知事や県立大学長、幹部職員などが一堂に会して年間表彰を選ぶ。各部門の大賞受賞グループが改革内容を3分以内でプレゼンし、その場で最高賞のグランプリや準グランプリが決まるという、対象者にとってはちょっぴり晴れがましい席でもある。

「ひとり1改革運動」は平成10年度にスタートした。スローガンは「速く、ムダなく、いい仕事」で、運動全体の事務局は総務部企画監（行革担当）が担った。本庁では室・課が単位、出先事務所では課、または支所単位、病院は病院単位で取り組み、部局に置かれた「推進事務局」が、文字通り運動の推進エンジンとなった。

この運動が本庁、あるいは出先機関で一体どれほどの広がりをみせていたのか。平成19年、県総務部と財団法人静岡総研がまとめた「県庁を変えた『ひとり1改革運動』」（時事通信出版局）によると、取り組んだ件数は初年度5353件に始まり、直近の18年度には1万2590件にまで伸びたという。

このような職員提案型の業務改善制度は他の都道府県でも様々なかたちで行われてい

「ひとり1改革運動」の表彰式＝平成14（2003）年3月27日、静岡県庁
© 静岡県

た。バブル崩壊後の厳しい財政下にあって、日本列島全体が経費節減を目ざした行革競争の渦中にあった。

制度の仕組みや職員規模が異なるため、取り組み件数については単純に比較できないものの、本県の実績は平成16、17年度で全国1位、18年度のそれは岩手県（1万9846件）に次いで2位となっている。

マンネリが生じて伸び悩んだ時期もあったようだが、事務局を中心にその都度、柔軟な思考で乗り切った。中で面白いのは13年度に始めた「私たちも実施」と呼ぶアイデアである。これは運動全体に流れる思想の一つでもあるのだが、要は「マネる」ことの推奨である。

他部局が報告した改革事例が自らの職場にも適用できそうだと思ったら、それを手本に「マネ」をし、工夫を加えるなり何なりして改革を断行するのである。改革の実が挙がったら、職場のパソコンの「私たちも実施」をクリックし、事務局に報告を上げるという具合だ。

何のことはない、「パクリ」の薦めではないかと驚くが、前記冊子によればこうしたマンネリ打破作戦により、一時落ち込んだ「取り組み件数」は再び上昇、16年度以降は前述の通り件数は再び増加に転じている。「パクリ」でも立派に改革を実現できることを示したのである。

見事な着想で秀でた成果

こうして「常に行革」を基本姿勢に、成果を重視した目的志向型の行政運営の仕組みづくりを進めた結果、改革件数は9年間で7万5000件に達した。日本一の取り組みといっていい。県職員の改革意識の醸成に大きな役割を果たした、と私は自負している。

今でも記憶に残る改革実績がいくつかある。その中でも着想の見事さ、「県民満足度」という成果の大きさで群を抜く案件が一つある。それを紹介してみたい。よくある「右折レーン」の交通渋滞解消策であるが、少ない投資で実効性の高い解決策を見つけ出したケースとして特筆される。

場所はその昔、「越すに越されぬ……」とうたわれたあの大河に架かる国道1号の「大井川鉄橋」である。金谷側から渡って橋の東端、島田市稲荷町にある橋詰の交差点は2車線の対面交通で、右折して南下する車両を原因とする朝の渋滞は地域の大きな悩みだった。

通常の対策だと「右折レーン」を設けて交差点の流れを改善するが、この場合には橋の拡幅が必要となり、莫大な工事費と工期が必要だ。管轄の県島田土木事務所ではそこで、地元の人たちを含めた「渋滞対策協議会」を発足させ、右折レーン設置に頼らない新しい方策の実現に皆で知恵を絞った。

そうして生まれたのが右折車両をいったん左折させ、堤防道路を行ったすぐ先に設けた広場を利用して転回させるという渋滞緩和策である。方向転換した車両はそのまま直進して南に向かい、件の交差点を通過していくわけで、もともと国一を東進するつもりでいる車両の渋滞待ち時間も格段に軽減した。

聞けば「ナーンだ」という程に気が抜けてしまうが、見事な発想の転換である。役所の伝統と慣習に縛られた従来の発想で橋梁拡幅工事の予算獲りの陳情を繰り返していては、何年経っても実現の見通せない案件だったかもしれない。

この改革案件は18年度の「思い切ってかえる大賞」に選ばれた。監修の県立大・北大路教授は「地域の難問を多くの関係者が協働して検討を重ね、その結果生まれた妙案」と評した。ざっと計算して橋梁拡幅工事による方法だと15億円かかるところ、信号機の付け替えなど4600万円ほどの事業費で改善できたという。

問題の渋滞改善は、最も混む時間帯の通過時間が14分58秒から7分30秒に短縮した。従来からある平面交差の方式であるが、低コストで大幅な渋滞解消を実現したのだ。地域にもたらした経済効果は数十億円に達したとされる。生産性向上効果は絶大だった。

これこそが「県民満足度の実現」といえようか。本案件は翌19年、社団法人交通工学研究会の「技術賞」を受賞し、業務改善運動のモデルとして全国に知られた。

静岡の行革を全国へ

様々な角度から様々な手法で展開する「行政の生産性の向上」への取り組みは、本県の行政運営の考え方を従来の「管理する行政」から「経営する行政」へと変えた。その行政運営の中核を成すのが「業務棚卸表」と「ひとり１改革運動」であり、２つの仕組みに共通する要素が「ＰＤＣＡサイクル」といえる。

本庁、出先を問わず各部署でＰＤＣＡサイクルが定着し、生産性の高い行政運営が行われるようになって県庁は大きく変わった。仕事の目標が「アウトプット」から、行政サービスの受け手である県民にとっての成果である「アウトカム」へ切り替わったのである。

これこそが「新公共経営」なのだ、と私は確信を持った。我々が取り組んだ改革は、いわば新公共経営の「静岡版」というべきものではないか。

自治省出身者としては何とかこれを全国に広めたい、静岡から情報発信したい、と当然ながら思った。ただ、これを「静岡方式」などと称したら恐らく総スカンを食らう。県庁同士、互いに競争しながら成果を出すべく頑張っているなかで、一方が教えを乞うなどという関係は承服しがたいし、避けたいと思うのが自然である。

そこで私は誰もが参加しやすい研修・研さんの場を作ろうと考え、高校の先輩で京大法学部長だった行政学の大家、村松岐夫教授に相談を持ち掛けた。教授は既に京大を退官して学習院大に移っておられたが、新たに「新公共経営」に関する学会を立ち上げ、学会長に就任していただく、といういささか荒っぽい筋書きのお願いだった。

事務局を本県に置くということで承諾いただいた。学会は翌年から毎年、東京を中心に開催し、全国から自治体職員が参集した。まず本県の事例紹介に始まり、各地からの報告がそれに続いた。学者の研究発表もあった。

学会の存在が知られるようになると、知事の私にまでお座敷がかかる。大学などから依頼があり、東大大学院の公共政策セミナーでは「行革の特効薬『新公共経営』」と題して講義したこともあった。我々の試みは少しずつ全国に知られ、「行革の静岡」の評価が定着していった。

改革には時間が必要だ。旧来の「常識」を捨て去り、そこへ新たな価値観を植え込むには手間もひまもかかる。私は口やかましく指示はしなかった。職員が得心するまで辛抱強く待った。すると変化が現れ、知事２期目も半ばになると県庁の景色が確かに変わってきたのだ。

職員一人一人が自ら改革の担い手であることを自覚し、「改善しよう」「改善したい」という思いに目覚めた時、組織の気風、体質は変化を始める。大げさかもしれないが、私には当時、職員は「楽しんで挑戦している」と映っていた。県行政の改革・改善は願った以上の成果を挙げたと思っている。

第七章　県政を担う３

地震対策

「東海地震説」の衝撃

「東海地震」の可能性が指摘されて以来、防災先進県として全国のモデルとなってきた静岡県の地震対策の取り組みは、当時の山本敬三郎知事の存在を抜きには語れない。

未曽有の大災害に対する備えを中央で一元化するための地震対策法案の立法化や、それらを財政面で支える特別措置法の施行などを国に求めていずれも実現化するなど、議員立法を目ざしたその奮闘ぶりは伝説的に伝えられている。

その山本県政がスタートした翌年、昭和50年4月に私は「学事文書課長」として本県に赴任した。初めての静岡勤務である。県内にはまだ前年夏に起きた「七夕豪雨」の爪跡がそこかしこに残る惨状下にあった。

水害にとどまらず県下ではこの頃、駿河湾や遠州灘沖を震源とする大規模地震の可能性が指摘されていた。一方で、それまで地震の空白域だった相模湾側の海域で「伊豆半島沖地震」や「河津地震」が相次いで発生するなど、県民の災害不安と防災への関心はいやが上にも高まっていた。

そういう中で、東大理学部の石橋克彦助手が東海地域における巨大地震発生の可能性を示唆する研究成果を、東京で開かれた地震予知連絡会で発表したのである。

後に「東海地震説」と呼ばれるこの見解は「昭和19年の昭和東南海地震後に、地震活動の空白域として残された駿河湾を震源として今後M８クラスの巨大地震の発生が予測される」というもので、とりわけ「明日起きてもおかしくない」とする切迫性の指摘に人々は驚かされた。

県内は蜂の巣を突いたような騒ぎになったろうし、恐らく県庁では関連する部局が緊迫

伊豆半島沖地震　南伊豆町中木地区で裏山が崩れ 27 戸が土砂に押しつぶされる＝昭和 49（1974）年 5 月 9 日　© 静岡新聞社

した空気に包まれたはずと思うが、なにせ当時の私の職場は学事文書課である。地味な業務の積み重ねの中で日々を送っていたせいか、この頃の私には「地震」の記憶は極めて薄い。当時の様子を新聞報道などによって振り返ってみる。

予知連の定例会は昭和51年8月23日に開かれ、ニュースは翌24日付け朝刊に共同通信の特ダネとして報じられた。地元紙の静岡新聞は配信を受け、社会面のほぼ全面をつぶして「石橋説」の詳細を伝えた。それ以外のニュースはたった1本だけ、それも5日前に起きた「河津地震」の続報という、地震一色の紙面だった。

想像を超えた大規模災害の予測報道を受けて、山本知事の驚愕と困惑は生半可なものではなかったろう。「行政としてどう取り組むべきか、悩みに悩んだ」と、後の新聞記事にある。

当たり前である。何千、何万という人命とその財産を奪いかねない大地震と津波がすぐにでもやって来るかもしれない、と学者は言う。といって対策はその時、ゼロである。手本とすべき過去モデルもない。県民に安全と安心を保障する立場にある者として、眠れぬ夜が続いたに違いない。

ただ、ここからの立ち上がりが山本知事らしい、と私は思っている。報道の衝撃から脱するや、知事はすぐさま県の九月補正予算に2億円の「地震対策費」を計上するとともに消防防災課内に地震対策班を発足させた。

スタッフ5人には地震学者らへの聴き取りをはじめとする東海地震の知識と情報の収集、さらに被害規模や対策の検討を命じた。同時に自らは地震災害関連の書籍・資料を片端から買い集めて読み込んだという。

データを重んじ、合理性を根拠に施策を練る山本知事の下、手探りの中でスタートした対策班は1年後、課員18人の地震対策課に昇格する。全国の自治体では初の地震対策を専門とする部署の誕生だった。

山本知事、国を動かす

東海地震対策はここに、静岡県の緊急かつ重大な政策課題として本格的な取り組みが始まったのである。ただ、こうした山本知事の方針に周辺のすべてが賛同したわけではない。経済界からは特に不満が聞こえた。

対策に本腰を入れるほど「災害県」のイメージは広く拡散した。企業の進出は滞り、地価は下がる。住宅建設は落ち込み、人は流出した。プラスの効果はまるでない。「静岡県は危険地域ですと公言するに等しい、と周りの幹部は反対ばかりだった」という知事の愚痴が残っている。

知事はそれでも突き進んだ。事案を論理的に理解し、対応を練り上げると後はテコでも動かなかった。県民の「不人気」を承知の上で、火中に身を投じた。一徹さは彼の身上であり、政治信念だったように思う。国への訴えはその真骨頂ではなかったか。

一言に地震対策といっても関連する分野は多岐にわたる。「石橋説」が説くように駿河湾で大地震が起きるとして、それが予知可能ならば誰がそれを判断するのか、新幹線を止め、百貨店や学校を休ませ、住民を避難させる。工場の操業や金融機関の営業の停止など社会経済活動の全般にわたる長期の中断を、誰がどんな権限で下すのか、検討すべき課題は山のように横たわっていたに違いない。

とても一自治体の力量で対応できるものではない。山本知事は国会に出向き、あるいは自らが地震対策特別委員長を務める全国知事会の席で、機会を求めては国による立法措置の必要性を訴えた。知事会が独自の試案をまとめ、特別法の制定を政府に突き付けたのは52年末だった。

その後、曲折を経て翌53年6月、ようやくのこと「大規模地震対策特別措置法」（大震法）は福田内閣の手により自民党などの賛成多数で可決成立し、この年の暮れに施行された。「大規模地震を予知し、国民の生命・財産を保護するため地震防災強化地域の指定や地震観測体制の整備、建物の耐震化などにより地震災害を防止または軽減する」という目的を掲げた、予知を前提とする初めての法律であった。

これにより内閣総理大臣は「地震防災対策強化地域判定会」（判定会）による予知情報の報告を受けて「警戒宣言」を発し、甚大な被害が予想される強化地域に対し住民の避難や交通規制など、様々な社会活動の制限を含めた対応を実施することが可能となった。

この法律に基づいて静岡県全域と神奈川、愛知など近隣6県の１６７市町村が強化地域に指定され、54年にはこれら強化地域を対象にした「地震対策に係る財政上の特別措置に関する法律」（地震財特法）が施行された。

それ以後、静岡県ではこの法律に基づいて国の補助事業や県の単独事業で学校の改築・

耐震補強、津波対策、避難地・避難路の整備などハード・ソフト両面で様々な対策を進めた。これらの事業費は少なくとも平成11年度までに総額1兆4千億円に達した。

地震財特法による国の財政支援は本県の地震防災対策を一挙に推し進め、東海地域の地震観測体制を格段に強化したといえる。

財特法の成立に向けては財政当局が頑強に抵抗した。意を汲んだ竹下蔵相も当然、首を縦に振らない。思いあぐねた知事は、派閥の領袖であった旧知の目白・田中角栄邸を訪ねて直談判し、国会審議をねじ込んだ。

孤軍奮闘というべき山本知事の活躍なくして法案の成立は考えられなかった。それを知る国会関係者らは立法化に賭けた彼の執念に揶揄と賞賛をおり混ぜて、後に2つの法律を「山本立法」と呼んだ。

伊豆大島近海地震の発生

大震法が国会で可決するほぼ半年前の53年1月、伊豆半島周辺ではさらに「伊豆大島近海地震」が発生し、「石橋説」に怯える県民の心理的な緊張はさらに高まった。そのことも含めてこの地震は、災害時の情報の発信と伝達という面で大きな教訓を残した地震となった。

発生は14日12時24分、大島西方の海底15キロを震源とする直下型地震で規模はM7。被害は河津、東伊豆、湯ヶ島の3町に集中し死者25人、負傷者139人、全壊89棟を含む建物被害は600棟余りに達した。半島の地質の特徴から山崩れ、地滑りが多く発生し、人的被害を拡大した。

ただ、昼食時にも関わらず火災発生は1件にとどまった。本震前にかなりの前震活動があったことと、伊豆ではこのところ「伊豆半島沖」「河津」と1年おきに地震を体験し、住民の防災意識が高まっていたことが幸いした、と気象庁地震課の調査報告には記されている。

私といえばこの頃、自治省に課長補佐として戻り、大臣秘書官を務めていた。仕える加藤武徳自治相は前年11月の福田改造内閣で初入閣したばかり。出身地・岡山に正月帰省して二重のめでたさに包まれる中、選挙区のあちこちを忙しく挨拶回りしていた。随行の私もさしたる緊張もなく日程をこなしていた。

そんなところへ降ってわいた新たな「地震発生」のニュースである。被災した伊豆の皆さんには申し訳ないが、「これはチャンスだ」と私は思いついた。帰省の予定を繰り上げて急ぎ東京に戻る際、途中下車して大臣に被災地を見舞ってもらおうと考えたのである。渋る大臣を何とか口説き落とした。

全国知事会の特別法試案は前年の暮れに政府に申し入れたものの、主管の国土庁をはじめ関連する官庁の反応は総じて冷ややかで、「特別法は必要ない」とする空気だった。既存の「災害対策基本法」の改正で対応するという方針がほぼ支配的で、そんな考えをなんとか打破したいと私は考えていた。

大臣の視察はニュースになった。何しろ消防庁を所管する自治大臣が被災地に一番乗りしたのである。現地で会見も開かれた。これで十分だった。私の出来ることはここまでである。後は加藤大臣に閣内で頑張っていただいて全国知事会の試案、即ち山本知事の悲願が実るよう後方支援に徹することだと考えていた。

余震情報の発信と伝達で社会的混乱が生じたのはこの後である。

地震予知連は本震から2日後の16日、臨時の会合を開いて今後の地震活動の推移など短期的な見解をまとめた。主旨は「地震は半月ほど続き、最大でM6規模の余震も予想される。引き続き注意が必要」というもので、国の非常災害対策本部や消防庁を通じて関係自治体には17日に伝えられた。

西伊豆の出身で半島の地理・地形に通じた山本知事は、予知連のこの見解を極めて深刻に受け止めた。熟慮の末、国からの伝達をもとに「余震情報についての連絡」として独自にまとめて18日午後、県災害対策本部長の立場で自ら記者会見し、公表した。

メディアの反応は素早く、テレビ各局は夕方からの定時ニュースで競って報道した。会見が終わるや否や、放送中の番組にテロップを流して速報する局もあった。ただ、ニュースをまた聞きした情報や自主防災組織などを通じて広まった情報によって早合点や誤解が生じ、流言となってパニックが起きた地域もあった。

県の災害対策本部には問い合わせの電話が殺到し、後に詳細に分析された。それによれば、「M6規模の余震の発生」という情報を正しく理解した人は稀で、多くが「震度6の地震発生」と誤って受け取った。

一方で「M6」の表記を「午後（PM）6時に地震発生」と誤解した人も多く、すっかりデマ情報化してしまったケースもあった。当局による余震情報の発出は県内に多くの混乱を生んだ。ただ、伊豆半島のこの余震騒動は、折からの地震対策法制化論議に拍車をかけた。

「予知」に期待する世論の後押しもあって、福田内閣は直後に特別法の制定を閣議決定し、衆参両院の災害対策特別委で審議が始まった。山本知事はこれらの会議に参考人として出席し、国による地震対応の一元化をさらに強く求めた。政府の立法作業は一挙にピッチが上がった。

後に知事として私が東海地震と向き合う以前、地震災害案件に関与したのはこれが初めてであった。

そして平成3年、国土庁に出向して長官官房審議官を命じられると、直後に雲仙普賢岳の大火砕流が発生した。東京と現地を往復しながら所管官庁のスタッフとして数カ月間、復興処理に当たったった。その後の「地震県知事」にとって、この災害体験は実に尊いキャリアとなった。

阪神（淡路）大震災の教訓

そうして平成5年8月に知事に就任するや、2年も置かない7年の正月明けには待ち受けたように「兵庫県南部地震」に遭遇するのである。災害としては「阪神（淡路）大震災」と呼ばれるこの地震の震源地は淡路島北部で、震源の深さは約20キロ、地震の規模はM7・2であった。神戸など都市部で最大震度7を記録した。

1月17日の朝、テレビ画面に映し出されるヘリの中継画面に息を飲んだ県民も多かったに違いない。高速道路は橋脚が傾いて横転し、新幹線は線路が宙づりになっている。その背後には遠く、神戸の市街地にたち上がる幾筋もの火災の煙が見える。

だが、まだ早朝の大都会は静かにくすんでいた。地上の現場からのレポートはまだなく、伝えられる情報はあまりに少ない。これから明らかになるだろう最悪の現実を想起すると、その恐ろしさに身が震えた。

近代都市災害として世界に衝撃を与えたこの震災は、当時としては戦後最大規模の地震災害とされ、阪神地域と淡路島北部で甚大な被害を記録した。死者６４００人余、負傷者は４万３７００人余に上り、家屋の被害は全壊10万5千棟、半壊14万４千棟を数えた。またピーク時の水道断水１２３万戸、地震直後の停電２６０万戸など、ライフラインも深刻な打撃を受けた。

被災地には全国各地から救援・救護の手が差し伸べられた。本県でも県庁をはじめ各市町村やそれらの消防防災組織、企業や民間のボランティアなどが支援に立ち上がった。

私は防災局長に命じて県内市町村に備蓄された物資を現地に送るよう手配した。震災の翌日から東名高速道には資機材や物資を積んだ消防車やトラックが隊列を組んで西に向かい、その車列は何日も続いた。

数日後、私は被災現地の役所に応援で迷惑をかけぬよう最小限のスタッフで現地入りした。東灘区など神戸の街々でがれきの中を歩いて、衝撃を受けたのはビルや家屋など建築物の倒壊だった。

家屋では全壊以外にも、１階がペシャンと押しつぶされて残る2階住宅を数多く目にした。火災での消失や浸水、土石流による流失などで跡形もなく消えた現場とは異なる被災の現実を突きつけられて、恐れおののく思いだった。

こうして2月下旬まで、県内から兵庫県に応援に出向いた市町村職員、民間人は延べ9500人に上った。被害状況や支援活動の実態はこれらのスタッフが戻るごとに担当部局で共有され、耐震性の高い建造物の建設促進が今後の対策の課題として持ち上がった。人的被害の軽減に向けて、家具を含む住宅の耐震性向上が極めて重要であることが改めて認識されたのである。阪神大震災による死者の8割以上が倒壊した家屋および家具の下敷きによる圧死といわれる。

人命を奪うのみならず、倒壊した家屋は復興の大きな妨げとなり、住民の生活の再建や地域の経済活動の立ち直りを遅らせる要因となる。災害に強い家屋、災害に負けない街づくりはこれから着手する地震対策に必須の事項となった。

「TOUKAI―0」

「東海地震説」以来、本県は木造住宅を対象に耐震診断の奨励や融資制度による家屋改修の促進に取り組んできた。ただ、実績は思うように上がっていなかった。診断で「改築」とか「補強」が必要と指摘されても、「それなら地震の後にするか……」と考える人がいたのも理由の一つである。

阪神大震災後、その教訓を踏まえて全国的に建築物の耐震化への関心が高まり、国はこれを受けて「耐震改修促進法」を制定した。本県もこの機に遅々として進まない木造家屋の耐震改修を促進しようと、「県住宅耐震改修促進検討委」を設けて検討を開始した。

この委員会の提言を受けて着手したのが、木造住宅の耐震化により震災時の人命安全を確保するプロジェクト「ＴＯＵＫＡＩ―０」（トウカイ―ゼロ）である。私は「東海地震における住宅倒壊による死者をゼロにする」という数値目標を掲げた。県単独事業だが、その後に国の助成が拡充され国、県、市町村挙げての取り組みとなった。

建物は築年数を重ねれば老朽化し、耐震性は低下する。当然、古い建物ほど地震には弱い。我が国が建築基準法により建物の耐震基準を定めたのは関東大震災後の大正13年で、その後何度か改定された。

この当時の最新基準は昭和56年5月に改定されたもので、それ以前に比べると耐震性のレベルは格段に引き上げられていた。このためプロジェクトはまず、56年以前の旧基準で建てられた個人住宅について無料の耐震診断を行い、耐震工事を施す際は補助金（市町村により30～110万円）によって支援する木造住宅助成事業をスタートさせた。

当時の調査では県内の住宅127万戸のうち、旧基準の木造住宅は38万戸。プロジェクトは年に2千戸の耐震化実施を目標に据えた。建築物の耐震強化については国がその後、「耐震改修促進法」を施行するに及び、首都圏や関西圏などでも旧基準による建築物を対象とした耐震診断や改修が積極的に進められた。

その結果、耐震化率は全国的に向上した。平成15年の総務省調査によると、本県の住宅138万戸の耐震化率は82・4％（全国は82％）に達した。耐震建築物に対する公的支援は本県が全国に先駆けた施策だが、国の住宅耐震の水準引き上げに大きな貢献を果たしたと自負している。

阪神大震災後に始まった国の災害対策整備の中で、本県が主導して実現した被災者救援策がもう一つある。平成10年に国会成立した「被災者生活再建支援法」である。自然災害に遭遇し、路頭に迷う被災住民に取り敢えずの「現金給付」で生活再建の足場を作ってもらおうという狙いの、言わば「お見舞金」に当たるものだ。

山本、斉藤の両氏が就き、本県知事の指定席になった全国知事会地震対策特別委員長として私も当時、その任に当たっていた。被災者が落ち着きを取り戻してまず困惑するのが手元に現金のないことである。迅速に現金を届ける……。それが行政のできる必要最小限の「セーフティネット」ではないか、と考えた。

アイデアとしては都道府県が毎年度、一定額を拠出して基金（当初は300億円）をつくり、該当の被災地を支援するという共済の仕組みである。知事会の提言としてまとめ、超党派の議員立法として成立した。

家屋を全壊または半壊した被災者に、家財道具など生活必需品の購入や引っ越し費用など生活関連の経費を最高額100万円まで支給する内容で、半額を国が補助した。制度はその後、改正を重ねて支給要件の緩和や支給額の増加がなされた。

大きな改変は住宅の再建・補修にまで要件を拡大した点で、これにより支給限度額は300万円に引き上げられた。生活の立ち上がりを現金給付で支援するこの制度は被災者の要望に沿うものであった。スタートから15年を経た平成25年、支援金の支給実績は

2700億円を超えたという。

雲仙普賢岳噴火災害の経験

避難生活に難儀する現地には多様な支援策が欠かせない。今流にいえば「人々に寄り添う」という表現になるのだろうか。要は被災者の心の機微に触れる、きめ細かな施策が何より重要ということである。私はこのことを雲仙普賢岳の噴火災害で身をもって知らされた。

普賢岳は平成2年の秋、何と198年ぶりに噴火活動を再開した。しばらく小康状態が続き、翌年2月に再噴火すると活動は活発化した。山体に降り積もった火山灰による土石流が発生し、やがて小規模な火砕流が頻発し始めたのだ。

そんな中、前述したように私は2月に国土庁審議官を命ぜられ、その4カ月後にあの大火砕流が起きたのである。噴火に始まり土石流、そして火砕流と続く一連の火山活動は収束まで4年余もかかる長期継続災害となった。東京から被災地の長崎・島原半島を往復する変則な私の生活は、ここから数カ月続いた。

惨事となった火砕流は6月3日の午後に起きた。小中規模の火砕流が連続した後、4時過ぎにそれまでをはるかに上回る大規模火砕流が発生、メディアや消防団員、警察官、それに海外の地震学者3人などを含む43人が山腹を駆け下る数百度の高温のガスと岩クズの混じる猛煙に巻かれて帰らぬ人となった。

山麓に広がる集落の住民に犠牲者が出なかったのは度重なる噴火や土石流の体験で、いち早く避難を済ませていたのが幸いしたという。とはいえ被災家屋は島原市、深江町など1500戸に及んだ。避難住民の生活再建をはじめ、諸々の復興対策がここからスタートした。

現地ではこの後、災害対策基本法に基づいて警戒区域が設定され、住民は小中学校の体育館や公民館に設けられた避難所に集団避難した。国の中央防災会議専門調査会がまとめた報告書によると、応急仮設住宅が整備されて閉鎖するまで、これら避難所は延べ数万人を超える被災者を収容した。

前年11月の噴火開始から5月の避難勧告発令まで半年間の時間的余裕があったため、避難所開設の準備は周到に進められたようだ。毛布やテレビなどの生活必需品の用意や大型空調機の設置といった住環境の整備に加えて、複数の職員が24時間交代で待機するなど管理面でもできる限りの態勢が整えられた。

仮設住宅の食事問題

先の調査会報告によれば狭く不自由な避難所の暮らしが長期化するとともに、個々の家族間の生活習慣や世代間の相違などによる摩擦や関係悪化は少なからず生じたものの、管理ルールを破るような大きな混乱は見受けなかったという。しかし、問題は思わぬところから起きるものだ。それは避難所から仮設住宅への入居が始まるとともに表面化した。

避難所の運営と並行して島原、深江の両市町は災害救助法の適用による応急仮設住宅の建設を急ぎ、合わせて1400戸を上回る住宅を手当てした。入居希望者は順次、避難所から移った。が、これで生活が再建できたわけではない。警戒区域内の自宅には自由に戻れるわけもなく、住居や田畑などの個人財産の維持管理には依然として手がつかない状況に変わりはなかった。

前記調査会の報告によると、とりわけ区域内の農家や商店主らは生業を再開できないまま避難生活の長期化に耐えていた。農水産業、商工業者を中心に住民らは救済対策と事業再建を求めて特別立法制定の運動を起こした。地元の国会議員らに理解を示す動きもあったようだが、やはり個人補償を含めた特別法の成立には大蔵省などの高い壁があった。

そんな話を頭に置きながら、私は仮設住宅に暮らす人々の情報を集めた。すると避難者には他にも不満の種があるのを知った。仮設住宅の入居は自立が建前である。「仮設」に移った途端、それまであった食事の提供はなくなる。被災後に収入の途を断たれた多くの被災者が、当面の生活安定に向けてさらなる不安を抱えたのだ。

避難所では島原、深江の両市町とも災害救助法に基づいて3食（朝夕和食、昼パン食）の提供を実施していた。そのうちに仮設の入居希望者の引っ越しが始まった。今まで狭かった体育館や公民館にはゆとりが生まれ、残った人々の住環境は従前より格段に改善された。これでは仮設住宅に移った住民に不満が募るのは当然のことだ。

財産補償を求める特別立法の整備は正面突破の正攻法ではあるが、憲法論議が避けられず、いつ成立するか見当もつかない。非常時の今は、まずは目前の障害を取り除くことが行政の責務ではないか。食事ぐらい何とか提供できないものか、と考えあぐねた。

ただ、残念ながら国土庁は調整官庁で主管は厚生省である。すぐさま担当部局に実情を伝え、実施を訴えた。ところが厚生省は「やる必要はない」の一点張りで、局長に談判してもいささかも現場の困窮を理解しようとしない。

ならば国土庁でやるしかないと、腹立たしさを胸に私は次の一手を練った。相手は大蔵省である。まずは被災の地元知事さんの出番ではないか。幸い長崎県の高田勇知事は自治省出身で先輩にあたる。夏の一日だった。折しも愛媛・長浜に帰省中の西田国土庁長官を急ぎ訪ねてもらい、大蔵省に要請する国土庁の背中を後押しするようお願いした。

この作戦は功を奏し、ほどなく「食事供与事業」は始まった。避難所と同様、仮設住宅の入居者にも1日3食の食事が提供されたのである。被災者の不安な心情にいささかの安堵を与えることができたのではないかと今でも毎年、火砕流発生の6月を迎えると思い起こす。

この災害ではもう一つ特筆すべきことがあった。特異な噴火災害であったため、長崎県や被災の2市町には全国から多額の義援金や救援物資が寄せられた。中央防災会議の資料によれば県や赤十字、それと2市町に寄託された義援金は平成8年7月までに総額233億円に達した。

当時、国内にはしばらく大規模な災害が少なかったことも理由の一つだったろうか。それに加え、長期にわたって続く噴火災害の経緯が逐一新聞やテレビで報じられたことで、被災現地に対する国民の思いやりが一層深まったものと思われる。被災の規模としては後の阪神大震災、東日本大震災の巨大さとははるかに異なるものの、寄せられた浄財は巨額に達した。

義援金は被災者に配分するとともに、県と両市町はそれぞれに義援金の一部を原資とする被災者救済の「基金」を設立した。従来の行政では手の届かなかったきめ細かな対策を迅速に弾力的に行ったのである。我が国の災害対策としては初めての制度とされ、阪神大震災でもこれを先例に基金が創設された。

被災者はまず行政の救済制度の適用を優先し、それに該当しないケースでこの義援金基金を利用した。例えば住宅再建の助成や生業再開のための助成、それの借入金の利子助成など幅広い分野で住民の自立支援システムとして活用されたのである。
生活不安や家業の存続に悩み、ストレスを募らせる避難生活の人々に基金の果たした役割は大きかった。当初、住民の間に高まった損失補填の特別立法を求める動きも、救済対策の浸透とともに次第に収束していった。

「地震予知」から「減災」へ

このように地震や火山噴火などを経験しながら我が国の災害対策は、災害から国民の生命と財産を守るための手立てを少しずつ進歩させてきた。地震対策の課題でいえば予知や予測に頼らないで発生に備える「減災」の考えが主流となってきている。

予知を前提に地震発生に備えるのではなく、発生後の被害を最小限に抑えるために地震に強い街づくり、家づくりを推進する。これが減災の思想であり、具体的には耐震化の実現である。

その耐震化に本県は早い時期から取り組んだ。プロジェクト「TOUKAI―0」がその代表例であることは前述した通りである。とは言いながら、56年の耐震新基準で新築、あるいは補強された住宅やビル、あるいは学校施設も既に築40年の歳月を経ている。そこへ新たな南海トラフ地震の予測である。

伊豆半島から四国沖にかけてのプレート界を震源とするこの巨大地震は、言われているところだと今後30年内に発生する確率は70～80％という。さらに、巨大地震は火山噴火をともなうとも……。つまりは富士山噴火を誘発するというのである。

国や自治体、そして何よりそこに住まう我々一人一人が力を合わせてこの難題に立ち向かわなくてはならない。日本人の、そして日本国の力が試されている。大げさでなくそう考えざるを得ないのである。

静岡県初の大規模図上訓練で本部長として指揮を執る＝平成 14（2002）年 1 月 17 日　© 静岡県

第八章　県政を担う４

ファルマバレー

静岡がんセンターの開院

統計などを当たると、我が国でがんが死亡原因の1位となったのは昭和56年のようである。

当時の中曽根内閣はこのため59年度から「対がん10カ年戦略」を打ち立て、国を挙げてがん対策に乗り出した。本県も例外でなく、57年にそれまでの「脳卒中」に代わって県民の死因別死亡率のトップにがんが躍り出た。

「がん予防の推進」と「がん医療の向上」は県民の強い関心事となり、医療法に基づく本県の「地域保健医療計画」にはこのころ、「がんセンター」の設置構想が盛り込まれている。とはいいながら、私が知事に着任するまで構想が具体的に動き出した気配はなかった。

知事当選後に私は、県が今後10年間に取り組む長期計画をまとめた「新世紀創造計画」に「がんセンター」の整備を掲げ、当時の県衛生部の新規事業として平成7年度の当初予算に「がんセンター基本構想策定費」を計上した。

同時にこの年、「基本構想検討委員会」を立ち上げ、がん専門病院を実現する具体的な道のりを県民に示した。それから7年後の平成14年、待望の「県立静岡がんセンター」は駿東郡長泉町の、富士山と箱根、駿河湾を一望するなだらかな丘陵の一角に開院した。

がんセンターと、後に開設する研究所の双方の運営にあたる最高責任者の総長にはかねてから私が意中の人としていた、国立がんセンター研究所（東京・築地）の山口建副所長をお招きした。

山口先生との出会いはほんの偶然による。平成5年、知事選に当選直後の8月、親しくお付き合いいただいている代議士の先生が入院したという報せを受け、私は国立がんセンターの病棟に見舞った。そこで代議士の主治医だった山口先生を知り、私および静岡県と先生の交流が始まるのである。

先生のがん医療に対する理念は明快だった。一言でいえば「患者と家族を重視したがん診療の推進」ということで、言い換えれば「患者と家族に尽くす医療」ということになろうか。

お会いして言葉を交わすうち、私は「本県のがんセンターは、患者第一主義を理想とする山口先生の理念を汲んだ病院にしたらどうか」という思いが湧いてきた。

他県と同様、かねてから本県でも高度先進医療の充実は県政の課題となっており、地域の中核となる医療施設の整備が急がれていた。

県内を比較すると浜松医大、浜松医療センターのある県西部、県立総合病院やこども病院が機能する県中部に比べ、東部地区だけが正直、見劣りしていた。各市に総合病院はあって病床は足りているものの、高度な専門医療を地域に提供しているとは言い難い状況下にあった。

そこで「新世紀創造計画」には、県民の死亡原因のトップであるがん制圧に取り組む拠点施設としての「静岡がんセンター」を県東部に設置する方針を明記した。同時に私にはある決意があった。それは、完成する「がんセンター」は国内トップ、いや世界でも先端をいく医療施設でなくてはならない、というこだわりである。

つまり、「静岡がんセンター」は県民のがん征圧に資する施設であるのは当然のこととして、しかしそこにとどまるだけであってはならない。県外から、時には首都圏からも患者が訪れるほどに「最新、適切ながん治療を実践する施設」として全国から注目を集める存在であってほしい、というのが私の願いであった。

山口先生はがん研究医としての信念を事あるごとに披歴されているが、それは我が国のがん研究の中心施設である国立がんセンターの勤務時代に培われたものであった。先生によれば、当時のがん研究は多くが「がんという病気そのものの研究」が主要テーマであり、「患者を対象とする研究」はほとんど顧みられない状況にあった。生活や就労、家族など患者を取り巻く環境は多様である。しかしながらそれまでの医療はこうした患者一人一人の悩みや負担にまで深く考慮することなく、考えられる最善の治療を目前の患者の臓器に施すことだけを医師の心構えとして求めていた。

がん医療の在り方としてそれでは不十分と考えた先生はその後、「対話に基づく全人的医療の実践」を目標として掲げ、患者と家族の徹底的支援を体系的に研究・実践される。静岡がんセンターの基本構想検討から参画していただいた結果、先生はこの「患者さん重視のがん医療」をセンターの方針として根づかせるべく熱意を傾けて下さった。

それはいわば、国立がんセンターとの差別化であり、現在まで続く静岡がんセンターの最高理念といってよい。ひたすら患者のがん患部と向き合うあまり、患者本人や家族の生活の質（QOL）の向上にまでは配慮が行きわたらなかったそれまでのがん医療が、これにより大きく転換することとなった。

寛仁親王殿下、信子妃殿下のご臨席による県立静岡がんセンターの開院式＝平成 14（2002）年 8 月 28 日、長泉町　© 静岡県

センターは平成14年3月に病院棟、緩和ケア病棟をはじめ、国内有数の陽子線治療施設やエネルギーセンター、宿舎などが完成。診療開始に先立つ8月28日、高松宮妃癌研究基金総裁の寛仁親王殿下と信子妃殿下のご臨席を仰ぎ、開院式を行った。

自らもがん治療と闘いながら、がん征圧運動に取り組んでおられる「ヒゲの殿下」からは「（センターが）我が国のがん治療のメッカとなるよう祈念します」とのお言葉を賜った。

高松宮妃殿下の揮毫になる碑のお披露目もあり、病院玄関のロータリー前に設置された記念碑を挟んで、信子妃殿下と私が除幕した。9月の開院を控えて病院中が忙殺されるなかで束の間、センターの晴れやかな1日であった。

患者本位の診療

静岡がんセンターはゼロからのスタートだった。「土台となる病院がなく、すべての準備は白紙の状態から始まった」と、後に山口総長は事務方の苦労を思いやって、そう述懐しておられる。しかし、それは人事に既存の大学医学部の系列による学閥支配が及ばなかったということであり、とても幸いなことだったと私は考えている。

ともかくもその年の9月6日、「患者の視点の重視」を理念に掲げて、静岡がんセンターは開院した。

スタート時の病床は313床、3年後には403床に増床された。一般病院から紹介される、高度な先端医療行為を必要とする患者に対応した特定機能病院である。センターの公式文書である「がんセンター年報」の第1号は開院から3年間の記録で、そこに山口総長自らの報告がある。

それによると、患者本位の診療の実現に向け、センターでは「多職種チーム医療」と呼ぶ新たな機能を導入した。患者一人に対して担当医のほかに異なる診療科医師を置き、看護師・薬剤師はもちろん、臨床心理士や栄養士などの医療技術者も加わって、チームで最善の医療を提供する体制である。

チーム医療に欠かせないのが患者の診療情報の共有で、このため最先端の病院情報システムを導入した。一方で患者・家族の不安、不満を解消するため、患者との間に3つの目標を掲げ、「患者さんへの約束」とした。

以下の3点がそれである。①がんを上手に治す②患者さんと家族を徹底支援する③職員が成長と進化を継続する――。

第一の約束は「臓器を治すだけでなく、身体と心を治す全人的医療を追求する」、第二は「職員ひとり一人が患者・家族との間で心通う対話を実現する」、第三は「職員は最先端の医療技術を手に入れるよう常に努力する」という内容である。

がん患者と家族の抱える不安や悩みは多様で、かつ深刻である。心のケアをする病院側の体制づくりが何よりも重要となる。センターでは開院と同時に正面玄関脇に「がんよろず相談コーナー」を設けて、病院の患者に限らず、がんの悩みや負担を抱える多くの人々の相談を開始した。

手探り状態でスタートした「よろず相談」だが、開設当初から利用が殺到し、16年度には対面と電話を合わせて相談は7千件を超えた。中には病院に対する苦情もあった。これは調査して問題があれば、病院側に伝えて改善を求めた。「患者代弁者制度」の役割を果たしているのである。

最新設備を備えた県民待望のがんセンターは、年報によれば開設1年で9千人を超える初診患者の診療に当たり、約2千件の手術を実施した。他の治療法で治った人も合わせると、少なくとも千人以上の患者の命を救った。一方で残念ながら400人余りが亡くなった。

医療機関としてのセンターのこうした革新的な試み、そして最新のテクノロジーの積極的導入は外部の医療関係者から注目された。開院直後から海外を含めて多くの見学者が訪れ、メディアにも取り上げられて評価は一段と高まっていったのである。

がんの公表

話を前に戻して恐縮だが、がんセンターの基本計画が策定され、翌年には着工が予定されるまでになった平成9年の秋、私は腹部に痛みを感じて県立総合病院で検査を受けた。もともと胃酸過多の体質で、胃潰瘍かなという程度の認識だったが、あにはからんや、結果は「胃がん」であった。患部の切除が必要という。

県民の要望に応えて最先端の「がん病院」を作ろうと政策の実現に邁進している最中である。「何ということか」という思いだった。「セカンドオピニオンを」ということで、すぐに山口先生に連絡をとり、国立がんセンターに入院する手はずを整えた。問題はここからである。

しばらくは公務を離れざるを得ない。議会に理解を求め、記者会見して県民に「入院」

を明らかにしなくてはならない。さらに重要なのが「病名の公表」である。2、3の信頼する幹部らに考えを聞くと、「あるがままを公表するのが公人としての務めではないか」という。これには伏線があった。

さかのぼること4年前の平成5年。人気司会者でフリーアナウンサーの逸見政孝さんががんと闘う壮絶な日々を語って関心を呼んだ。その年の初めに定期健診で見つかった胃がんは2度の摘出手術でも征圧できず、ついに3度目の手術に挑むことになった。

9月、がんの公表を決意した逸見さんは古巣のフジテレビで会見を開き、「病名はがんです。放置すれば1年ももたない」と告げた。テレビの前で国民は驚愕した。前例のないがんの公表には賛否あった。が、勇気ある行為を多くの人が称え、手術に向かう逸見さんにエールを送った。

手術は5時間以上に及んだ。しかし、回復への願い実らず、逸見さんは師走も押し詰まった25日、48年の生涯に幕を閉じた。末期の胃がんだった。この一件はがんの「告知、公表」を巡る国民の論争に火をつけたとされ、以来、がんを公表する著名人が増えた。

知事は公人だが、一方で政治家でもある。選挙の洗礼を受ける身だ。「健康不安説」は周辺から常に遠ざけていたい。逸見さんの件から4年後のその当時も、政治家でがんを公表したケースを私は聞いていなかった。

私は「がんは公表しない」と決意した。この後、風邪で寝込んでも「すわ！、がん再発か」などと噂されることなどかなわないという思いだった。知事のガバナビリティーにも影響する。

結局、私は病名を伏せたまま10月下旬、国立がんセンターに入院した。「人間ドックで急性腹症の疑いを指摘された。都内の病院に2週間入院し、腹部の検査を受ける」というのが、メディアへの発表だった。

実際のところは県立総合病院の見立てに間違いはなく、私は胃の下部半分を切除した。これも後の会見では「検査結果は胆のう炎で、胆のうの摘出手術を受けた」ということになっている。

その後、リハビリや休養を経て11月下旬、4週間ぶりに私は登庁し、公務復帰を果たした。実は私のがん履歴はもう一つある。4期目の平成19年秋、歯肉がんを発症し、今度は静岡がんセンターで手術した。初期の初発性がんであった。

この時にはがんを公表し、入院した。それから14年、胃がんから数えると四半世紀を経た。他に転移することなく、80歳を越した今も、おかげで健康に過ごさせていただいている。

富士山麓を先端健康産業の集積地に

県民の期待を背に船出したがんセンターだが、実は計画の初期段階からもう一つの重要なプロジェクトが並行して進んでいた。それはがんセンターを核として県の東部地域、言い換えれば富士山麓一帯を世界レベルの先端健康産業の集積地にしていくという構想である。

大筋では早くから山口先生とも議論をしていた。県政を預かる立場からいえば、新たな産業政策、地域振興策ということになる。庁内では坂本副知事をトップに、全部局が参加したワーキンググループを作り、検討してもらっていた。

こうして後に「富士山麓先端健康産業集積構想」、通称「ファルマバレー構想」と呼ぶプロジェクトは動き出した。一方で、外部専門家の意見を反映するため「ファルマバレー構想検討委員会」（委員長・石井威望東大名誉教授）を設け、議論を重ねていただいた。

「構想」はがんセンターが開院する前年にまとまった。目標とするところは世界的レベルを目指して高度医療、技術開発を進める「先端的な研究開発の促進」と「健康関連産業の振興・集積」によって、本県を日本一の健康長寿県とすることにある。

このころ、県内の産業は元気だった。

平成15年度の工業統計によると本県の製造品出荷額は大阪、東京を抜いて全国3位。企業立地件数は前年に続いて全国1位をキープしていた。さらに製薬・医薬品関連企業が県東部に集積する結果として、医療用具出荷額は全国2位、医薬品出荷額も3位であった。

先端的な医療研究開発と関連産業の振興・集積は、こうした東部地域の持つ高いポテンシャルを生かしてこそ実現が可能となる。ただ、それには関連企業や研究機関、医療機関、大学、そして行政という「産・学・官」の連携と協働が不可欠である、と山口総長も私も考えていた。

東部には三島市にゲノム・データベースの国際的拠点として知られる国立遺伝学研究所があり、製薬企業の研究所も多い。県内に目を向ければ浜松医大を始め、県立大、静岡大、東海大など医療関連の学部、大学院をもつ研究機関が数多い。これらの研究開発ポテンシャルをどう連結するかが課題だった。

そこで、「ファルマバレー構想」のカギを握るべき推進機関として平成15年、㈶しずおか産業創造機構に「ファルマバレーセンター」を設置した。産学官連携のカナメというか、基盤となる組織である。成果は早速、翌年に表れた。

東京工大、早稲田大、東京農工大の都内3大学が名乗りを挙げ、がんセンターを軸にがんの診断、治療技術の研究開発などで本県と事業連携する協定を結んだのである。新薬開発や遺伝子治療の分野で共同研究による大きな成果が期待された。

がんセンターは豊富な臨床例を持つ。一方、3大学は生命理工学などの分野で研究集積がある。医療の現場で患者と触れ合いながら医学系と工学系が融合する、全国でも珍しい「医工連携」の研究開発体制が実現したのである。

平成17年になると、山口総長が研究拠点として待ち望んだ「がんセンター研究所」が病院敷地内に併設された。産学官連携強化の取り組みへの期待が一層進み、3大学以外にも東大や県内の複数大学、高専、さらには大手製薬企業などが共同研究への参画に関心を示し始めた。

がんセンターを中心に医療健康産業クラスターの形成を目ざすファルマバレー構想は、山口総長の言葉を借りれば創薬や医療機器開発を目ざす「ものづくり」や、ものづくりに関わる技術者や医療技術者を雇用・育成する「ひとづくり」を主要な目標とする。

研究開発、さらには製品化に不可欠なのがネットワークによる検証である。ファルマバレーセンターには16年度の時点で既に主要27病院、1万4千床が参加する県内治験ネットワークが形成され、臨床応用に向けた取り組みが進みつつあった。

そこへ、県立大が新薬開発の研究拠点として大学院の薬学研究科内に「創薬探索センター」を設立した。産学官連携の一環で医療機関、製薬会社、県と協働して静岡発の新薬開発への取り組みを進める狙いだ。

折り良く前身の静岡薬大、さらに前身の静岡女子薬学校から数えて88年という節目の年に当たるという。永年にわたって蓄積した薬学、薬理学のノウハウを生かし、近い将来に「創薬ベンチャー」の誕生も期待される船出であった。

この頃、㈱SBS情報システムの地域情報化研究所（静岡市）が、ファルマバレー構想をわかりやすく解説した本、「動き出したファルマバレー構想『健康長寿の国・静岡をめざして』」を出版（静岡新聞社）して下さった。

その中に山口総長と、東大大学院教授で運動生理学、トレーニング科学の権威である小林寛道先生、それに私が加わった座談記録がある。がんセンターを基幹施設として展開する「ファルマバレープロジェクト」の全体像を理解していただけると思う。抜粋し要約してご紹介する。司会は大坪檀・静岡産業大学長が務めて下さっている。

座談会　明日の健康長寿の国・静岡づくりにむけて

ファルマバレー構想のルーツ

大坪学長　まず知事にお聞きしますが、静岡県は最近、ファルマバレー構想に力を入れておられます。その背景と、今どういうステージにあるかという辺りを教えていただけますか。

石川知事　最初に構想に関するお話をうかがったのは山口総長です。内容は新薬の研究開発をメーンにしたもので、すぐに「これは本格的に取り組む価値がある」と思いました。そこで構想委員会を設置したのですが、その過程で単に新薬開発だけでなく、医療や治療技術、そして広い意味でのウエルネス・健康産業全般を視野に入れる構想へと広がったわけです。本県の産業力や地域特性を考えると極めて自然な流れで、実り豊な成果が期待できるものになっていったかと思います。新薬開発では平成14年度から3年間かけて日本最大規模の治験ネットワークを開発中で、基盤ができつつあります。

大坪　がんセンター計画の発端はどのような経緯からだったのですか。

石川　背景には県全体の医療水準を高めるうえで、県東部に中核となる医療機関がなく、それが泣き所だったということです。一方で、「地域保健医療計画」によって病床数に規制があるため、大規模な総合病院の新設は認められません。専門病院ならその制限が緩和されるということで浮き彫りになったのが、がん治療の専門病院なのです。そんな中で山口総長との出会いがあったのです。がんセンター計画に参画していただく条件として、山口総長から提示されたのは「研究所をつくる」ということでした。すぐに賛成してプロジェクトが始まりました。

山口総長　私が興味を持ったのは、このプロジェクトが全くの白紙から立ち上がるという点でした。がんの専門医療が不十分な地に専門病院をつくる、地域の医療がどう変わり、それが県民にどんな利益をもたらすか――。そうした点を考えると非常に大切なプロジェクトであると思い、お引き受けしたのです。

研究所については、高度な先進医療を実施していく上で、次の二つの理由からなくてはならないものと考えていました。一つは高度先進医療のレベルを保つために研究機能が必要という点です。臨床だけでなく、「基礎から臨床への橋渡し研究」を含めて最新の情報を医師や看護師に提供する上で、研究所的機能は必須条件なのです。

もう一つは研究所があることで、集まってくる臨床医のレベルが変わることです。優れた臨床医は研究者との交流を望んでいます。良い医師を確保するためにも、研究所が必要であると考えました。

大坪　先生のような医師の方が、「新薬の研究開発」などという産業的な発想をされるのは大変ユニークだと思います。どのような視点からお考えになったのでしょうか。

山口　臨床の現場にいると、医療の遅れた部分がよくわかります。臨床医は日々、「こんな薬があればこんな患者さんを救えるのに…」とか、「こういう診療機器があればもっと簡単に治せるのに…」などといった失望感を抱きながら患者さんに接することが多いのです。ですから産業的な発想というより、医師としての素直な願望だと思います。製薬企業にとって新薬開発における一番の悩みは、共同研究を進める病院がないということなのです。それで、この地域にがんセンターができれば病院と製薬会社相互にメリットがある、と考えていました。

革新的スポーツトレーニング手法の応用で健康長寿を実現

大坪　小林先生と静岡県、ファルマバレー構想との接点を教えていただけますか。

小林教授　数年前、私が開発したスポーツトレーニング法が新聞で紹介され、静岡県からお電話をいただいて知事さんとお話しする機会ができました。家族ががんセン

ターでお世話になったという経緯もあり、ファルマバレー構想について理解が深まり、つながりができたと感じています。（中略）

石川　国体の本県開催が決まって選手強化が課題になる中で、私は「これまでのようなスポーツの指導法で大丈夫なのか」と不安を感じていました。そんな時、小林先生の科学的トレーニング法に出会ったのです。また、選手の競技力向上だけでなく、病気予防やリハビリの分野にも先生の研究成果は生かしていくべきではないかとも思っています。我々の健康長寿のために可能性が非常に大きいと感じ、協力をお願いしたわけです。

大坪　健康長寿と小林先生の結びつきはそういうことだったのですね。

小林　そうですね。スポーツ科学や運動生理学という学問ができてきたのは1964年の東京五輪のころです。私は学生でしたが、その分野に進むことにしました。（中略）1991年に東京で世界陸上競技選手権が開かれることになり、選手強化の準備が始まったあたりから、私が本格的に取り組み始めたわけです。最近ではいろいろな分野の先生方からスポーツ科学に興味を持っていただいて、かなり状況が変わってきています。

石川　小林先生のお話を聞いて「これはいけるな」と思った理由に次のようなこともあります。先生が考案したトレーニングマシンは、スポーツ界を相手にするだけでは市場が小さくて産業になり難い。ところがリハビリなどの分野まで発展するとたいへん大きなマーケットになる。さらに今後、中国が高齢化社会を迎えるとなると日本の10倍の市場が控えていることになります。これに静岡県の持つ工業力がドッキングすれば、すごいことになるのではないかと見たわけです。

大坪　まさに新しい産業分野が生まれますね。ファルマバレーは県の東部地域だけと思われがちですが、お話をうかがうと全県的な広がりをもつ構想なのですね。

医療と健康の狭間にある大きなマーケット

小林　今、課題になっているのは医療対象になる人と健康な人との間にある中間層です。ここは医師もあまり手をつけてくれない。しかし、放っておくと高齢化とともに医療が必要な層になってくる。そこをどうするか、その辺りが私に期待される領域かな、と考えています。

石川　静岡県では「健康長寿フォーラム」という催しを続けていますが、そこでも「長寿だけではダメ」というのがコンセプトです。長寿社会の中で「健康長寿」をいかに達成するか、それが日本の社会の負担を軽くし、個人生活をハッピーにしていく基盤です。そこに焦点を合わせることが行政の取り組むべき大きなテーマであり、ファルマバレー構想はそれに貢献する柱でもあるわけです。（中略）

大坪　山口総長も、温泉を活用した健康づくりを提唱されていますね。

山口　「伊豆かかりつけ湯構想」と名付けています。小林先生がおっしゃったように半病人、半健康人にどうやって健康を取り戻してもらうか、という点は医療費が高騰する日本では極めて重要な問題です。病院で診てもらうほどではないが、何らかの異常を抱える人たちをスポーツで治す、あるいは温泉で治す—そういう環境を提供することが求められています。これは東京ではできない、静岡県だからできるのです。（中略）

小林　リハビリで重要なのは自発的な取り組みです。人にやってもらうのではなく自力で力を出す、動かすということで脳が活性化し、意欲が出てくるという点が重要だと考えています。

山口　手術前のリハビリによって体力がつくことに加え、身体を動かすことで気分が晴れ、前向きな気持ちで手術を迎えられる、そのことがいい効果を生んでいるという要素もあります。これまでは「がんのリハビリ」という概念はほとんどありませんでしたが、こうした「前向きのリハビリ」の方法論を確立することで、がんの治療成績が改善すると思います。（中略）

現場のニーズ、ウォンツと静岡県が誇る製造技術をドッキング

石川　小林先生が考案されたトレーニングマシンにしても、もっとスマートに作る能力が静岡の企業にはあります。医療の分野でも機械や器具などはまだまだ研究開発の余地があるのではないか。「これ、何とかならないか」というニーズ、ウォンツを医

師の側から出してもらえば、それに応える力が静岡県にはあります。がんセンターが先頭を切って取り組み始めてくれれば、県内中の医療機関が関心をもつのではないかと期待しています。

山口（前略）医師や看護師のニーズとともに大切なのは患者さんのニーズです。これについては8千人の患者さんを対象に「がんになって何に悩みましたか」という調査を厚労省の研究費で実施しました。2万4千件もの様々な悩みが集められ、それを解決する手段が求められています。ファルマバレー構想の中で、こうした情報を地元企業に提供していくようなニーズ指向型の取り組みもできると思っています。（後略）

石川　それはありがたいことです。

大坪　一般的に、事業開発で難しいのは「何が必要か」がわからないことです。医師が「これが欲しい」と言ってくれると、後（事業開発）はある意味、簡単です。

山口（前略）県内には医療関係だけでも3百社近い企業がありますが、ファルマバレー構想の中でこうした企業をネットワークで結び、情報をどんどん流し始めています。

石川　ファルマバレーセンターやがんセンター研究所を中心にして世界に情報発信し、ここが世界の総本山になっていけばいいですね。

きめ細かなソフトテクノロジーが制する世界市場

大坪　患者さんのニーズに応えるとなると医療機器だけでなく、ずいぶん分野が広がりますね。

山口　たとえば子宮がん、乳がんの術後にリンパ浮腫という症状が起きます。そのために装着するサポーターはほとんどが外国製です。日本人の体型に合った、患者さんのニーズに応えたものが開発できないかと考えています。その辺りをしっかり押さえようというのが、がんセンターで実践されつつあるファルマバレー構想への取り組みです。

小林　手術といえば、今は術後のケアが弱いのではないでしょうか。リハビリの分野は運動生理学、スポーツ科学などの分野から見ると開発の余地がたくさんあります。

（中略）効果的なリハビリのためのちょっとした小道具から大掛かりな仕掛けまで、うまく開発できれば世界的な市場があると思います。

大坪　ケアの分野は日本人が持つ「きめ細かさ」という特性から考えても非常に有望な分野です。手術後のケアやリハビリのためのいいシステムを創って、世界中に喜ばれるということは十分に可能性があると思います。

スポーツの可能性と求められる科学的取り組み

小林　ファルマバレー構想の中でもう一つ加えたいのがスポーツの分野です。勝つためのスポーツという要素だけでなく、スポーツには身体を動かしてアクティビティを高めるという概念がすべて含まれます。そういう新しい概念を持ったスポーツに関する研究、人材育成の場が「スポーツ王国」といわれる静岡県にとって必要ではないでしょうか。（中略）

大坪　これまでの「体育」という概念ではなく、スポーツの素晴らしさを伝えていくことが大事です。私の大学（静岡産業大学）でも今度、スポーツマネジメント学科をつくります。これまでの体育の概念ではない「スポーツ」を、学問、サイエンスにして産業に結びつけたいと考えています。

小林　企業スポーツ中心の日本では、経営が苦しくなると企業はすぐにスポーツを手放してしまい、その価値を生かせないという状況があります。スポーツをマネジメントできる人がいないからです。また、これまでの体育系大学の組織では教員養成のためのカリキュラムに縛られてしまうという問題があります。教員免許とは関係なく、新しいスポーツの概念で研究や人材育成を行っていく、そうした知恵のある組織がこれからの社会にとって必要なのではないかと思っています。

石川　産業大のスポーツマネジメント学科ではどういう研究をなさる予定ですか。

大坪　スポーツをビジネスとしてどう産業化するか、また、町おこしにどうつなげるか、というような多面的なスポーツの捉え方をしていこうかと考えています。

石川　（中略）昨年、国体の開閉会式会場となった「エコパ」を整備する時、実はトレーニングセンターをつくる構想があったんですが、具体化していません。そこにスポーツ医学や生理学など科学をベースにしたソフト機能を加えれば、運動公園全体としての利活用が進むのではないかと考えられます。

小林　そのためにはアカデミックプランが大事です。スポーツに関して学びたい人は、若い人から高齢者までそこに来て勉強できる、そんな組織ができればいいですね。

石川　確かに研究所に講座があり、実践教室もある、そのような組織の方がこれからは現実的ですね。がんセンター研究所でも実績のある大学と医工連携で共同研究を進めています。そうした形で既存の大学と連携し、その大学の持つ機能を取り入れる方がいいかも知れません。

小林　ファルマバレー構想の中でスポーツという柱を立て、ネットワークづくりをしながら大学のエクステンション（公開講座や施設開放など）と密接な関係がとれるような組織をうまく作っていくと素晴らしいものになるのではないでしょうか。

ファルマバレー構想を推進するネットワークづくり

大坪　がんセンターで進められている取り組みもネットワーク型ですね。

山口　そうです。ポイントは既存のものをネットワークでしっかり結んで、効率的に取り入れて活用していこう、という発想だと思います。

大坪　今後、ネットワーク化していきたいものはありますか。

山口　（前略）産業面では例えば「食」など、あまり医療と関係ないと思われていた分野に健康増進のための大切な資源が眠っています。「健康」というキーワードのもとに、参加可能なあらゆる産業を結ぶプロジェクト提案型のネットワークも構築していきたい、と思っているところです。（中略）

きょう話題になったスポーツ、ウエルネスの分野もその中に入ってきます。

石川　極論すればいい結果、いい効果が出るものであれば理屈は後で考えればいいのです。ファルマバレー構想では、県の行政レベルでは「理屈は立派であっても実用性、実効性がなければ意味はない」ということを念頭に置いてチャレンジしていきたいと考えています。

大坪　本日はありがとうございました。

座談会の中で小林教授が触れていたリハビリ患者用のトレーニング機器開発はこの後、地元企業が名乗りを挙げて商品化が実現する。高齢者の筋力強化にも対応できる健康プログラムで、教授が考案した独自のトレーニング手法を基に、県沼津工業技術センターが加わる産学官の連携で開発を進めてきた。

製作したのは油圧機器メーカーの㈱丸善工業（三島市）。高齢者の寝たきり防止も狙いにした「大腰筋トレーニングシステム」で、自転車や舟を漕ぐ動きの連続により、体幹深部筋（インナーマッスル）の一つである大腰筋を効果的に鍛えるマシンだ。

開発マシンの販売は同じく地元の㈱スポーツウエルネス総研が担った。同社はこの2種類の低体力者向けマシン数十台をセットしたジムを清水町に開業した。小学生からシニアまでを会員に勧誘し、指導する。まさに医療・健康の現場から生まれたニーズを地元企業が開発・商品化するという、地域連携の「ものづくり」の取り組みの嚆矢（こうし）となったのである。

第九章　県政を担う５

大学新設

浜松市経済界の悲痛な叫び

私が知事に就いたころ、すなわち平成の初期という時代は高等学校を修了する18歳人口がピークを迎え、その後急激に減少することが予測されていた。国は、大学審議会等の議論を通じて大学・短大などの高等教育の将来像を模索していた。

そんな状況下で、特に浜松市では布橋にあった県立大学短期大学部が施設の老朽化などもあって、これを期に文系の四年制大学に改組したいという要望が経済界などを中心に高まっていた。

市内の国公立大学としては戦前の浜松高等工業学校を前身とする静岡大工学部に加え、昭和49年には地元の悲願であった浜松医科大の誘致にも成功し、県内他市から羨望の的となっていた。ただ、両校とも高い専門性を有する教育機関として理系男子に大きくその門戸を開いていたものの、地域の女子教育への貢献としては大きいものとはいえなかった。

全国的にも女子の高等教育機関としては短大が戦後間もなくからずっとその力を維持し

続け、「短大卒」のブランドは女子学生の労働市場を飛躍的に拡大してきた。

ところが昭和61年、男女雇用機会均等法の施行によって生まれた「総合職」制度が企業の女子採用に変化を促し、女子高校生の四年制大学受験を強く後押しする結果となった。短大の人気は陰り、女子の四大進学率はほどなく短大のそれを逆転してしまう。文系四大のない浜松地域の「18歳女子」は、都会生活への憧れもあって就学の機会を静岡市や東京、あるいは中京地区に求めた。高校を卒業するや否や、親もとを離れて故郷を後にしてしまうのである。

「若い女性を浜松に止めおきたい」——。現状を憂える市内の企業人の叫びは悲痛であった。自社の人材確保という点からそれは当然のことながら、あるいはそれ以上に街のにぎわい創出のキーパーソンでもある未婚女性の流出は何としても食い止めなければならなかった。

食い止めるだけでなく、むしろ他県から女子学生を呼び込むほどに魅力のある文系四大が求められていた。都市の活性化、それは浜松市にとって喫緊の課題となっていた。浜松の都市機能を強化し街の魅力度を上げることは、同市を県西部中核都市として位置づけ、その先に「政令市」の実現を企図する私の県土再編構想には欠かせない道筋である。四大の開設はぜひとも実現せねばならない課題であった。

といって、ただ「短大を四大にしました」というのではあまりにも芸がないし、知恵もない。全国が注目するプロジェクトにするには何が必要か、私は考えた。

公設民営方式の私立大学

今までにない、新しい大学をつくろうという試みの前に立ちはだかる問題の一つは大学の組織運営に関する案件だった。当時の、主に国公立大は入試改革や教育課程の改善など様々な教育改革に直面していたが、それらの課題が解決に向かって一向に前進をみせなかった。その原因の一つが教授会の存在といわれた。

「大学の自治」の名の下、強い権限を有する教授会は時には大学経営にまで口をはさむなど影響力を振るい、理事会や学長が主導する改革の試みを妨げるほど独善的な動きをみせていた。

つまりは大学のガバナンスが機能不全に陥っていたのである。これでは困るのだ。浜松に新たに産声を挙げる大学は、当然ながら教授会の権限を限定的なものとし、大学ガバナンスが有効に機能するものでなくてはならない。設置者や地元の意向が、大学の経営に十二分に反映する運営形態を必ずや作り上げなくてはならないと、私は強い思いを抱いていた。

幸いに私は、山本知事時代に静岡薬科大、静岡女子大、静岡女子短大を統合した静岡県立大の発足に関係し、大学の設置や改編作業に携わった。設置者として大学を直接に監督、指揮するには公立大学より私立大の形式がより望ましい、という経験値があった。

私は文科省と何度かの協議を重ねた末、まずは県と浜松市、それに経済界が協力して学校法人を設立し、その公的法人が運営するという形で大学を発足させる、というプランを固めるに至った。

要するに新大学は公立大ではなく、学校法人が運営する「公設民営」方式の私立大学なのである。平成12年に設立を目ざす「県西部地域新大学」は、こうして私の頭の中で青写真の一部ができ上がっていった。

大学改革論議はその後も進展し、小泉内閣で「地方独立行政法人法」が成立、公立大学法人が制度化されたことにより大学設置が全国で進む。後に「学校法人静岡文化芸術大学」が開学した当時、この独立行政法人化の制度論議は始まったばかりだった。その制度の趣旨を、本県はいち早く先取りしたのである。

学長の人選

大学運営の根幹に関わるガバナンスの確保とともに、もう一つの強いこだわりが私にはあった。学長の人選である。新しい大学には世間が驚き納得する「有名人」を迎えたかった。全国から学生を募ろうとする地方の新設大には、開学に当たってそれぐらいのインパクトが必要だと思った。

来て下さるかどうか、その可能性はゼロかもしれないが、私にはかねてから意中の人がいた。京大法学部教授で保守現実主義の論客、高坂正尭氏である。バランス感覚に秀で、常に時代を先駆ける先生の言論に、私はいつも啓発されていた。

流動する世界情勢を鋭く分析する国際政治学者であり、21世紀が求める新しい才能と技術を持った人材を、これから世に送り出そうとする新大学の学長として、これ以上の方はおられまい。

国公立大学を席巻する教授会の専横には常に批判的な論陣を張り、私の目指そうとする大学のあり様に、恐らくは賛同して下さるに違いない。何としても浜松の地にお迎えしたい、という思いは日に日に募った。

折よくというか、近々、京大を定年退官することが新聞で報じられていた。この期を逃すという手はない。私の胸は高鳴るばかりであった。コンタクトの道筋はないわけではなかった。ここでもまた、私は幸運だった。

同じ京大法学部に、行政学の泰斗で後に文化功労者に選出される村松岐夫教授がおられた。母校の掛川西高で1年先輩に当たる方だ。掛西在学中に知り合い、その後も時折お目にかかっていた。

とはいえ新大学の教科に、高坂先生のご専門の「国際政治」はほぼ関連はない。半ば「ダメ元」と覚悟の上で村松先輩に事情を話し、先生との仲介の労をとっていただくことにした。

就任をお願いするにあたって条件など何もなかった。浜松は関西と東京の真ん中、交通至便だ。政治学者としての言論活動は自由にやっていただければよかった。先生がメディアに登場すればするほど、新大学の名は広まる。大学の構想づくりに思うように腕をふるっていただくつもりだった。そんな思いを手短かに先輩に伝えた。

すると、日を置かずして京都から驚きの電話が返ってきた。「高坂さん、やって下さるようですよ」。受話器を通した村松先輩の声が弾んでいた。驚きと喜びで、私の体も弾むようだった。

お二人はともに米国に留学経験があり、教授会などで顔を合わせれば会話を交わす間柄のようで、法学部の先輩後輩として信頼関係があったらしい。私のぶしつけな申し入れも村松先輩を通したが故に、高坂先生は意気に感じて下さったのではないか。

すぐさまご都合をうかがい、新米知事として忙殺される私に代わって、庄田副知事に京都に上ってもらった。平成6年2月のことである。

先生の内諾を得て、私は天にも昇る心地だった。開学準備の過程に横たわる大きな課題の一つをクリアしたのである。「これで新大学は成功する」。大げさながら、そんな確信が胸に広がった。

基本構想策定、開学準備へ

先生の取り組みは早かった。4月に入ると早速、県がそれまでに作成した「新大学整備構想」を土台に、大学の設置目的や教育に関する枠組みを議論する場が立ち上がった。

その幅広い人脈から木村尚三郎（東大名誉教授）、広中平祐（京大名誉教授）、五代利矢子（社会評論家）の3氏を招き、さらに地元の栗原勝市長、石津薫・浜松商議所会頭、鈴木修・スズキ会長に、私と副知事らを加えた「新しい大学像にかかる懇談会」なる会合がスタートした。

いわゆるブレーンストーミングで、3回の会合を経た後にその後に発足する「新大学基本構想検討委員会」に向けた議論のたたき台をまとめ上げた。

新大学は県立大短期大学部を基礎としながらも、それに捉われずまったく新しい大学をつくるというスタンスで、理念や方向性が検討されていくことになる。その開学への歩みに触れる前に『静岡文化芸術大学一〇年史』にコンパクトにまとめられた、短期大学部の前身である静岡女子短大の歴史をざっと振り返ってみたい。

『一〇年史』によれば、短大は昭和26年に静岡市北安東の地に開設された。当初は文科、家政科の2科であったが、41年に文科は浜松教場として浜松市布橋に移転した。その後、食物栄養学科、看護学科を増設。昭和50年代に入ると短大の将来構想が学内で検討され、静岡薬大、静岡女子大の2つの県立大と競い合う4年制大学を併設する構想が打ち出された。

その実現が具体化する前に、県議会では静岡女子大の改組論議が起き、それをきっかけに民間や大学人を巻き込んで「県立大のあり方」が検討された。県は「県立大学問題協議会」を設置し、その将来構想をまとめた。

骨子は現行の薬大・女子大・女子短大の県立3大学を統合し、総合大学を作るというもので、静岡市谷田に4学部（薬学、食品栄養、国際関係、経営情報）からなる静岡県立大を開設する方針が決定した。

これによって静岡女子短大は県立大短期大学部への改組が決まり、昭和62年に県立大の開学とともに40年にわたる歴史を閉じたのである。浜松市布橋の旧施設を利用して新たに船出した男女共学の短期大学部は文科教養学科、食物栄養学科、第一看護学科（3年制）、第二看護学科（2年制）の4学科から成る。

文科教養学科には「秘書養成コース」が設けられた。地元の強い要請に応えたもので、産業都市・浜松らしい実務性重視の科目構成であった。

「新大学」へ話を戻したい。高坂先生を会長とする基本構想検討委はブレーンストーミングの議論を受けて、平成6年8月から4回の会議を重ね、その報告をまとめた。新大学の基本的方向というべきもので、本県が目指す新しい大学の「起点」となるものであった。その報告書の言わんとするところを『静岡文化芸術大学一〇年史』（平凡社）はこうまとめている。

高等教育機関としての大学の果たしうる役割は、地域において人間中心の社会を具体的に作り上げていくことであるとし、そのために大学は総合的で開放的なものでなくてはならないとした。(中略)

教育研究目標を実現するための学部の基本理念は、①人と社会の本質的なかかわり様、②人と物(技術社会が創り出すもの)との心地よい関係の構築、③人と芸術(精神の最も自由な表現)との心地よい関係の構築を社会に対し具体的に提案できる人材を養成するというものである。それにふさわしい二学部を設置するとし、生活文化面に対しての「人間文化(=人文的な教養)」学部と、技術文化面に対しての「ライフデザイン(=生活により近い分野における人間性に立脚したデザイン)」学部が提示された。両学部はきわめて密接な相互作用を通じて幅広い教育研究を実現していくこととし、「二一世紀の社会に対し、〝文化への共感と創造への参加〟を基点に据え、地域だけでなく広く世界に対し、新しいライフスタイルや豊かで潤いのある文化の創造を提案し、情報発信していくことにより社会に貢献していくこと」が期待された。

このような報告を受けて県大学室が「新大学整備基本構想」を策定し、私は県議会で「新大学の開学は平成12年４月、設置場所を浜松市中心街で進む東第二土地区画整理事業区域とする」旨の説明を行った。

新大学設置を県民に公表し、いよいよ事業はスタートした。とはいえ、具体的な学科編成やカリキュラムなどはまだこれからである。柱は立ったが骨組みは今後の仕事である。学長予定者である高坂先生のご苦労を多としながらも、もうひと踏ん張りをお願いしなくてはならない。作業は「県西部地域新大学（仮称）開学準備委員会」に移り、平成７年も押し詰まった仕事納めの12月28日、第一回会議が開かれた。ここから開学直前まで会議は25回を重ねる。

再度、会長をお願いした高坂先生は初回会合の冒頭であいさつし、新大学が目指す狙いを述べている。『一〇年史』から抜粋する。

第一回開学準備委員会で、高坂は近代教育がたどってきた道に対する反省を踏まえ、第一に感性と知性の有機的な関係をつくりあげたいと述べている。さらに、大学の建設に浜松が非常に熱心であることを挙げ、「浜松を文化的な町にする、個性を持っ

た町にする、それが我々の使命でもある」と述べ、浜松地域における大学の意義を強調した。（中略）

高坂は、しばしば語学をはじめとして必修科目を極力少なくすることによって学生を鍛えると発言している。これは学生が主体的に学ぶことを強く求めていたからである。また、浜松地域を素材として、歴史や経済・政治・社会・技術などを多面的・学際的に見ていこうとする総合地域史を構想していた。さらに、単科大学のような運営・組織は「芸術哲学科」がその任務を負うとし、二つの学部をつなぐ役割を大きく期待していた。これは後に芸術哲学科が学部となっていく可能性とともに、大学院構想、「芸術哲学研究センター」構想へとつながっていく。

このような高坂の考えは、一九九六年三月に行われた第二回開学準備委員会において、カリキュラム編成の基本的考え方として示された。

高坂先生は精力的だった。準備委の議論を時に深く、時に広く、テーマに応じて巧みにリードして下さっていた。

委員会のメンバーでもある庄田副知事は、「議論が広がり過ぎて結論がどう集約されるか不安です」と、時に青い顔をして心配していたが、それを上手にまとめて下さったのが副会長格だった木村尚三郎先生だった。開学準備は順調に進んでいると、誰もが考えていた。

衝撃の報

思いもかけない報せを受けたのは準備委の初会合が終わり、年が明けて春の兆しを感ずるころだった。高坂先生が体調を崩されたという。さらに第二回準備委の開催直前になって入院の報に接した。先生は手術を受けられた。

4月末に、関係する県学術・大学課の職員が術後の先生を見舞い、私は「順調なご回復のようで、お元気そうでした」という報告を受けて安堵していた。ところが事態は急変し、再びお目にかかることなく先生は5月15日、京都の自宅でお亡くなりになった。肝臓がんだったと聞く。62歳だった。

無念というほか言葉はなかった。開学準備に携わるすべての委員やスタッフ、県や浜松市の関係者のだれもが衝撃を受けて呆然とした。

政治学者であるが、テレビでコメンテーターなども務めた親しみやすさもあって、メディアの報道は学者の訃報とは思えない大きな扱いで、その早すぎる死を悼んだ。

我々としては今後をどうするかが目前の大事となった。準備委の会長、すなわち学長予定者をどなたにお願いするか、立ち止まってはおれなかった。事務当局の考えも聞き、私は木村先生に引き受けていただくほかに難局を切り抜ける方法はないと思った。

高坂先生が招いた方であるし、準備委をまとめる手腕は証明済みである。「東大を終えたら素浪人になりたい」と、かねてから公言していた木村先生のこと故、当初は期待したような返事をいただけなかった。それでも最終的には「行きがかり上、仕方ないか。高坂先生との宿命かな」と、お引き受け下さった。

木村先生はフランス中世史を専門とする西洋史研究の第一人者。独特の文明論、比較文化論を展開し、それをエッセーなどで分かりやすく一般に説いた文化人として知られていた。

『二〇年史』によれば、後任を承諾した直後に行われた事務局との対談で、高坂先生がまとめた「新大学整備基本構想」について、「検討段階で相談を受けており、内容は私の考えとまったく同じであった」と述べたとある。安心してお任せできる方であったのだ。

「静岡文化芸術大学」開学へ

新大学の特徴は先述したように、公設民営方式による運営にある。学校法人による設置形態は、設置者の理念が大学教育に反映されやすく、地域の住民や産業と密着した大学経営が可能という点で最適であり、私学と同様に自立性が期待できる。

また、県立大のように事業予算を議会に諮る必要もない上、準備財団方式にすることによって建設費に対する起債（特別債）の適用や、民間からの寄付も期待できる。

その、学校法人の母体となる組織、設立準備財団は翌9年9月、浜松市内のホテルで発起人会を開き、理事長に私が任命された。

この席で木村尚三郎学長はじめ、デザイン学部長の栄久庵憲司氏、生産造形学科長の鴨志田厚子氏など、準備委員の9人の先生方が新大学の主要教員予定者として公表された。そして10月には新大学を「学校法人静岡文化芸術大学」とする「準備財団設立許可申請」が文部省に提出された。

大学用地は当初、浜松市が中心市街地の区画整理事業地に所有する2万8000平方メートルを無償供与する方針だったが、市の財政負担が大きいとして県と協議を重ね、市立東小の移転建築費などを含む220億円余を県と市で応分に負担することとなった。校舎建築費139億円ほか、設備・図書備品費などを含む建設費全額は県が負担する。

初代学長に就く木村先生が新大学に求める教育は、感性・美意識を重視することにより次世代への活路を切り開く人材を育成することで、学生には理性とバランスのある人間的な生き方を実現させたいと願った。

メディアの取材には具体的に、「一言で言えば美意識と現実感を併せ持つ実務家タイプの人間の育成にある。文化芸術大といっても、いわゆる文化人や芸術家を育てるわけではない。文科政策学部では、企業や行政にとって大事な文化政策を考え、芸術と同時に金のことも分かってアートマネジメントができる人間を育てていく。デザイン学部ではいわゆる工業デザインをやり、ロボットを動かしたり、アニメやコンピューター・グラフィックスを作り、建物も含めた都市空間の設計を学んでもらう」と話し、「機能性、経済性、効率性も必要だが、同時に美意識もわきまえた人材を育てたい」と、その信念と抱負を語っておられる。

こうして「開かれた大学」を標榜する新大学、地域社会や国際社会の発展に貢献することを基本理念とする「静岡文化芸術大学」は21世紀が明けた平成12年4月13日、開学した。

公立大学法人制度の発足に先駆ける形で設置された全国最初の大学となった。初年度は384人の学生を迎え入れた。公設民営の私立大学であるが、県の補助金によって授業料は静

静岡文化芸術大学の開学式＝平成 12（2000）年 4 月 13 日　© 静岡県

岡県立大と同額となっている。

ユニバーサルデザイン

キャンパスは、誰もが快適に生活できる環境を提案するという「ユニバーサルデザイン」の理念で貫かれ、段差のない広い出入口やスロープ、音声誘導や触地図による案内などが複数個所に設置された。

校舎は山の尾根の連なりか波のうねりか、それらを感じさせる緩やかな勾配の外観で、屋上緑化が施された。新幹線の車窓からもその印象は鮮やかで、アクトタワーなどとともに浜松駅近くの新街区に新たな景観を添えた。

新大学が浜松市や県西部地方、そして静岡県にいかなる実りを与えてくれるか、入学式当日、私はワクワクする思いで式に臨む一期生の若者たちを見つめていた。

開学後の取材に、木村学長はこう述べている。「大学自体が美しい形をしている。『アクトシティ』の垂直感と本大学の曲線美と水平感が相まって、浜松の美しい景観を作り出しつつある。ＪＲ浜松駅と大学とのメーンストリートもおしゃれに整備してもらいたいと、市にはお願いした。そうした道ができて若い学生諸君が歩くだけで、街の魅力が高まるだろう。また、これからの街づくりについて大学も学生も様々な提言を行っていきたい。街と大学の関係を不可分の関係にしていきたい」（読売新聞）――。

ユニバーサルデザインの思想は、キャンパス内の各施設や学内の生活空間に生かされているだけでなく、教育の基本理念の一つとして掲げられているのがこの大学の特色である。「デザイン重視」は木村先生の意向で、早くから学科の検討会で議題に上っていた。中心となって議論を進めたのが、後にデザイン学部長に就任する日本の工業デザインの第一人者、栄久庵憲司氏だった。

もう一人、「Ｚライト」のデザインで知られ、工業デザイナーとしてバリアフリー社会の実現に尽力してきた鴨志田厚子氏の参画も大きかった。ともに高坂先生の呼びかけに応えて大学の基礎づくりから携わって下さった方である。

こうした先生方の思想に触発されて、本県はユニバーサルデザインの理念をいち早く県政に導入した。

平成11年には全国に先駆けて、庁内に知事を本部長とする「ユニバーサルデザイン推進本部」を立ち上げ、企画部に「推進室」を置いた。さらに、行政のこの取り組みを専門的な立場から評価・助言をしてもらうため、外部識者による「推進委員会」を設置した。委員長はほぼ歴代、文化芸術大の教授が務め、県が推進するユニバーサルデザイン施策の検証と評価を行ってもらっている。同様に浜松市が設けた「ユニバーサルデザイン審議会」についても、大学関係者が委員長や委員として参画し、地域におけるユニバーサルデザインの理解の推進に貢献している。

ユニバーサルデザインの理念をもとに「人に優しい社会」の実現を目指す、こうした県や浜松市の試みはデザイン学部の存在を柱に「学と行政の連携」があって初めて実りある成果を結実させたといえるのではないか。

公立大学に移行

こうして公設民営方式の私立大として出発した静岡文化芸術大は、10年の歴史を刻んだ平成22年4月、「公立大学法人静岡文化芸術大学」に移行する。

実質的な県立大移行の背景にはこれも前述したように、同15年に「地方独立行政法人法」が成立し、県が全額出資する公立法人によって大学の設置が可能になったことによる。設置前に高坂先生や私どもが目指した方法に、より近い形で大学運営が可能になったのである。

初代学長の木村先生はこの県立大移行を知ることなく、18年の秋にお亡くなりになった。高坂先生と同じく肝臓がんであった。生前、先生がお好きだった言葉に「ふり返れば未来」というフレーズがある。ご著書のタイトルでもあった。

木村尚三郎の常套句であった「ふりかえれば未来」という言葉は、本学のキャッチフレーズとして使われている。（中略）過去を遠くまで振り返ることができれば、未来もそれだけ遠くまで見渡せるだろう、といった意味である。過去を見つめ、そこから学ぶことによって、未来のあるべき姿がわかってくると言う。（中略）

木村は、この大学は、地域から世界と直結することが大切であると折を見ては話していた。地域とは、私たちが生活している足許でもある。東京を経由しなくても、地域が世界と直結するという新しい大学のあり方を、木村は力説していた。国際化の著しい展開により地域が海外と直結する時代が当たり前となってきた感がある。(中略)

『一〇年史』

木村先生は、学長予定者に決まっていた高坂先生の急逝によって急きょ、就任いただいた。本意とはいえない転身だったのかもしれないが、力を尽くして開学準備に奔走して下さった。

振り返れば幅広い教養人としての人となりは、文化芸術大学を軌道に乗せる最初の学長としてまことにふさわしい方ではなかったかと思う。大学の基礎を作り、そして踏み固めて下さった高坂先生と木村先生、このお二人に対するご恩を私は決して忘れない。

第十章　県政を担う６

芸術文化振興の柱

東静岡大規模再開発プロジェクト

斉藤県政の1期目、いわゆるバブル経済期に企画された県の大規模プロジェクトの一つに「東静岡新都市拠点整備事業」があった。

分割民営化後に国鉄清算事業団が売却することになる東静岡貨物駅・操車場の移転後の土地利用計画で、将来の静岡・清水の合併をにらんで両市のほぼ中間にあるこの一帯を新市の核に再生するという都市拠点形成事業である。

新幹線、東海道線を挟んだ一方の北側に静岡市が、そして南側には県が、それぞれに事業団から用地を取得、両者が共同して推進する「東静岡新都市拠点整備事業総合計画」が策定され、平成2年度に建設大臣の認可を得た。

同時に県と市は、発足した新会社「ＪＲ東海」に対して建設費を地元負担とする請願駅の設置実現を強力に求めた。新駅建設に対して当初、採算面を考慮して極めて慎重姿勢のＪＲだったが、これにより新たな旅客駅の設置計画に着手する。

駅の南北を人工地盤（連絡陸橋）で結び、改札口が2階となる橋上駅舎（東静岡駅）を建設、利用者は150メートルの自由通路により線路をまたいで駅南北の往来が日常的に可能となる。建設費は原則として静岡市の負担である。鉄道用地や民間所有地を含めると86ヘクタールにも上る市街地の大規模再開発がスタートした。

一帯はもともと中小の町工場と住宅が混在する地域で、新たな街づくりが切望されていた。国際化や高度情報社会に備える新都心の核として、新駅を中心に文化施設や商業ビル、高層住宅などが集積するゾーンとして生まれ変わるチャンスと捉えられた。県都が大きく変わろうとしていた。

対象地域86ヘクタールのうち、鉄道用地を除いた県・市用地を含む50・5ヘクタールについては静岡市による東静岡駅周辺土地区画整理事業として計画決定され、平成3年から実施に移された。

この頃、大規模プロジェクトの静岡空港整備など主要6事業について、県議会で斉藤知事は平成10年度までの見通しと断った上で、所要額を2700億円とする事業規模を明らかにしていた。このうち東静岡新都市拠点整備には480億円が見込まれるとした。何にしても大事業である。

グランシップ

いち早く具体化に向けて進んだのが県用地の利用計画で、新駅南口のロータリー予定地を挟んで東側の3・6ヘクタールは県の文化拠点となるホールなどを備えた「県民国際プラザゾーン」として、対する西側2・4ヘクタールは県内のメディアや情報産業の誘致による情報発信基地機能の集積や、民間活力を導入した都市型ホテルの整備を目指す「情報センターゾーン」として全体のグランドデザインが描かれた。

東側の開発の核となる国際プラザの一部と、日本平の丘陵に舞台芸術専用の施設をつくる、というのが文化拠点構想で、「県民国際プラザ」が後のグランシップである。その後に病いで辞任する斉藤氏の跡を継いで、私が知事に就く少し前のことであった。

土地と建物、いわゆる「箱モノ」のプランが練られていく中、県民国際プラザゾーンに求められる機能や内容、規模といったソフト面について具体的な検討が進んだ。

これは斉藤知事のもとで設置された経済界や有識者などで組織する「東静岡都市拠点総合整備委員会」がまとめ、私が知事に就任して間もなくの平成6年3月に基本計画として提言をいただいた。

提言には県民国際プラザの役割として①国際レベルのコンベンションなどが開催可能なイベント機能②本県の文化・芸術活動を創出し、発展させる拠点としての機能③産業・経済など多様な交流を促進するネットワーク機能——などが挙げられ、外観的には新都市拠点の先導的な役割を果たす、大規模で質の高いシンボリックな建物であることが求められていた。

その施設規模は高さが最大60メートル、延べ床面積6万平方メートル、内部主要施設としてイベント主会場の大ホール（4000席、固定2500席）、一般に貸し出し可能な中ホール（1200~1500席）、舞台芸術専用の小ホール（400席）などで、国際会議場や展示ギャラリーなども設けられる。

後に広く愛称を公募して「グランシップ」と名付けられる「県コンベンションアーツセンター」の歴史がここから始まった。

シアター・オリンピックスの誘致

県内の芸術文化振興の柱として演劇や舞踏などの舞台芸術を主要な位置づけとする構想も県民国際プラザの計画とともに進行し、私が知事に着任する頃には急ピッチで具体化していた。県は当時、グランシップを使ったこけら落としともいえる一大イベントに、世界の演出家らが作品を企画、競演する「シアター・オリンピックス」（シアター五輪）の誘致を目論んでいた。

シアター五輪はギリシャの演出家テオドロス・テルゾプロス氏が提唱した演劇の祭典で、世界で活躍する演劇人7人が呼応して国際委員会が発足した。平成11年にアテネで第1回大会が開かれることが決まっていた。その第2回の祭典を本県に誘致しようというのが当局の狙いであった。

8人の委員のうちの一人が早稲田小劇場を仲間とともに立ち上げた創立者の一人で、当時は富山県利賀村に移って演劇集団ＳＣＯＴを率いる鈴木忠志氏だった。清水市の生まれという縁もあって、氏にはその後の本県の芸術文化行政に一方ならぬ協力をいただくことになる。

そんな含みもあって、次回のシアター・オリンピックスの開催地を決める国際委員会が平成3年の夏、清水市で開かれ、本県への誘致が正式に決まった。事前に打ち合わせの会合が設定されており、私は知事に当選した直後のある夜、日本平ホテルで開かれたその会合に出向いた。

テルゾプロス氏をはじめ、出席した委員の皆さんに挨拶し、初めて鈴木氏とも言葉を交わした。芸術・文化を論ずるにはかなり不勉強者である私にとって、なかでも演劇は関心のない分野で、縁遠い存在だった。そんな私が舞台芸術と正面から向き合うことになる最初の日となった。

おぼろげながら出来あがりつつある「コンベンションアーツセンター」の構想に、さらなる肉付けと味付けをする作業が私に委ねられたのである。好きだの嫌いだなど言ってはおれない。

知事として交流を重ねるうち、鈴木氏が日本の演劇界の左翼的体質とは距離を置く、異

シアター・オリンピックス会場視察のため来静した国際委員会委員長のテルゾプロス氏（右）と懇談＝平成 8（1996）年 4 月 30 日、静岡県庁

なる信条の人だということが分かってきた。なにより、知れば知るほど鈴木忠志という演劇人のすごさに気づかされるようになっていった。

彼の演出家としての評価は、伝統的な日本の演劇と西洋の演劇を融合させ、新しい世界を作りあげた点にあるとされる。演者の身体感覚の多様性を重視した独自の訓練法を編み出し、「スズキ・メソッド」として世界の演劇人に広く影響を与えたことで知られていた。

重心を低く保つスリ足の動きを主体に、俳優の身体と呼吸法を徹底して鍛えるトレーニングであり、能や狂言、歌舞伎など日本の伝統劇にルーツを持つものだという。氏が俳優たちと共に起居する合掌造りの「利賀山房」には、その稽古や公演を見に国内はもとより、欧米など各国から多くの演劇人が訪れていた。

ついには利賀村で「世界演劇祭」をスタートさせ、海外から100以上の演劇団体を呼び入れたという。そうした評価は後年、英ケンブリッジ大が編んだ「20世紀の世界を主導した演劇人」シリーズに、欧米人以外で初めて氏が取り上げられたことでも明らかであった。

シリーズはスタニスラフスキー（露）やブレヒト（独）、ピーター・ブルック（英）ら故人を含む21人の業績を一人1巻ずつにまとめる企画で、鈴木氏は18人目。「鈴木忠志の演劇」として刊行された。その創造性と独創性に満ちた舞台演出で、広く国際的評価を得る過程が一冊にまとめられ、氏の芸術性がさらに広く世に紹介されたのだった。

そのように私の中で鈴木氏への理解が進むうち、ある日のNHKテレビにテルゾプロス氏が出演し、インタビューに応えていた。「鈴木の理論に私はひらめくものがあった。それ以後のギリシャ古典劇は、身体感覚を重視する鈴木の演出に大きな影響を受けている」――。要約、そんなことであったと思う。

既にこの時、鈴木氏は世界の演劇界に絶大な影響力を持つ演出家の一人であったのだ。

その人物が清水の出身なのである。文句なく「静岡県の宝」といっていいその御仁が、なんと仲間である現代演劇の大御所たちを引き連れて国際的な演劇の祭典を開くというのである。

「静岡」を世界に発信するに当たって、これ以上の機会はないではないか。そう考えればもはや後ろ向きに構えている時ではない。私はこの舞台芸術振興構想に果敢に取り組む決意を固めた。

劇団SPAC創設

同時にもう一つ注視すべきは「オリンピック後」である。大きな花火を一度打ち上げて、それで終わりでは文化・芸術の振興という目標には遠い。かねてから私は、本県は文化の一大消費県と捉えていた。つまり生産県ではないのである。

音楽も演劇も絵画も、あまねく芸術・文化の日本における生産地、発信地は東京である。静岡からは遠くない。県民はその気になればいつでも東京に出かけてその知的欲求を満たすことができたし、そうしてきた。

それを逆転し、東京に追いつき追い越せ、というわけでは決してない。その圧倒的な差をいくらかでも縮めたいと考えた。東京人が振り向く文化の創出が一分野でもできれば、今度は逆に圧倒的な量の消費者を東京など県外から迎え入れることができる。地元経済への貢献も期待できる。その循環をつくりたかった。

せっかく巨費を投じて造るわけだからグランシップはそのための機能を担うべきだし、巡り合った鈴木氏という稀有な人材にその夢の実現に向けてひと肌脱いでもらうつもりであった。

東静岡都市拠点総合整備委員会の提言にあったように、グランシップを本県の文化・芸術活動を創出、発展させる拠点とするには、前述したような視点と目標が何としても欠かせなかった。準備を重ねて知事就任から2年後の平成7年、舞台芸術活動推進の柱となる組織「財団法人静岡県舞台芸術センター（ＳＰＡＣ）」の設立にこぎつけた。

日本でも初めてといえる文化事業団体で、劇団ＳＰＡＣの運営母体となる法人である。基本財産5億円は県が全額出資し、発足後は企業などに支援を求めてこれを20億円に積み上げる目標を掲げた。理事長には私が就いた。

劇団ＳＰＡＣはグランシップの小ホール（静岡芸術劇場、４００人収容）と、後に日本平・有度山麓に完成する県舞台芸術公園の野外劇場を専用劇場・稽古場とし、日々の鍛錬の成果を国内外に向けて発信する拠点施設となる計画だった。

SPAC 鈴木忠志総監督（左）、NHK 解説委員田村孝子氏（後にグランシップ館長）と＝平成 16（2004）年、県舞台芸術公園「楕円堂」　© 静岡県

俳優や専門技術を持つスタッフは専属とし、その総指揮をとってもらう役割の芸術総監督に、かねてからの方針通り鈴木氏を招いて、ＳＰＡＣの初代総監督に選任した。氏は当時、茨城・水戸芸術館で総監督を務めていたが、市長の交代などあって従前のような活動ができにくい状況下にあったようだ。

鈴木氏がどんな思いで新たな劇団の

創設に関わったのか、静岡にどういう舞台芸術を展開しようと考えたのか。平成11年のグランシップ開館に先立って前年にスタートした同館の定期広報誌「グランシップマガジンG」(県文化財団発行)の創刊号に、鈴木氏の対談記事がある。

打ち解けた雰囲気の中で、インタビュアーが氏の本音を余すところなく聞き出していて面白い。許可を得て一部を抜粋し、紹介する。

(前略)——静岡県と舞台芸術。この関係というか、構想がどんなところに端を発するのか、とても興味があります。

「早い話が文化の面で名物をつくろうということです。だいたい静岡県の名物というのは自分たちの手でつくったものじゃない、自然がくれたものですね。富士山だって、みかんやお茶、駿河湾だってね。でも外国で日本を思い出す時、イメージはほとんど静岡県にあるものなんですね。富士山、お茶、鰻……、みんな静岡県でしょ。静岡は日本を代表するイメージの地ですよ。ところが人工的なものに何があるかといえば、工業製品はあるかもしれないが、文化的なものはない。世界に通用するもの、という意味でね。それでもまあ、浜松には産業と結びついて音楽というものがあり、伊豆も文学の舞台として有名で、流行歌に歌われていたりする。それで県の中部にも何かないかということとなり、ならば舞台芸術ではどうだろうと、私に話が来たんだと思います」

――その頃は水戸芸術館の芸術総監督でいらした。地方行政と四つに組んだ文化改革ということで注目されていました。

「そうです。水戸がなぜ有名になったかというと、文化施設にソフトをつけたからなんです。劇団と室内交響楽団というソフトを創った。それで市の年間予算の1%をここに使おうとなった。これはね、議会がよほど理解しないとできない。戦争で京都が爆撃されなかったのは、そこに世界に通ずる文化遺産たるものがあったからだ、という人がいますが、私もそう思うんです。それが文化というもののチカラです。水戸を日本のウィーンにしたいと、当時の市長さんは考えていたんです。その辺りがハッキリとしてましたから、私はやらせてもらったわけです」

――それで次はゆかりのある本県で、ということでしょうか。

「別に故郷だから、ということではないんです。文化の大事な部分を担い、夢のある仕事だったら辺地だろうがどこだろうがいいんですよ。今、自分がやっていることの質を下げない、そういう環境が確保されるかどうかが問題なのであって、あとはどうでもいいんです。ですから、人里離れた場所であってもいいから集団の活動拠点を造ってほしいということは申し上げたんです。そしたら、恐らく行政史上に珍しいぐらいの早さで施設ができた。もともと静岡県の民度は高いですから、理解されやすい土壌ではあったと思いますが、それにしても早かった。もう、東京市場との仲介役のプロデューサーは要らない、地域を理解しそこに根付いてくれるプロデューサーが一つの文化的方針を持って事業を進めて行くべきだ、と言ってくれた方もいました。静岡県にはオリジナルのソフトが必要なんだと。そういう言葉を聞かなければ、静岡に来ることはなかったかもしれません」

――そのオリジナルなソフトというのが、SPACなんですね。

「大きな会館があって、その館長になってくれ、なんていうのが普通のカタチとしてあったりしますよね。でも、それは私の役割ではないんです。私は芸術家だし、実際に行動する人間ですから。それでまず、事業集団をつくらせてほしい、といったんです。優秀な人間のグループ、プロの芸術集団ですね、それをつくる権限と予算が保証されないと困るんです。この事業集団は基本的には演劇ですけども、将来的にはオペラもダンスも、シンフォニーも加えて総合舞台芸術集団にすればいいと思っているんですけどね。とにかく制度改革や文化振興というのは未来を考えてやるものですから、優秀な人間がいて、何年もかけて実現するという覚悟がなくてはできません。ある意味で精神のベンチャービジネスですね、これは。非常に情熱を持った人、まあ吉田松陰みたいな人でもいいんですよ。山口の萩の方で塾を開いているみたいな……。そういう連中がまず、中核にいるということが重要なんです」

――芸術家として、時に行政との関わりから解き放たれたい、とお思いになることはありませんか。

「もちろん、あります。ある面、杓子定規で夢がなさ過ぎますからね。一生こんなことはやれないな、と思うことはあります。でも今は違います。今の目標は文化によって県民の生活を少しでも豊かにすることです。自分のふるさとには富士山やお茶以外にこんなにすごいものがあると、誇りに思ってもらえるものを創るという大きな夢があるわけですから。若いころは自分のことしか考えられないけれど、ある所まで来ると、少しでもいい環境を後の世代のためにつくらなきゃいけないと考えるようになる。社会的地位や影響力を持つようになると、その人にとっては当然のこととなります。煩わしいことですが、だからといって自分だけ澄んだ心境でいる、というわけにはいかない。なぜなら演劇は集団芸術だからです。ある場所を占拠して何百人、観客も含めれば場合によっては何万人という人を動かすんです。このＳＰＡＣの設立にしても何人の人が苦労したかわからない。人と人が接触する一種の社会活動であり、そこには責任というものが発生する。目標達成までの過程には失敗やトラブルがあるでしょうが、にもかかわらず目的のために情熱をかけて成功させるという強い決意と覚悟を持ち続けなければなりません。それができない人は行政とは組まない方がいいんです。民間と違って制約の多い世界ですからね」

——演劇一筋に40年。舞台芸術を創造していく醍醐味はどこにあるとお考えですか。

「演劇は身体を動かしたり、鍛錬したりという動物的なエネルギーを楽しむ知的なレジャーなんですね。知的というのは人間について考えたり、他人を観察して生き方についての考察を深める、というのかな。演劇には『人間についての発見』を競っているところがあって、それはスポーツのように勝ち負けではなくて、個人のかけがえのないユニークさの発見なんです。例えば木を評価するには枝ぶりがユニークだとか、ユニークな花を咲かせるだとか、そんな風に見るのです。建築資材としての評価とはまったく異なる見方なわけです。一つの物差しで測れるような画一的なものではないんですね。そのように人間を見る、ということが実はとても知的な作業なんです。そういうかけがえのないユニークさが集まって森を形成している。それが舞台芸術、集団の事業というものであり、そうした発見の一つ一つが素晴らしく、また面白いのだと思っているんです」

（後略）

「静岡の地に新たな舞台芸術の花を咲かせたい」と奮い立つ、鈴木氏の決意が伝わってくる対談である。「芝居は作品と人と劇場」というのが氏の哲学だったように思う。「演劇が愛されるにはまずは作品、そして劇場、さらにそこに働く人々、これらのすべてが魅力的でなければならない」と話していたことを思い出す。

舞台芸術を通じて静岡を世界に発信

シアター五輪の開催に向けて、ハード・ソフトの両面で整備の進むグランシップだが、順風満帆というわけではなかった。公立の劇団をつくって俳優や技術者などのスタッフを専属で抱え、さらに専用劇場で作品の創作・上演や人材の育成、そして舞台芸術の国際交流まで目ざすという先進的な試みである。

公共機関としては国内でも初めてといっていい大胆な取り組みに、批判や懸念の声が寄せられた。ある意味当然であろう。しかも、その事業を芸術的観点から企画、指揮する総監督に一人の演出家を充て、一定の人事権と予算の編成執行権を与えるのである。すぐに理解を得られるはずもなかった。ここは丁寧に説明し、単なる箱モノ行政ではないことを知ってもらい、納得を求めるしかなかった。

行政が「文化」にカネをかけるのは難しい。姿の見えない「ユメ」を、形あるものに説明し、賛同を得なければならない。しかも原資は税金である。センター設立の発起人会でも早速に、「県が運営する以上、バランスのとれた文化行政であるべきだ」という意見が出た。まさに「正論」である。しかし正論だけでは「ユメ」の実現はおぼつかない。

県議会の野党筋からは、「県内の市民劇団などが、静岡の演劇が舞台芸術センターに一本化されてしまうのではないか……という懸念を持っている」と伝えられた。私は「SPACの活動はセンターの運営の主力になるが、一方で県内の劇団や芸術家の要望を受け止める理解者としての役割も期待している」と、見解を述べた。

一方、バブル崩壊後の財政危機下にあって財源不足を問題にする議会からはさらに「行政にスリム化が求められる時に、これでは逆行ではないか」と批判された。これに対しても「舞台芸術への支出は、静岡を文化の生産地とするためのインフラ投資だとお考えいただきたい」と持論を展開し、協力を求めた。

こんな具合に説明と説得を重ね、最終的には理解をいただいた。私にも、知事選の公約として「斉藤県政の継承」を掲げ、有権者に披露した手前がある。後へは引けない思いがあった。後になって考えると、当時の私の言葉にいささかでも説得力があったとするならば、それは一にかかって私の「キャラクター」のなせる業だったということに尽きる。

つまり演劇はもとより文化・芸術全般についてさほどの関心も持たず、自他ともに認める「文化オンチ」であったが故に、私に対しては当時、「自分の好きな道だから夢中になっている」という人格批判は当たらなかったし、事実なかった。それだけ私の「オンチ度」は知れ渡っていたのだ。

知事に限らず、世の首長さんらに時折、自らの興味と関心で政策を誘導して非難の的となるケースが見受けられる。県内でも過去に散見された。そんなことだけは避けたい、と私は常々心に誓っていたのだ。

この場合、私にとって重要な政策目標は静岡の「ブランド力」の強力な発信であり、それを「文化力」のアップによって牽引し、実現に向けていくという戦略なのである。援軍は鈴木氏と、各国に散らばる彼の仲間たちだ。

彼らがまさに「静岡」を世界に発信する役割を担うキーマンなのである。考えてみてほしい。ある夜、アテネの古代遺跡で開かれている「ギリシャ悲劇」の舞台——。その観覧席で、あるいは幕間の休憩で「シ・ズ・オ・カ」などと、見も知らぬ異国の都市の名が飛び交うかもしれないのだ。

「ニッポン」とか「トウキョー」ではない。ヨーロッパ各地から観劇に訪れた人々にとって初めて耳にする日本の地名であり、やがてはそれが舞台芸術の新たな「聖地」として認知され、名だたる富士山の眺望とともに永く記憶に留めてもらえるかもしれないのである。ワクワクするではないか。

そんな機会は、ただ座しているだけではやって来ない。本県の舞台芸術活動の拠点として、第2回シアター五輪の主会場として、そして県都のコンベンションホールとして、多目的な機能を期待される「グランシップ」はこうして5年の歳月、502億円の費用をかけて平成11年3月に開館した。

高さ60メートル、全長200メートルを超える大きな建築物は、一足早く前年の10月に開業した東海道線の新駅「JR東静岡駅」と並んで、東静岡再開発の先駆けとなった。

巨大船舶を模したとされる建物は、京都コンサートホールやロサンゼルス現代美術館など国内外の作品で知られる建築家・磯崎新氏のデザイン。まさに新都心のシンボルとなるであろう圧倒的な存在感で、開発途中の国鉄跡地にそびえ立った。「すぐ隣を走り抜ける新幹線に対して流線型で呼応する建物」と、氏は完成後のインタビューに答えている。この数年後、まさに予期せぬ出来事であったが、ランドマークとして市民の期待を集めるそのビルが外壁の剥落事故でひと騒動を引き起こすことになるなど、当時は思いもよらないことだった。

グランシップのこけら落とし事業として計画通り4月からほぼ2カ月間、本県に誘致した「第2回シアター五輪」が開かれた。日本初開催の国際舞台芸術の祭典である。「希望への貌(かたち)」をテーマに、20カ国の舞台芸術団体が演劇やオペラ、ダンスなどほぼ本邦初演の42作品を上演する計画だった。

来静した世界の芸術家は「ハムレット」を一人芝居で演ずる米の演出家兼俳優、ロバート・ウィルソンや、ロシアのY・リュビーモフ、仏のG・ラヴォーダンなど演劇ファンにとっては必見とされる舞台人ばかりである。会場はグランシップの各ホールのほか、舞台芸術公園の野外劇場やホール、さらには県内の13市町でも公演が予定されていた。

開催に先立って私は鈴木、テルゾプロスの両氏とともに合同の記者会見に臨んだ。チケットの販売は好調で、既に9割以上がさばけていた。当時の新聞報道をみると、私は「この祭典を県の舞台芸術振興や文化をベースにした地域活力の向上に結び付けていきたい」と、いささか力の入った挨拶をしている。

日ごろから「舞台芸術は人々が平和に生きるために欠かせない文化である」と説く鈴木氏も、「こうした公演を東京でなく地方でやるというのが重要なことで、意義深い」と、改めて力説していた。

初日の「シラノ・ド・ベルジュラック」（鈴木忠志演出）など3公演を皮切りに、大型連休や梅雨入りをはさんで6月13日まで、グランシップをメーン会場に県内各地で開かれた舞台芸術の祭典は大きな反響を呼んだ。

どの会場も客席は演劇ファンにとどまらず、県内外から訪れた観客で埋まり、俳優の真剣な演技に拍手と「ブラボー」の喝采が止まなかった。期間中の観客は6万人を超えた。追加公演も行われた。予想以上の盛り上がりに「祭典は成功だ」と、私はひいき目なく思った。

舞台芸術の種を根付かせる

閉幕後の記者会見で、シアター五輪国際委員会のテルゾプロス委員長は「多くの観客を目の当たりにして、人々が生活の質的向上を強く目指していることを感じた」と述べ、芸術が社会に及ぼす意義を強調した。

祭典で蒔かれた舞台芸術の種を、静岡の地にどう根付かせ花咲かせるか。これからが勝負であった。そこで私は、規模はともかく国際的な演劇祭を毎年開いていくプランを事務方に検討させた。祭りは継続することで定着する。それが翌年から始まった「SHIZUOKA春の芸術祭」である。

この年は9カ国から16作品が参加、県内で延べ47公演を行った。名称は改まったが、現在も「ふじのくに⇄せかい演劇祭」として毎年、国や地域を越えてアーチストと観客が静岡の地で交流している。

一方でSPACは人材不足が指摘される演劇人の養成を目指し、全国から研修生を募る独自の教育制度をスタートさせた。舞台芸術公園の野外劇場や各施設を使って2年間、「スズキ・メソッド」による身体訓練を中心に演出、演技、技術など舞台芸術全般を教育するシステムである。

優秀な研修生は2年後にSPACの俳優や演出担当の専門スタッフとして採用の道が開かれる。「月謝なし、月額15万円の研修費支給」という破格の条件も魅力で、初年度は3倍の難関を突破した14人が一期生の栄に浴した。

グランシップは期待通りに船出した。巨額の費用をかけた大型施設に県民の評価は分かれたが、利用状況をみてもまずまずの滑り出しだった。翌年の年明け早々、新聞社の年頭インタビューに私はこんな風に答えている。

「グランシップはこれまで県内ではできなかった大型イベントの開催が可能で、昨年の開館以来、百万人の入場者を記録した。手応えを感じている。コンベンション機能は、これからの都市に求められる条件の一つであり、グランシップはその切り札になったと評価できる」――。

このように中核施設の一つであるグランシップこそオープンしたものの、一方で東静岡新都市拠点事業の全体は遅々として進んでいなかった。静岡市が実施する区画整理事業の進ちょくはこの時点で30パーセントにも達していなかった。東静岡駅南口の駅頭から眺めると、旧国鉄用地に建つのはグランシップのみで、あとはさら地と駐車場の広がる野原が続いていた。一帯の再開発事業の遅れは明らかだった。

民間活力の導入を主体に整備する駅南の県有地「情報センターゾーン」は、NHKをはじめとする県内メディアの賛同を得ることができず、現在に至るまでグランシップ駐車場として暫定利用が続いている。

多目的アリーナの整備を想定した駅北の静岡市有地はその後、合併後の新庁舎用地とする構想が浮かんだが、新市の誕生後にとん挫してしまった。県有地、私有地ともに構想はいくつか提案されるのだが、バブル崩壊後の景気低迷なども重なって実現には至っていない。

その後、老朽化で早急な改善が望まれていた県立中央図書館の全館移転構想が具体化し、令和5年夏には基本設計案が議会に示された。グランシップ駐車場として利用中の駅南県有地に令和9年を目ざし、蔵書80万冊という国内有数規模の公共図書館をオープンするという。

一方、駅北の市有地で静岡市が進めるアリーナ構想も再び動き始めた。スポーツと音楽イベントに供用する5千人～1万人規模の大型アリーナとして、やはり令和5年、有識者らによる検討委員会によって誘致の方針がまとめられた。

第十一章　県政を担う7

文化イベント

日本文学翻訳コンクール

静岡人はお国自慢が下手だ、という私の思いは以前にも述べた。シャイなのか、それとも思慮深いというか、静岡県民が郷土の産物などを声高に自慢したり、あるいは県にゆかりの偉人たちの存在を誇らしげに語るのをとんと聞いたことがない。

品がよろしく奥床しいのは結構なことである。だが、もっと生身の人間の心情をむき出しにして主張することがあってもいいと思う。

在職中は国内各地、各方面に出かけた。当然、彼の地の方々と話す機会も多くなる。行った先々で遠慮のない郷土自慢を聞かされたりして、その圧倒的な熱量にしばし気押される思いをした。

そうした体験を重ねるうち、静岡人の慎み深さなどもはや時代遅れではないかと思えてきた。この競争の時代、「押しつけがましいのでは……」などと遠慮せず、あるいは「図々しい」という評価など意に介せず、人前で堂々とお国自慢ぐらいしてもいいのではないか。

誇れるものは隠す必要などないのだ。

最近、テレビのローカル番組を見ていて「シビック・プライド」なる言葉を知った。「都市に対する市民の誇り」などと訳され、近年注目される概念であるらしい。「郷土愛」というより、後々に移り住んだ地域も含めて今を暮らす「我が町」により深く密着し、地域活動などを通じて体得した誇りや愛着、つまりは「地元愛」のことを指すようだ。地域を育み、行動する積極的な市民感情の発露といえるだろうか。知事在任中の当時を振り返って「なるほど」と、膝を打つ思いだった。

知事就任一期目も半ばを過ぎようとする頃のことである。教育委員会が芸術・文化施策の一つとして「伊豆文学フェスティバル」の開催を起案し、三島出身の詩人、大岡信氏とお会いする機会ができた。文学フェスは「日本文学翻訳コンクール」の創設を目玉事業とし、教委は大岡氏に企画を含めてその相談をお願いする腹づもりであった。

後に文化勲章をお受けになる大岡氏は、このころすでに詩作や評論など多彩な文学活動を通じて活躍される国際詩人であり、まさに我々県民が誇るべき文化人のお一人であった。芸術・文化にはまったく疎い私だが、アジアや欧米の詩人、文学者を巻き込んで「連詩」

という新たな表現法と取り組む氏の存在は、刮目すべき同郷人としてお名前だけは存じ上げていた。

私より9歳年長である。旧制沼津中から一高、東大国文科に進み、当時から学生詩人として注目を浴びていた。昭和28年に東大を卒業、読売新聞外報部に勤務の傍ら、詩誌「櫂」の同人となられる。その後のご活躍は朝日新聞紙上への「折々のうた」連載などを通じて、一般の方にもおなじみの存在であろう。

そのころの私は日本文化の国際交流、というより日本文化の海外への発信力強化という側面で何かできることはないか、地方として果たす役割はないものだろうか、などと考えていた。

経済で一流国に成長した結果、日本製品のブランドは世界に冠たるものとなった。日本の輸出品に多くの国が信頼を寄せ、その技術をこぞって賞賛した。その反面、文化の発信力は残念ながら極めて弱く、か細い。とりわけ文学の面では明らかにわが国の一方的「輸入超過」が続いており、日本文学が海外の人々に広く理解されているという状況にはほど遠かった。

大きな理由に日本語の孤立性があるのは言うまでもない。日本語は地球上の少数言語であるゆえ、世界の人々にとってその存在は極めて遠い。外国人が覚えるにはまことに難しい言語だ。いわゆる「言葉の壁」である。この壁を何とか乗り越えられないものか。

答えは一つ、優れた翻訳者を育成して世に送り出すしかない。各国語の若手翻訳家を養成して日本語、日本文学に秘められた比類なき日本人の感性、心情を母国語で表現していただき、お国の人々に理解してもらうしか方法はないのである。

それは世界の指導国家としての道を歩み始めた日本が、国際貢献という高い目標を掲げて文化交流を率先するために避けては通れない責任であり、義務ではないか。世界に向けて「日本固有の文化」を発信するには、日本人の文化や価値観を伝える日本文学を外国語に翻訳し紹介することが極めて有効である、と私は考えた。

そんなことは国のやる仕事ではないか、という意見はあろう。それも一理ある。だが、静岡県は井上靖や芹沢光治良、小川国夫など著名な作家、表現者を輩出し、伊豆は数多くの作品の舞台に取り上げられるほどに文学と深い関わりのある地である。本県が国に先駆けてこの事業に取り組むのは故ないことではあるまい。

その総指揮を今や世界に名だたる大岡氏に執っていただこうというのである。ドナルド・キーン氏をはじめ、大岡氏の持つ国内外のネットワークをフルに活用していただき、この翻訳コンクールを何とか軌道に乗せたいと思った。

生まれ故郷である静岡県の願いをかなえるために一汗も二汗も、いや三汗も四汗もかいていただきたいという、まことに手前勝手な申し出である。「ふるさと」というご縁だけを頼りの遠慮なしのお願いであった。

気難しい文学者を想像し、初対面では私はかなり緊張していた。だが、何度かお目にかかるうちに氏の気さくで心優しいお人柄にすっかり魅せられた。

コンクールの開催が現実となり、各国に向けて作品の応募を始めようとするころ、県の広報誌「躍進静岡ＶＯＬ16」が二人の対談を企画した。大岡氏の文学観、芸術観をじっくりとうかがうことができて有意義な対談であった。主要な部分を要約、転載する。

対談「文学と地域の、新しい可能性」

文学を通して静岡県を、そして日本を知ってほしい。地域と文学の関わりによって新しいコミュニケーションが生まれ、世界の人々の「言葉」がさらに輝きはじめる。

▽憧れの強さが文学を生む。

石川　先生はいつごろから言葉や文学に興味をお持ちになったのでしょうか。

大岡　僕の親父は大岡博といって歌人で教育者でもありました。短歌雑誌をずっと主宰していましたが、その関係で私が物心ついたころには親父のお弟子さんに囲まれていましてね。そんな人たちの間にいて、人間は言葉を書いて読んで批判するっていうことが当たり前だと思っていました。

石川　県の東部は井上靖さんや芹沢光治良さんなど、これまでも文学者を輩出しています。その地域の風土の影響というのはやはりあるのでしょうか。先生の詩の中に「眺望は人を養う」というくだりがありますが……。

大岡　眺望が良いということはとても大事なことだと思います。当代一流の文学者や絵描きたちも随分、天城山に行っています。伊豆は皆が集まっては散っていくというような、流行の集散する場所だと言えます。また、沼津は伊豆の玄関口であり、我々の感覚の中では大都会でした。その都会に対するあこがれが伊豆近辺に生まれ育った人間にはあると思います。芹沢光治良さんにも井上靖さんにも大都会である沼津へ行くことに憧れを抱く思いがあり、文学を生み出すにはそれはとても必要なのではないでしょうか。僕は三島の出身ですが、やはり沼津へ出ていくのは大変眩しいことのような気がしたものです。

石川　それは是非、沼津の人たちに聞いていただきたいお話です。ところで今回、先生のご賛同とご指導で、「伊豆文学フェスティバル」をスタートするため準備を進めておりますが、そのメーンのプログラムが評論を含めた日本文学の翻訳コンクールです。日本が今、最も必要とするのは何かと考えた時、世界に日本を知ってもらうことなのではないか、と思ったからです。今、一番欠けているのは、日本を海外に知ってもらう努力ではないかと。でも、そこには言葉の壁がある。そこで翻訳コンクールの開催により日本をより広く知ってもらおうと考えたわけです。

大岡　県の方々にお聞きした時、とても無理なお話だと思いました。これは県のレベルの問題ではなくて、日本を代表する形でないとインパクトはあり得ない。でも、もし静岡県が初めから日本を代表する世界の静岡県であるという心構えであるなら、僕はやろうと思いました。そしてドナルド・キーンさんに審査委員長をお願いしたいと、手短かに用件を伝えたら彼は興奮して二つ返事で引き受けて下さったのです。日本語を外国語に翻訳するというのはかなり大変なことで、そんな難しいことをやる若手は世界にも非常に少ない。それだけでは食うことができないからです。ですから優秀な日本文学の翻訳者たちを育てて、一年ぐらい日本で悠々と暮らし、仕事に就いて、最後には何らかの成果がある、というような形になるようにコンクールをもっていきたいと僕は考えたわけです。(中略)

▽日本語は論理的な言語。

石川　先生は言語を厳密に追求する、論理に明快な方だとうかがっています。私には文学に携わる方には論理超越的なイメージがありました。詩を書く方はやはり言葉に厳密で、といったところがおありになるのでしょうか。

大岡　詩というのはなんとなく曖昧なもの、という感じがありますが、それを破りたいと思っています。言葉を扱う仕事の分野で、最も緻密に言葉を使うのが詩である、というのが僕の信念です。学生のころから詩をフランス語などに翻訳していて、その度に翻訳できないようなものは一切書きたくない、と思っていました。翻訳できないということはつまり、日本語としてすでに曖昧だから翻訳できないのです。ですから、外国語に翻訳できないような日本語を書くのは恥だ、という気持ちが私にはあります。

石川　昔から日本語は曖昧だ、と言われています。その通りなのでしょうか。

大岡　（前略）「文学の言葉は面倒くさい。ああいった訳のわからないものはなるべくなら避けておこう」という気持ちが一般的にあったのは事実です。その気持ちはわかりますが、だからこそ文学の言葉というものをきちんと見てみたらどうですか、と私は言いたいのです。日本語は非論理性とはまったく反対で、論理的だと私は思います。みなさん、きちんと言葉を使っていないんですよ。一番いい加減に使っている例が単語の音読みです。「粛粛と」とはどういう意味かと、使っている人に聞いても分からないという人が多い。訓読みは意味を伝えますが、音読みは音しか伝えないからです。「粛粛と」と同じ言葉を訓読みの別の文字で表現してくれ、と言うと苦しむことになります。なぜなら意味を知らないからです。そんな例がたくさんあるんですよ。

石川 最近、貿易摩擦問題などで日本特殊論という言われ方がされます。日本人のものの考え方、感性、思想などについて私たちの発信が十分でないため、それが特殊だ、というレッテルを張られて海外では受け取られています。ですが、私は特殊と個性とは違うのだと思っています。それぞれの国の文化なり民族性は、むしろ個性という言葉で表現されるべきです。(中略)先生の連詩の場面を直接拝見したことはないのですが、連詩は日本の文学の歴史の中で生まれてきた一種の個性なのでしょうか。

大岡 そうですね。連詩は日本の文学の大切な個性だと思います。連詩ではお互いがつくる詩を、参加するみんなが理解し合っていることが大事なのですが、それぞれの人がつくる詩はまったく個性的であり、また個性的であればあるほどいいわけです。自分とは違うところから発想していて、しかもみんなに分かる普遍的な言葉になっているということになれば、個性的であるが故に同時に普遍的なんですね。連詩の場というのは緊張の極みの場であって、同時にそれぞれが尊敬しあえるものになっていないと駄目なんです。21世紀の世界においては、そのような関係が非常に理想的なものとして考えられてくるのではないかと思います。今回開催される翻訳コンクールの意味もそこにあるということです。

石川　一つの言葉に対するイメージが、国それぞれの文化によって多少なりとも違うということがありますが、連詩ではその辺りはどうでしょうか。

大岡　言葉はその国によってイメージが違いますが、ふだんから知っている素材と見慣れない素材があるという、それだけの違いです。しかし、言葉として表現されればその瞬間に理解できる。「俺の詩に対してこの人はこういう詩をつけたのか」とわかります。そのつけ方が非常に独特で、例えば「なるほど南米ペルーの人だったら、こんなふうにつけてくるのもわかるな」と思うんです。そうすると今度はそこに、こちらは日本人として、日本の風土独特の言葉で詩をつけるわけです。

石川　お話をうかがってますます翻訳コンクールの開催に意味がある、ということが理解できます。これからは若い人たちや子供の教育の場面で、日本語を大切にするきっかけとして詩を書かせることが有効になっていくかもしれませんね。

大岡　子供はそういう意味では非常に天才的です。僕が「折々のうた」などで取り上げてから子供の俳句がかなり有名になりました。全世界の子供たちが俳句を作って応募するという催しがあります。五七五に近いリズムで、それぞれの国の言葉で俳句を作るのですが、言語の数は19もあり、2回目は7万首もの応募がありました。中にはすごく洒落たうまい作品があって、「俳句は日本人のものだ」なんて、とんでもないと思いましたね。(中略)

石川　ところで、先生が現代詩を生み出すきっかけとか誘因というのはどこにおありになるのですか。

大岡　僕が詩を書き始めたのはちょうど50年前の敗戦の年です。きっかけとして大きかったのはやはり、僕らは死ぬつもりだったということ。それが突然、生きていいってことになって8月15日は私にとって大変な転機でした。これからどうやって生きていこうかとなった時に、友達3人が「お前も一緒に詩を書いて雑誌を出そう」と言っ

たことがきっかけで、詩の世界に入りました。ですから第二次世界大戦は私にとって非常に大きな問題なのです。（中略）

▽世界から、人が静岡へ。

石川　翻訳コンクールをメーンとした「伊豆文学フェスティバル」の開催は、これからの地域をいかに活力あるものにしていくか、ということを考えた結果です。単に経済的というだけではなく、そこに住む人の精神生活をどう豊かにしていくかを追求していきたい、ということなのです。本県の東部地域が多くの文学者を輩出したこと、さらにたくさんの文学者が訪ねてきて、そこを舞台に数多くの作品が生み出された、という事実をきっかけとして考えられました。（中略）

本県の歴史を考えますと、日本列島の中央に位置し交通の要衝にあることから、我々の先祖は美術や音楽などの文化を享受し、楽しむことができたと思います。ところが、そうした文化的な資質を持った人たちはみんな、外へ行って活動してしまった、という事実があるわけです。これからは静岡県を、将来的に文化活動の舞台にできないかと考えているんです。

大岡　おっしゃる通り静岡県は本邦の中央にあり、司馬遼太郎さんは「静岡は素晴らしい文化があるところだ。言葉も日本の標準的な地域だ」と言っておられます。中央にあるということには利点と欠点がありますが、利点としては東西南北、絶えず人が行き来するということ。知事がおっしゃったなかで大切な点だと思うのは、遠江と駿河と伊豆があり、それら三つの地域の特性が非常に大切ですから、うまく組み合わせて一つの固まりをつくるようになったら素晴らしいということです。例えばパリがまさにそうで19世紀以来、世界の文化の中心になっていますね。何故かというと、あそこは人が集まって集散する土地だったからです。静岡は全体としてはパリのようなところになればいいと思います。

石川　大変いいヒントをいただきました。世界の文化やいろいろなものが栄えたところには地元の人だけではなく、世界中から人が集まってくる。そういった場所でなければ本当には栄えていかないと、私も強く思います。

大岡　そういう意味では、静岡県は非常に可能性があると思います。人が良くて温かい。それは県として豊かだからです。外から人が来ても受け入れていく空気がありますからね。

石川　本日は本当にたくさんのお話をいただきまして、ありがとうございました。

多くの文学作品の舞台となった伊豆は、そのことがこの地に生きる人々の誇りともなっている。文学をキーワードに、観光振興も視野に入れたさらなる地域活性化を目ざそうというのが「伊豆文学フェスティバル」の開催意図で、伊豆を中心に県東部20市町村で関連の事業を展開する計画であった。

企画の出発点というか、フェスティバルの柱となる翻訳コンクールで、大岡氏には企画委員長をお引き受けいただいた。さらに氏の計らいにより、審査委員長として米コロンビア大名誉教授ドナルド・キーン氏のご登壇が実現した。まさかと思っていた願いがかなって、私も事務局職員も小躍りする思いだった。

大岡氏は精力的に企画アイデアを提示して下さった。背中を押されるようにしてスタッフは欧米をはじめ東南アジア各国を訪問、大学や日本語学校の門をたたいて、翻訳コンクールへの応募をお願いして回った。

こうした準備の末に翻訳コンクールは平成9年秋、「伊豆文学フェスティバル」のメーン事業として第一回の幕を開けた。若手翻訳家の育成を狙いとしたコンクールには世界21カ国から104人が応募し、英・仏いずれかの言語で小説、評論の翻訳能力を競った。事前の問い合わせは650件を超えたそうで、初回から大きな反響を呼んだことにスタッフ一同胸をなでおろしたものだ。

コンクールで最優秀賞に輝いた米国人男性とフランス女性には賞金100万円と、1年間の日本留学助成金、さらには熱海市で開催する表彰式の招待状が送られた。その後、大会の上位入賞者による「しずおか世界翻訳者ネットワーク」が設立され、ドナルド・キーン財団（ニューヨーク）の全面支援による「優秀翻訳者認定証」が発行されるなど、回を重ねるごとにその存在は世界に認知されていった。

文化事業として軌道に乗ったが、日本文学を世界に紹介するため、翻訳者を養成するなどという息の長い仕事は県独自の取り組みではやはり限界がある。そんな時、高校時代を静岡で過ごしたという本県ゆかりの遠山敦子文化庁長官にお目にかかった。

翻訳コンクールに話が及ぶと、遠山長官は「こんなに意義のある事業は国でやるべきよね」と率直であった。思いは後任の長官に受け継がれたらしく、文化庁は平成21年度予算で現代日本文学翻訳・普及事業として翻訳者育成事業を盛り込んだ。

夢を持って進めた本県の施策が、国の事業として結実したのである。これにより隔年に開催していた「しずおか世界翻訳コンクール」は、平成21年の第7回をもって終了し、国に継承された。

この年、県庁の年頭訓示で私は「錯誤を恐れて試行を躊躇するなかれ」と幹部職員に呼び掛けた。物ごとに失敗はつきものだが、それを恐れていては前には進まない。積極果敢な精神はどんな職場においても忘れてほしくない。翻訳コンクール開催の体験は、我々に日々の業務の取り組みに対する大切な視点を改めて教えてくれた。

という点で私には忘れ難い思い出なのだが、この話には後日譚がある。せっかく国の事業として再スタートを切るはずのコンクールだったが、政界再編という大波が行く手を阻み、事業そのものが消滅してしまったのだ。

この年、平成21年夏。麻生政権は折からのリーマンショックへの対応で任期満了寸前にまで追い込まれて解散。総選挙では300議席を超えた民主党に大敗を喫し、自民党は2度目の野党転落となってしまった。

翌22年度の予算編成に当たって鳩山新内閣が導入した新手の手法が行政刷新会議による事業仕分けである。予算執行の省庁側と、事業仕分け人による事業採択の適否をめぐる激しいやりとりが国民の大きな関心を集めた。

詳しくは定かでないが、文化庁所管の翻訳者育成事業もこうしたプロセスを踏んだ結果として存続が認められなかったようだ。残念だが、致し方ない。

ただ、最近になって文化庁のHPで現代日本翻訳・普及事業という国際文化交流の施策があるのを知った。「翻訳者育成事業」というタイトルがつき、既に数年間の開催実績がある。日本人に交じって多くの外国人が受賞者に名を連ねており、私どもが手がけた翻訳コンクールと似た形態のようである。どっこい、こんなところで生きていたのかい、と感慨新たなものがあった。

連詩を静岡県の文化に

日本文学を様々な言語で紹介し、わが国の文化を世界中の人々に理解してもらうという「翻訳者育成事業」は夢半ばで我々の手を離れてしまった。だが、私は大岡氏とのご縁を諦める気はまったくなかった。

これだけのお人を、そして郷土の誇りというべきお方を、まだまだ手放すわけにはいかない。本県のためにもうひと働きしていただきたい。そういう思いがさらに一層強まった。ヒントは氏との対談にある。

大岡氏は「人は集まっては別れ、また集まる。そこに文化が生まれる。それがパリだ」とおっしゃった。人の集散が文化を育むエネルギーなのである。静岡は日本の地方の中でそんな可能性を秘めた地だ、ともご指摘いただいた。

ならばやるしかない。氏が専門とする詩の分野で静岡を世界にアピールする文芸文化イベントを作ろう、そう考えれば私にはもう連詩しか思い浮かばなかった。「連詩の会」を継続的に静岡の地で開催し、これを静岡県の文化として根づかせたい。そう考えた。当初は渋っていた大岡氏を、私は臆面もなく懸命に説き続けた。ようやく開催にこぎつけたのが平成11年の秋深まった10月の末である。県と県文化財団が主催、これに静岡新聞・静岡放送が共催として加わり、地味な文化催事を渾身の報道で盛り上げて下さった。

連詩は連歌、連句という集団制作の伝統を引き継ぐ現代詩の創作行為である。宗祇、そして島田生まれの宗長という連歌師の系譜と足跡を聞けば、駿府はまことに連詩に縁の深い地であると知る。その伝統の地で、「しずおか連詩の会」は静岡の秋を彩る香り高い文芸イベントとして回を重ね、令和４年の晩秋、23年の歴史を刻んだ。

複数の詩人が集い、前者の作品の意味や言葉を書き継いで5行、3行の短い詩をリレーでつくり上げていく。東京・調布の行きつけの蕎麦屋の2階で仲間と連句に取り組んでいた大岡氏が昭和46年末、谷川俊太郎氏ら詩誌「櫂」の同人と京都に集まって連詩を巻いたのがそもそもの始まりと、著書「連詩の愉しみ」にある。

早くから海外の詩人と交流を重ね、欧米に連詩を広めたことも大岡氏の功績である。のびやかで形式にとらわれない創造行為は言語を超えて各国の詩人の間に支持され、「Renshi」は新しい文芸として評価を得ていった。

歴史的な第一回の「しずおか連詩の会」にはドイツから2人の詩人が招かれ、大岡、谷川、高橋順子氏の3人を加えた日独の5人が2人の通訳とともに3日間、日本平のホテルに籠って40編の詩を創作した。

創作の様子は報道陣にのみ公開だが、作品が完成すると観客の前で発表会を開いた。参加者全員が壇上のテーブルに並んで自分の担当した部分を朗読し、披露した。前の順番の作品をどう受け止め、自作とどう折り合いをつけたかなど、制作の過程やその間の苦闘、緊迫したやりとりなどをユーモラスに告白する作家もいて、時に会場は爆笑に包まれた。

観客にはこたえられない体験のようで、発表会は回を追うごとに好評を博した。こうした運営の方式は伝統となって続いた。「さばき手」である宗匠役の大岡氏は作品のすべてを毛筆で巻紙にしたため毎回、会場に展示した。これもファンにはたまらない魅力となったようだ。

大岡氏が提唱した「連詩」は静岡の地でしっかりと根を下ろした。その根をさらに張っていただきたいと念じていたが、平成29年春、氏は入院先の三島総合病院で亡くなられた。

86歳であった。

翌年の「しずおか連詩の会」には盟友であり、詩友とも呼び合う永年のコンビ、谷川氏が14年ぶりに参加し、大岡氏を追悼する会となった。「連詩は『宴』だから楽しくなきゃ」と言いながら大岡氏の、生まれ故郷・三島に対する深い思い入れを偲んだ。

日本文学の海外への紹介という点では、同様に翻訳コンクールを盛り上げて下さったドナルド・キーン教授も2年後の平成31年2月、大岡氏の後を追うように鬼籍に入られた。ともに静岡に大きな足跡を印した、忘れ得ぬ2人の文化人である。

浜松で国際オペラコンクール

知事就任一期目のころ、私は産業育成や社会インフラの整備とともに、文化・芸術活動を経済振興の導火線にしたいと考え、県内の東中西の地区ごとに3つの大型文化事業を仕掛けた。1つが先述した翻訳コンクールをメーンとする東部の「伊豆文学フェスティバル」、中部では静岡市に完成した「グランシップ」を中心に展開する舞台芸術、つまり演劇の振興である。

それぞれ地元にゆかりの日本を代表する芸術家・文化人、すなわち東部は大岡氏、中部は清水出身の世界的演劇家鈴木忠志氏の力をお借りすることで、静岡の魅力を世界に発信したいと考えた。残るは浜松市を中心とする西部地区である。

浜松はカワイ、ヤマハの二大楽器メーカーを頂点とした楽器の生産地として知られる。このころ、若手経済人を中心に地域再興のスローガンとして「楽器の街から音楽の街へ」という、21世紀の街づくりへの夢が語られていた。

駅前には優れた舞台機能を持つ「アクトシティー浜松」が完成、演劇・音楽の殿堂として期待が寄せられ、市の主催による世界ピアノコンクールが始まろうとしていた。県もこれに呼応し、目ざす3つ目の文化事業として音楽に的を絞った。

西部はさらに、歌劇「蝶々夫人」で知られる世界的オペラ歌手で、その歌唱を「天性の美声」と賞賛された三浦環ゆかりの地である。父親が現在の御前崎市、母親が隣の菊川市出身で、再婚相手の夫・政太郎は掛川市に生まれ、袋井市に墓所がある。

遠州に深い繋がりのある方であり、私も同郷ということになる。物心つくころから私にとって三浦は郷土の偉人であった。たまたま没後50年が近づいていた。

さらに加えて掛川といえば、三浦の跡を継ぐようにして戦後日本を代表するプリマドンナといわれた同じく声楽家、伊藤京子さんの出身地でもある。これはもう音楽でいくしかないと、スタッフにも異論はなかった。

伊藤さん（本名：長谷川京）は戦後まもなくオペラ界にデビュー、卓越した美声と容姿を生かし、30年以上にわたって第一線で活躍された。多くの門下生を育てたことでも知られ、クラシック演奏家の団体である日本演奏連盟の理事長を長年務められた。

その伊藤さんに協力をいただき、三浦環没後50年を記念する「国際オペラコンクール」を浜松でスタートさせる、これが結論であった。早速、審査委員長をお願いすると快諾してもらえた。3年ごとに開催のコンクールで、伊藤さんには初回から第6回まで審査の要としてご尽力いただいた。「オペラ歌手の登竜門」として、世界に通用する国際コンクールに育てて下さったのだ。

何よりも故郷・掛川への思いを大切にした方だった。戦前の旧制掛川高女（現・県立掛川東高）を卒業、東京音楽学校（現・東京芸大）に進んで故郷を離れ、活躍の舞台は東京にあった。が、戦後に母校の掛川第一小が火災に遭うと、駆けつけて慈善演奏会を開き、児童らを元気づけた、というエピソードが残る。

伊藤さんのほかにもう一人、ご協力をいただかねばならぬ人がいた。同じく芸大出身で声楽家として活躍のかたわら、音楽事業にその才を発揮してソニーの社長、会長に上り詰めた沼津出身の大賀典雄氏である。

旧制沼津中出身と聞き、同窓生を通じて大賀さんにもお会いした。コンクールへの理解と、できれば資金面での支援をお願いしたいところであった。が、いかなトップといえど、そうそう右から左へと動かせるものではないらしい。

残念であったが、その代わり大賀さんは世界に巡らしたご自身と、そしてソニーのネットワークを駆使して事業をバックアップして下さった。これは伊藤さんとの繋がりが大きい。

一つの例を挙げる。

「国際オペラコンクール in SHIZUOKA」は平成8年11月2日、アクトシティの大ホールを会場に第1回大会を開き、大きな期待を乗せて船出した。前夜の歓迎レセプションで私は「オペラを鑑賞する機会を県民に提供すると同時に、第二、第三の三浦環を生み出すきっかけづくりとしたい」と、いささか力の入った挨拶をした。

実行委事務局は欧米、アジアなど世界五十数カ国に数千の募集要項、案内状を送るなどして大会をアピール。その甲斐あって応募は37カ国・地域から317人に達した。

一次、二次予選と本選が9日間かけて続く中、同じアクトシティー中ホールでは県内のアマチュア団体などによる「県民オペラ・オペレッタ音楽祭」が同時開催された。親しみやすい合唱や演奏で「三浦環没後50年」を趣旨とするコンクールの全体を盛り上げた。

前途に希望を感じさせて船出した大会だが、新参者に注がれる世界の視線は甘くなかった。コンクールはその後、参加者が減少し、平成14年の第3回大会では参加14カ国・地域、参加者は79人と激減してしまった。

事務局やスタッフがこの間、手をこまねいていたわけではない。外国審査員を半数以上にしたり、参加者をすべての国・地域から受け入れるなど、「世界基準」の大会を目ざして努力を続けた。

その甲斐あってか3回大会の翌年、本コンクールはスイスに本部を置く国際音楽コン

伊藤京子審査委員長（左）と「第２回国際オペラコンクール in SHIZUOKA」の受賞者を囲む＝平成 11（1999）年 11 月 7 日、浜松市

クール世界連盟への加盟が許された。思ってもみない報せだったが、これでコンクールの信頼は格段に上がる。実行委事務局や関係者は大きな喜びに包まれた。

連盟にはショパンコンクールなど名だたる国際コンクールが名を連ねる。名称に地名を冠することが許され、今後は「静岡国際オペラコンクール」と名乗ることができる。国内の加盟はこれで４団体。先に浜松国際ピアノコンが加盟を果たしており、ともに静岡の芸術文化を世界に発信する絶好の機会を得たのだ。胸が躍る思いだった。

スタッフや関係者の努力に頭が下がるが、世界連盟加入の実現はそれだけの理由ではない。恐らく大賀さんの、陰に陽に支えて下さった縁の下の力があるのだと思う。何しろ、あの巨匠カラヤンとは公私を供にするご仁である。欧米の音楽関係者と会うたびに静岡オペラコンの話題に触れて、何らかの影響を相手に及ぼして下さったと考えて間違いないのではないか。

初めてお目にかかった時のことを思い出す。審査委員長を伊藤さんにお願いするという私の説明に、彼は「え、京ちゃんがやるの！」といって体を乗り出した。「ならばお手伝いしなきゃ」といわんばかりの嬉しそうな表情がその顔にのぞいた。

聞けば大賀さんは伊藤さんの3つ年下。芸大の後輩になる。大賀さんがコンクールに十分な興味と関心を寄せてくれるであろうことが想像できた。会談を辞して後、私は鼻歌の一つも歌いたい気分で帰途についた。

出会いは芸大の学生食堂だったらしい。伊藤さんの座るテーブルにやってきた大賀さんがやおら、「あなた長谷川（旧姓）さんでしょ。ぼく、大賀というんだけど沼津の出身なんだ」と声を掛けたという。それが後に何度もオペラを共演することになる音楽パートナーとしての始まりだったことを伊藤さんは生前、静岡新聞のインタビューで明かしている。

声楽家と実業家の二足の草鞋を履いて世界を駆け巡った大賀さんは平成21年4月、その華やかな生涯を閉じた。81才であった。伊藤さんは大賀さんの死から10年後の令和3年、94歳の長寿を全うして逝った。

静岡オペラコンクールは令和5年の秋、10回目となる節目の大会を迎えた。郷土出身で世界を舞台に活躍する音楽家たちのいくつもの縁が、時代をまたいで故郷・遠州の地に集い、再び新しい花を咲かせてくれたのだ。静岡人の誇りとして、絆として深く思いを致さざるを得ない。

第十二章　県政を担う 8

静岡空港

開港までの長い道のり

平成21年6月4日、県中部の牧之原台地に完成した静岡空港（後に愛称・富士山静岡空港）はこの日、待望の開港初日を迎えた。

午前8時55分、出発一番機となるＪＡＬ福岡便が曇り空をついて飛び立つと、朝早くから空港ビルの3階デッキに集まった大勢の見送り客や見物の人々から拍手と歓声が沸き上がった。

「ようやく完成したのだ……」。初便の離陸に先立って行われた開港式に参列し、私は喜びというより、大きな安堵の中に身を置いて祝典の進行を見守った。

振り返れば空港建設は昭和62年の候補地決定から実に22年という歳月を費やしていた。平成の大事業となり、この間に幾多の紆余曲折を経た県政の最大懸案、最大焦点であり続けた。

私はそのうちの16年を知事として関わった。実はこの時、開港を見届けた上で辞任する決意を固めており、すでに県議会議長に辞表を届け出ていた。

「満席に　翼誇らし一番機　苦難の日々も　はるかな空へ」――。式後の記者会見で私は自作の短歌を披露した。歌は学んだ経験もないし、詠んだこともない。が、開港を数日後に控えたある朝の洗顔中、そのころ胸中を支配していた思いがふっと口をついて出たのである。私なりに万感の思いを込めた一首となった。

開港一番機の離陸を見送り、さらに到着初便の同じくＪＡＬ福岡便から降り立った麻生渡・福岡県知事をはじめとした遠来の乗客の皆さんを出迎えた。この日から12日後、私は県議会６月定例会であいさつし、知事の座を降りた。４期目の任期をひと月半ほど残しての退任だった。

静岡空港の建設は斉藤知事の下で県政の最重点課題として取り組みが始まったが、実はその前任の山本知事の任期終盤にも県議会で質疑が行われていた。中央では中曽根内閣により、過度な東京一極集中を排除して国土の均衡ある発展を狙いとした国の「第四次全国総合開発計画」が論議されていた。

多極分散型の国土形成を高速ネットワークの整備によって実現するという「一県一空港」

プロジェクトは「全国一日交通圏構想」の具体化として、国内に残った空港空白県から熱い眼差しを注がれていた。

ただ、当時の山本知事の県政運営はどちらかといえば社会インフラの整備には消極的で来るべき東海地震の防災対応、あるいは景気低迷下での行財政改革にその力を傾注することを本意としていて、議会による「空港整備促進」の問いかけには極めて冷静な反応を示していた。

自民党内の公認争いを制して山本知事の4選阻止を実現した斉藤知事は、前知事とは逆に社会資本の充実を公約に掲げて次々に大型プロジェクトを立ち上げた。中でも空港建設は県の新総合計画における重要施策として、政策推進の旗頭となるものだった。

斉藤県政は昭和61年6月にスタートすると、翌年には空港候補地の選定作業を進めるため外部の識者を招いた建設検討専門家委員会を発足させた。委員会は県当局があらかじめ検討して練り上げた40を超える空港建設可能地域から絞り込み、最終候補地として3カ所を選んだ。

こうした経緯を踏まえ、斉藤知事は自らヘリに乗り込んで候補地を視察などした後、その年12月に島田市と榛原町（現牧之原市）をまたぐ牧之原台地の一角を空港建設予定地として決定、4年後の平成3年には国の「第六次空港整備五カ年計画」に予定事業として盛り込まれた。

静岡空港は開港へ向かって確かな一歩を踏み出した。が、その後の道のりは決して平たんなものではなかった。

最初のハードルは近接する大井川町（現焼津市）にある航空自衛隊静浜飛行場との空域調整で、これが決着しないと「六次空整」で新規事業への格上げは望めなかった。

案の定、防衛省、運輸省と県による三者協議は難航し、私が知事に就任した直後の平成5年8月にようやくのこと三者間の合意がなり、予定事業は新規事業として認められた。同時に運輸省の次年度予算概算要求に「実施設計調査費」5千万円が予算付けされた。静岡空港の早期開設に向けての、文字通り大きな前進であった。事業費は総額1億円で、この決定を受けて、県も翌年の当初予算に県負担分5千万円を盛り込むことを決めた。

病により無念の退陣に至った斉藤知事に代わってその座に就いた私は、県政の継続と安定という点からも前知事の政策公約をほぼ引き継いだ。推薦を受けた自民党との約束でもあったが、単にそれだけの理由では勿論ない。

地方空港は必須のインフラ

特に空港建設でいえば、静岡ほどの雄県であればとうの昔に取り組んでいて然るべきプロジェクトではなかったか、というのが当時の率直な思いであった。

建設地が決まり、次は国から「設置許可」のお墨付きをもらわねばならない。地元の同意と協力を求めてやるべきことは山ほどある。「これはもう前に突き進むしかない」。私は固い決意を胸に知事の職務をスタートした。

自治省で、そして地方の赴任先で、故郷の静岡を外から見る機会に恵まれた。他県の人たちが静岡県に抱くイメージもたくさん聞いた。「おっとり構えて冒険はしない」――。穏健ながら優柔不断ともいえる、そんな県民性を多くの人が指摘していた。

県内に暮らす人々の個々への評価ならともかく、地域の歴史や文化、伝統といった共通の風土に育まれた静岡県人への総体的評価であるなら、それはいささか残念なことである。

太平洋ベルト地帯の一角にあり、気候温暖にして風光明媚。そして首都圏に近く極めて生産性の高い地域が静岡である。そのポテンシャルを生かし切っていないといわれるなら実にもったいないことであり、怠惰のそしりを免れまい。

静岡より格段に条件の劣る他県が思いもよらぬアイデアで耳目を集め、成果を上げる事例を東京で耳にするたび、私は生まれ故郷の「のどかさ」に切歯扼腕（せっしやくわん）していた。「いつまでものんびりしていていいんですか？」。僭越ながら県民の皆さんに向かってそう叫びたい気分であった。

冷戦の終焉やアジアをはじめとする途上国の台頭によって経済のグローバル化が急速に進み、世界的規模で資本や情報のやり取りが行われるようになっていた。当時、来るべき21世紀は、従来の国や地域の垣根を越えて地球規模の結びつきが深まっていく「大交流時代」が始まるとされていた。

「ヒト・もの・情報」が地球上をダイナミックに行き交う大交流の時代は、IT革命が拍車をかけて、国ごと地域ごとの競争が激化していくという。地域の競争力が何よりも問われてくるのであり、言い換えれば「大競争時代」ということになる。

競争に打ち勝つには地域の魅力づくりが欠かせない課題となる。静岡の魅力を磨き、価値を高め、それを発信していくという高い志を持たねばならない。

価値ある情報の発信地には価値ある情報が集積し、そこにはおのずと有為な人材が集まる。相乗効果である。就任以来、私は県庁内のすべての取り組みにおいて「静岡県からの情報発信」の必要性を事あるごとに説いてきた。

静岡県は製造品出荷額、観光入込客のいずれもが国内上位にあり、有数の「ものづくり県」であると同時に「観光立県」でもあった。元々が「競争」と「交流」によって繁栄してきた地域なのだ。

大交流時代を迎えるに当たって他県、他地域に後れをとることなどあってはならない。グローバルに人々を引き寄せる魅力、これをさらに一層磨き上げなければならないのではないか。

そう考えれば静岡県にとって空港は必須の社会インフラであり、機会を捉えてすぐにでもその実現に取り組まねばならない最重要課題であることは論を待たない。難関と目された空域調整が解決したことで、関係する島田市と榛原、吉田、金谷の3町の首長、議会、住民などの代表を招いた地元説明会を早速にも開いた。

静岡空港は設置管理者を県とする第三種空港、いわゆる地方空港で牧之原台地の丘陵130メートルの標高に建設が予定された。既存の東名高速吉田ＩＣと相良・牧之原ＩＣ、さらには計画中の第二東名（新東名）金谷ＩＣのいずれからも車でほぼ10～20分内に近接するという、まことにアクセスに優れた地である。

さらに空港へ90分以内で到達する、本県の全域と山梨、長野、愛知３県のそれぞれ一部を含むいわゆる空港圏域内人口は６２０万人に上る。地方空港として十分な立地条件を備えた適地といえた。建設用地は空港本体と、周辺緩衝地帯を含めて５３０ヘクタールに上ることが、出席者に明らかにされた。用地は茶畑と山林が大半で、一部宅地が含まれる。

県内の自治体や商工団体などによって空港建設を後押しする組織や会合が動き出し、官民で空港推進のムードが高まる一方で、建設予定地の地権者や地域住民を中心に空港反対の動きは次第に鮮明化していった。

空港予定地選考の当初から、自治体や経済界が主導する誘致合戦には県民の冷めた批判があり、候補地の絞り込みに至って各地で反対運動として表面化した経緯があった。榛原郡下においても茶の営農継続や騒音問題への対応など、地元の人たちが抱く将来不安に十分に応えているとはいえなかった。

地元、地権者の理解を

用地交渉に入る前に、何としても地元との理解を深める機会を作りたい、と私は考えていた。こうして開かれたのが島田市など1市４町の関係者との懇談会であった。

私にとって、というより空港建設問題で県庁トップが地元入りするのは初めてのことで、私は集まった50人を超える地元関係者を前に、「用地決定からの過去を振り返り、これまで地元の皆さんの理解を得るために十分な努力をしてきたか、それを問い直さなければならない」と、率直にこれまでの地元対応への反省を述べた。

この会合で地域の建設的な姿勢と熱意を感じたし、多くの要望を聞くことができた。ただ残念なのは地権者の会の代表など計画に強硬に反対する人たちが出席を拒んだことであり、懇談会が開かれたといって手放しで喜んでいるわけにはいかなかった。

建設予定地周辺の県道には「空港反対」の看板が立ち、懇談会場の榛原町役場前では横断幕やプラカードを掲げて抗議の意思を示す町民グループの方々がいた。

設置許可申請に必要な地権者の同意は果たしてこのまま速やかに得られるのだろうか。行く先の容易ならざるを感じつつ私は独り、身の引き締まる思いを新たにしていた。

一般町民も加わって地元の反対運動は広がりを続けた。折から航空機進入路の直下に位置する吉田町では町長選挙を迎え、反対派が候補を押し立てて空港推進派の2候補に挑む展開となった。

三つ巴の激しい選挙戦の末に推進派の一人が勝利したが、反対派候補が31票という僅差で次点に滑り込むという冷や汗の結末であった。

地権者の同意取得は、当初目論んだようには進展しなかった。設置許可の申請も遅れがちの状況となっていた。ただ、心強かったのはこういう中で国の平成7年度予算大蔵原案の内示があり、空港整備事業費12億5600万円が認められたことであった。

要求通りの満額計上で、空港の必要性を国が十分に認めたということの証しである。県予算も同額を計上し、用地取得を含む新年度の空港整備事業費は総額25億1200万円となった。

国が半額を負担する空港本体部、すなわち滑走路や誘導路、エプロンなどの施設工事費約570億円の、最初の予算付けである。これにより計画の遂行に弾みがついてほしい、と願うばかりであった。

遅れがちだった同意書の取得作業だが、空港本体部の地権者との同意書の手交が96%に達した平成7年末、航空法第38条に基づいて空港設置許可を運輸大臣に申請した。本体地権者284人のうち、この時点で未同意地権者が11人存在した。

申請に先立つ会見で私は「これらの方々に引き続き話し合いを働きかけ、空港建設に理解をいただくよう努力する」と、今後に向けた思いを述べた。

とはいえ地権者の説得は困難を極めた。反対派は、未同意の地権者が所有する土地の一部を共有地とする手法で用地所有者を増やし、買収交渉への抵抗を一層強固にする構えをみせていた。

地権者の生活生業対策や地域の環境保全、騒音対策など早期に取り組みたい課題が山積する中で、用地交渉への懸念は増すばかりであった。

賛否対立状況下で設置許可

申請を受けた運輸大臣は、地元の利害関係者から賛否の意見を聞いて空港設置の是非を審査しなければならない。それが航空法に基づく公聴会で、運輸省は翌年3月に島田市でこれを開催した。

募集に応じた公述人は県や周辺自治体、経済団体、さらに航空会社、地権者など利害関係者64人である。賛成33人、条件付き賛成7人、反対24人がそれぞれの立場で意見を述べた。賛否双方の主張は鋭く対立し、どこまでも平行線だった。論戦は6時間を越えた。会場に用意した500の傍聴席はほぼ満席で、出席者は壇上の公述人の発言に熱心に聞き入った。

翌日の朝刊各紙はそれぞれ、賛成派＝「経済発展に不可欠」「国際化、活性化へ期待」、反対派＝「無益で無駄」「騒音、環境破壊に不安」「住民無視の暴挙」などと、空港推進、反対双方の主張を見出しに掲げて会場の熱気を伝えた。公聴会をボイコットした反対派もあり、会場近くで抗議集会が開かれたことも新聞は紹介していた。

大きく紙面を割いた「公聴会」の報道によって空港問題は県民の耳目を集め、県内産業界などからは早期開設への期待が一段と大きくなった。

一方で自然環境への影響を不安視する声、予定地周辺の騒音に対する懸念の声も広がった。オオタカの営巣地を守るため空港予定地内の樹木を対象に「立木トラスト」が立ち上がるなど、反空港運動は次第に組織化されていった。

こうした状況下、公聴会から4カ月後の平成8年7月末、ようやく運輸省から「設置許可」が下りた。長い道のりだったが、積み重ねてきた地道な努力が評価されたのだ。航空局長から地権者との交渉を進め、早く工事に取りかかってほしい旨の要請があった。

当然のことで、私は運輸省における記者会見で「話し合いを積み重ね、円満に同意を得たい」と、居並ぶ報道各社を前に決意を述べた。

ただ、私の願いとは裏腹に反空港運動は激しさを増し、裁判闘争、政治闘争への途を進む。

裁判は空港設置許可の取り消しを求めた行政訴訟が皮切りで、共有地権者を含む土地所有者と、立木トラストのメンバーら116人が運輸大臣を相手どって静岡地裁に申し立てた。用地交渉の行く末に影響を及ぼしかねない動きであった。

一方、翌年の夏に1期目の任期を終える私は、県議会12月定例会の代表質問に対し「引き続き知事として職務にまい進したい」と答えて、再選出馬を表明した。

これに対しても反対派は「『空港ノー』吉田町民の会」の島野房巳幹事代表を対立候補に立てて「空港反対」を県民世論に訴える手段に出た。

知事選は結局、私と島野氏、それに共産党推薦候補との争いとなった。私にとっては1期4年の成果を県民に問う選挙であり、大規模プロジェクトや財政再建への取り組みの正当性に、改めて支持を求める選挙となった。

平成8（1996）年7月26日、運輸省から静岡空港の設置許可が下りる　© 静岡県

平成9年7月6日執行の選挙は自民、新進、民主、公明など6党の推薦をいただいた私が86万9千余票を獲得し、島野氏が15万6千余票、共産候補15万余票という結果だった。

実は、陣営ではひそかに100万票の得票を目指していたが、投票率が41・6%という低空飛行に終わり、目標達成には至らなかった。ただ、この結果に私は「空港建設は有権者の信任を得た」と、選挙を総括した。

私の2期目はこうしてスタートしたが、公約である大型プロジェクトのさらなる推進には「財政再建」への取り組みが欠かせない要件となっていた。

バブル崩壊後の景気低迷期に引き継いだ大型事業の継続に関して県財政への影響を懸念する声は強まっており、私はこれら投資型事業には優先順位を付けて進める必要があると、このころ考えていた。

開港時期延期と事業費圧縮

知事選前、自民党県連は県政の主要プロジェクトの見直しや公共事業のコスト削減などを柱とする行財政改革案をまとめ、私あてに提出した。

提言では県の財政状況について「バブル期を通じて膨張した県債残高は、既に一般会計の予算規模を超える」と、その硬直化を指摘して空港など主要事業を含めた「聖域なき財政再建」を求めていた。

確かにこのころ、平成9年度末には県債発行残高は1兆5千億円に達すると見込まれていて、財政状況の改善は避けて通れない課題であった。とはいえ行政に対する県民の要望は年とともに拡大し、多様化している。多岐にわたる行政ニーズに応え、公共財をバランスよく整備することが一方で求められていた。

10年度の予算編成に当たって県の行財政改革の基本方針を示すなかで、私は初めて主要事業の見直しに触れた。

ワールドカップ・サッカー会場となる小笠山総合運動公園、コンベンションアーツセンター（グランシップ）、がんセンター、富士山こどもの国など7つの大規模事業について個々に具体策を検討し、未着工部分の延期や開院時期の見直しなどで工費、事業費の縮減を進める方針を打ち出したのである。

空港については開港時期を当初予定された平成15年秋から18年春に延期し、事業費2千億円を1900億円に圧縮して、ターミナルビルや周辺整備などの関連事業を見直した。これを10年度予算に反映させた。

東京目線の不要論は時代遅れ

こうした中で平成12年11月、榛原町坂口の現場で空港本体部の起工式が執り行われ、空港プロジェクトは本格スタートした。

開港を目ざして確実に歩みを始めた空港整備事業だが、工事の進ちょく具合や反対派の活動状況など日々の動静が県民の前に可視化されていくにつれ、メディアの報道、特に全国紙のそれは空港建設推進の私の県政運営に批判的な論調が目立ってきた。

不況の長期化で税収の落ち込みが深刻化すると、空港建設を県財政の最大圧迫要因に挙げて「空港懐疑論」を主張し始めた。この時、予定した開港まであと8年。確かにこの間の空港関連事業費は毎年およそ180億円に上る。が、果たしてこの規模の資金需要が本県にとってそれほど過重な負担なのだろうか。

私の答えは「ノー」であった。これしきの投資がこなせないとなるなら、それは日本経済が沈没する時ではないのか。政府の経済対策で「2、3年後には景気は上向く」と、私はほぼ確信していた。

さらには「首都圏に近く新幹線や東名がある。こんな便利な地域になぜ空港が必要か」という無理解な問いかけが続く。大手全国紙の中には「需要予測が狂って、赤字に悩む地方空港が数多くある」という雑ぱくな理論をもって「それでも静岡空港は必要か」と、社説を掲げるところも現れた。

東京のど真ん中に本社を置いて日本を眺め、そこからの時間・距離のみで地方の便、不便を言いつのる全国紙は、総じてこうした論調が主流であった。いわば「東京目線」といっていい。それを聞かされる度、私は「これからは違う」と叫んでいた。

地方空港は首都圏との距離を縮めるためにある、という発想はもう時代遅れである。それぞれの地域が国内はもとより世界の各地と直接交流し、互いに独自の魅力を発信し合って競争していく時代、それが「国際交流」、「大交流」の将来なのだ。そこをどうして理解してもらえないのか、と歯ぎしりするばかりだった。

そのような国際的視野に立てば、「東名」と「新幹線」によって一見便利に見える静岡の立ち位置も結局、単なる通過県でしかないということに気付く。

東名・新東名に近接した静岡空港は御前崎港にも近い。完成後は陸・海・空の結節点として人や物、情報が行き交う交流拠点となる可能性に大きな期待が持てる。利便性の向上にとどまらず企業立地や雇用の創出、あるいは観光振興など本県の競争力の向上に、空港はなくてはならぬインフラである。

将来に必要となる社会基盤であるとするなら、これを着実に整備していくのが県民から託された知事としての私の責務ではないのか。お隣り韓国の仁川空港などをハブ空港として、各地の地方空港が世界と結びつく時代なのである。

もし空港がなければ本県の優位性は大きく低下し、競争力は萎えてしまう。未来を志向する立場にあれば、むしろ今は危機感を持たなければならない時ではないのか。

放っておけば静岡は空洞化してしまい、「世界の中の片田舎」になりかねない。この状況、この懸念を私は知事として到底、看過できないと考えていた。

そんな折り、東京から議員一行が来県し、県庁を訪れた。

衆参の野党議員で構成する「公共事業チェック議員の会」で、当時の会長はかつてテレビの股旅もの「木枯し紋次郎」で一躍人気を博した、あの中村敦夫参院議員だ。全国のダムや道路、空港を視察しては「ムダな公共事業」と糾弾し、再びメディアの注目を集める存在となっていた。

田中内閣の「列島改造論」以降、我が国の公共事業は拡大の一途で、確かに政府の景気対策を大きく支え続けてきた。が、その裏で広がる「族議員」を中心にした政官業癒着の汚職構造は、常に政権与党のアキレス腱となっていた。

この時も直前に元建設相が受託収賄容疑で東京地検に逮捕されるという事件が発覚した。族議員の頂点たる大臣が犯した何とも「分かりやすい」贈収賄事件で、「公共事業は悪」という国民の批判はさらに一層高まっていた。

一行の応接に当たって周囲の幹部らは「聞き取り調査に知事が顔を出すこともない。こちらで対応します」と言って私の出席を制した。だが、この際堂々と議論し、静岡空港整備の重要性、正当性を存分に理解してもらいたいと思い、私は勇んで面談の部屋に出向いた。

結論からいえばこの会合は実りあるものではなかった。中村会長ほか民主、共産、社民の5人の議員の話は最初から結論ありきで、空港計画を「ずさんで無駄」と断じ、事業の見直しを迫った。

面談は30分余だったが、必要性を説くこちらの主張には全く聞く耳を持たず、「空港は不要」とする訴えは終始変わらなかった。

結局、相手方の言い分は「便利な静岡に空港は要らない」という一点で、全国紙の論調と変わらぬ「東京目線」だった。さらに「計画そのものがバブル経済下の発想」とまで言われ、私は非常に腹立たしく不快だった。静岡空港は東京都民のために建設するわけではないのだ。

21世紀を迎えて国際化の時代に向かおうとする今、空港をはじめとする交通基盤の整備は地域にとってどれほど急務な課題であるか、一行は全く理解しようとしない。国会議員としてまことにお粗末ではないか。しばらく私の憤りは収まらなかった。

住民投票条例制定の署名運動

この年、平成12年の暮れ。建設反対の地権者・住民が運輸大臣を相手どって空港設置許可の取り消しを求めていた行政訴訟の判決言い渡しが静岡地裁であった。笹村将文裁判長は原告の請求を棄却した。

「設置許可は運輸大臣の裁量を逸脱したものとは認められず、妥当である」とする国側の主張を支持したもので、空港設置の適法性がこれにより認められた。判決を機に新たな気持ちで地権者との交渉に臨みたい、という思いを一層強くしたものだ。

一方で空港建設反対の動きはこのころ、新たな展開をみせていた。それまでの県議会への請願や前述のような裁判闘争などに加えて、新しく住民投票の実施を求める運動が立ち上がり、条例制定を求めた署名活動が始まろうとしていた。

それは学者や弁護士、政党、労組関係者が呼び掛けた市民組織「静岡空港・住民投票の会」で、空港建設の是非を県民・有権者の投票によって判断しようという直接請求であった。

明けて13年は知事選・参院選の同時選挙の年で、取りかかった大型プロジェクトを含む県政のかじ取りを三たび担わせていただきたく、私は既に県議会で三選出馬の意向を明らかにしていた。

私に課せられた社会資本など公共財の整備の道筋に、次の４年間で何とか見通しをつけたいという思いだった。年明けから夏にかけ、選挙戦と住民投票の行く末が重なって「空港問題」は改めて大きな争点に浮かび上がっていた。

住民投票に対し、私は従前からどちらかといえば否定的な思いを抱いていた。地方自治の基本はあくまでも議会を中心とした間接民主制にあり、選挙で選ばれた議会、あるいは首長がそれぞれの役割を担いつつ、行政に住民の意思を反映させていく、これが議会制民主主義の根幹であると考えていた。

「住民の意思が第一に尊重されるのは当然としても、その時その時の住民の判断が本当にそれで正しいのか、ということについては異論もある」――。当時、住民投票への対応を問われると、私はメディアに対してこんな風に答えていた。

ところが３月から各地でスタートした署名活動は、当方の予想を大きく超えて県内に拡大していった。2カ月の法定署名期間が迫るころには、「投票の会」の集計を「獲得署名が24万人を超えた」と、各紙は報じた。

条例制定を求める直接請求に必要な法定数は「有権者数の50分の1(この時点の本県では約6万人)以上」とされた。これを4倍以上も上回る大きな数字である。空港問題に対する県民の関心の高まりを痛感せざるを得なかった。

署名の中味は空港建設に対して賛否双方の意見があると推定はされるものの、予断を持つことなく条例制定問題に正面から向き合わなくてはならない。新たな対応が求められていた。それほどに重く受け止めるべき数字であった。

私は過去2回の知事選で空港建設の推進を公約に掲げて戦い、関連する予算案の採決などを通じて議会の賛同も得てきた。にもかかわらず建設反対の声は収まらない。これは計画決定の過程に欠陥があったと考えざるを得ない。

戦後この方、我が国の公共事業導入の手続きに住民参加の視点が不足していた点は否定しようのない事実である。大きな反省を必要とするところだ。だからこそ、静岡空港建設に対して県民が抱く率直な気持ちをこの際ぜひ聞いてみたい……。その思いが日ごとに募っていた。

覚悟の記者会見

5月に入って間もなく、私は腹を決めた。定例部長会で幹部に真意を説明し、理解を求めた。それと同時に住民投票条例が可決した場合、知事選後にすぐさま実施できる体制を整えるよう、関連部局にプロジェクトチームの立ち上げを命じた。ただし、庁内に厳重なかん口令を敷いた。

署名活動はさらに続き、住民投票の会は最終的に29万2千人分の署名が集まったとして、17日までに県内60市町村の選挙管理委員会に届け出たことを明らかにした。

すぐさま県政記者会に緊急会見を申し入れ、翌18日の午後、私は決意を胸に県庁本館4階の特別会議室にしつらえられた演壇でマイクを前にした。県政記者会所属の新聞社、通信社、テレビ各局の記者、カメラマンなど数十人が既に待ち構えていた。

私はそこで、秘めていた思いを初めて公にした。「静岡空港建設の問題を巡る県民の直接投票について、私は県民の意思を十二分に尊重する立場からこれを実施することに賛意を表する」――。居並ぶ記者が顔をもたげ、視線が一斉に私に向いた。

さらに続けて、「県民の意思が住民投票によってどちらかに決まるとするならば、それに従うのが民主主義の大原則であり、私はそれに従う」。きっぱりと申し上げると、会見場はざわつき、メモを手に席を立つ記者もいた。

翌日の朝刊各紙の県内版には何本もの大きな見出しが躍った。「知事、条例制定を容認」「知事、柔軟姿勢に転換」「状況一転、驚く関係者」「対応に戸惑う与党」「選挙戦術も見え隠れ」――。多くの県民にとって私の発言は「寝耳に水」の驚きであったろう。

静岡空港建設の是非を問う住民投票条例制定の本請求書を受け取る＝平成 13（2001）年 6 月 18 日、静岡県庁　© 静岡新聞社

ただ、知事選に関連づけて「争点隠しだ」と主張する記事については、論外もはなはだしいという思いだった。

この日からほぼ3カ月、間に行われた知事選の対決をはさんで「空港、是か非か」の論争は議会の審議やメディアの報道、さらに県民有権者の声を巻き込んで一段とヒートアップした。

来るべき知事選において空港問題で対立する相手陣営は年初来、水面下で候補の担ぎ出しを模索していた。春になるとその動きが表面化し、擁立の舞台裏が各紙の報道で明らかになってきた。

私に批判的な国会議員や市民団体などが担ぎ出しを図ったのは、現職の参院議員で元西武百貨店社長の経歴を持つ水野誠一氏（比例区、無所属の会）だ。氏はほどなく、正式に立候補の意思を明らかにした。

擁立にはあの紋次郎・中村敦夫議員も加わっていて、激しい空港批判が展開されるだろうことが想像できた。出馬の会見や自らのホームページなどで水野氏は「静岡空港は採算性がなく、無駄な公共事業として全国でもの笑いのタネ」などと批判し、公約として「建設中止を求める」と断言した。

このころ自治体レベルでは既成政党の支持を受けない、いわゆる「無党派知事」の登場が選挙報道をにぎわせていた。前年に長野で田中知事、そしてこの年3月には千葉で堂本知事を誕生させるなど、「勝手連」やボランティアが連携する市民参加型と呼ばれる選挙活動は、有権者の「反自民」感情の高まりとともに流れを加速させていた。

ご本人は静岡とは縁がないらしいが、父君の故水野成夫氏は浜岡町（現御前崎市）の出身で、産経新聞グループを率いた財界の大物であった。そして夫人は女優の木内みどりさんだ。紋次郎の応援も加えて長野、千葉に続く静岡の地で「無党派旋風」を巻き起こしたい、という水野陣営の狙いは明らかだった。

だが、空港建設を後戻りになど絶対にさせるわけにはいかなかった。何としても負けられない選挙だと思いつつも相当厳しい戦いになると、私は迫り来る知事選に向けて気を引き締めていた。

条例案審議と3度目の知事選

一方で住民投票請求の活動は、私の会見から1カ月後に一つのヤマ場を迎えた。県内の各市町村でチェックを受けた有効署名26万9731人の名簿が「投票の会」の手で県庁に運び込まれ、「条例制定請求書」とともに私あてに提出されたのだ。

県民27万人に及ぶ直接請求の持つ意味は重い。「請求」を受けとって私は「投票の会」の稲葉洋代表世話人に「住民投票を実現してほしい、という気持ちを込めて県議会に提案したい」と、率直に思いを伝えた。

その直後に開会した県議会6月定例会に、私は意見書とともに条例案を提案した。知事選を前に大きな政治的判断を委ねられた県議会の各派に、私の決断は波紋を投げかけた。同時に重い負担をかけることとなった。とりわけ議会の帰趨を握る最大会派の自民党や、空港推進で一致する公明党など与党の各派は知事選への影響を計りかねて戸惑いを隠せなかった。

条例案は可決か否決か――。可決となれば都道府県レベルの公共事業の是非を問う住民投票としては我が国初のケースとなる。さらに「県が進める公共事業の住民投票に、事業の執行権者である知事当人が賛意を示す」という異例の展開に、全国の自治体が重大な関心を寄せていた。緊迫の中で、空港推進の是非を巡る県議会の審議が始まろうとしていた。

条例案は7月6日に県議会企画生活文化委員会と総務委員会による連合審査会に諮られ、審議が始まった。2つの常任委員会が合同するのは他の議案と切り離して集中審議するためで、本県議会でも49年ぶりのことだという。この案件に取り組む各会派と、会派から選ばれた委員の緊張が伝わってくる。

週末に向かう金曜のこの朝、静岡市中はうだるような暑さのなかで明けた。梅雨空をどんよりと雲が覆った。日中の最高気温は37・8度を超え、後に気象用語となる「猛暑日」を記録した。議会のある県庁本館には、用意された21の傍聴席の抽選を求めて早朝から100人近い市民、県民が列を作った、と当時の報道にある。

初日の審議では請求者代表である「住民投票の会」の稲葉代表世話人が参考人として招かれ、条例制定請求の趣旨説明や条例案の中身について委員との質疑が行われた。

稲葉代表は直接請求の理由を「公共事業見直しの世論が強まる中、静岡空港については、これまで全県でまともに議論がなされたわけではない」と述べ、「県民に需要予測に対する不信や財政への影響を懸念する声が起き、こうした意見を行政に反映させる手段として住民投票実施の機運が高まった」などと、請求に至る経緯について陳述した。

審査はこれを皮切りに、空港の現地視察などをはさんで都合３日間にわたる「マラソン会議」となった。請求の趣旨や背景のほか、請求の正当性、請求時期の妥当性などの議論、需要予測の信頼度や空港関連の情報発信のあり方、さらには住民投票実施の事務手続き、空港建設中止の場合の影響など県当局への質問を含めて質疑が続いた。

審議を通じて会派が意見を集約していく中で、当然ながら自民党の対応が注目された。自民党は私の住民投票への賛意表明以降、数度にわたる議員総会を開いて意見の取りまとめを図っていた。だが、議員の見解はそれぞれに可決、否決、継続審査に分かれ、審査会終了間際までぎりぎりの調整が続いた。

最終日８日の審査は稲葉代表への再質疑に続き、午後からは榛原町連合地権者会の大関住男会長への参考人質疑が行われた。大関会長は空港予定地の決定直後から反対地権者のリーダーの一人だったが、県の説得で所有する茶園、茶畑の提供を決意した後、推進派のまとめ役として地権者の信頼を得ていた。

投票条例請求について問われた大関会長は、「空港問題で人生を変えざるを得なくなった者は数えきれない」と地権者の苦悩を振り返り、「住民投票の結果で（空港建設が）できないとなったら、この14年間は我々にとって何であったのか。条例案は否決して空港建設をぜひ進めていただきたい、というのが正直な思いだ」と、委員席に向かって訴えた。

連合審査はこうして8日午後8時過ぎ、3日間に及んだ集中審議を終了、所管の企画生活文化委員会に裁決を委ねた。自民党はこの夕刻、審議の合間を縫って最後となる議員総会を開き、出席議員全員の挙手によって条例案を「継続審査」とする方針を確認した。最大会派自民党の意思決定が持つ意味は重かった。

開会した企画生活文化委員会では平成21と公明の2会派がそれぞれに修正案を提示して可決を求めた。が、自民党委員は議員総会の結果を踏まえて「あらゆる角度からさらなる検証が必要」などの理由を掲げて、条例案の継続審査を要求する動議を提案した。

委員会は動議の賛否で紛糾し、会派間の調整を続けたものの実らず、最終的に起立採決となった。自民党委員5人の賛成に対し、反対は平成21、公明、共産の3会派5人である。可否同数のため、委員会条例の規定で大場勝男委員長の職権により「継続審査」が決まった。

議会委員会室の時計は、すでに午後11時を回っていた。深夜に及ぶ長時間会議、閉庁日の土・日の開催、そして2つの委員会による連合審査と、異例尽くめの委員会審議は結局、結論先送りとなり、住民投票の行方は知事選以降の再審議に持ち越された。

「投票の会」の稲葉代表らは翌日に記者会見して「審査の引き延ばしだ」と、「継続審査」の動議を出した自民党を厳しく批判した。投票の実施により県民多数の支持を得て、空港建設を推進したいと願う私としては「可決」を望む側だったが、議会の採決に口をはさむことは厳に慎まねばならない。それほどに微妙な時期であった。

県議会最終日の7月10日、住民投票条例案は本会議に諮られ、委員会の採決通りに「継続審査」となった。12日告示の知事選はこれにより、私の願いとは別に「空港問題」が選挙戦最大の焦点とならざるを得なかった。

知事選には現職の私のほかに、水野氏と共産党推薦の元県議、鈴木良治氏を含め4人の新人候補が立った。実質的には私と水野、鈴木氏の3人の争いだが、さらに言えば石川と水野の戦いであるのは明白だった。私を除く候補は「空港反対」を訴え、メディアはこの選挙を「空港問題の正念場」と捉えていた。

県議会の勢力でいえば自民と公明、平成21の与党3党が私を支援、共産が鈴木氏を、そして市民団体や労組、それに県選出の民主党国会議員の一部が水野氏を支援した。

水野陣営の戦いは華やかで人目をひいた。応援の田中、堂本の両知事、そして紋次郎氏が相次いで来静し、木内みどり夫人も駆けつけて街頭をにぎわせた。一方で、小規模の車座集会を各地で開くなど地道な活動も展開し、無党派層への浸透を図ろうとしていた。

私は戸惑った。初めて対する「勝手連」の都市型選挙は動きが見えにくい。風も読めない。不安がよぎった。ただ、空港反対運動の高まりを各地で実感して我が陣営の危機感は否応なく募り、過去2度の知事選にはない組織のまとまりをみせていた。選挙戦は過熱し、同時施行の参院選がかすむほどの熱量で知事選を包んでいった。

私も県内74市町村のすべてを行脚し、ミニ集会に顔を出しては2期8年の実績を訴えた。空港問題についてはこの時点でもなお、「住民投票で決着したい」という思いは変わらず、問われれば答える、という姿勢だった。

県民が県政に寄せる期待や関心は空港だけではない。知事選を空港建設のみをテーマとする「ワンイシュー」の場にしてはならないと、私は考えていたのだ。

そして29日、投開票日を迎えた。私は、選挙前には予想もしなかった１０２万４千余票という大量票をいただいて３選を果たした。水野候補56万８千余票、鈴木候補９万５千余票という結果で、各メディアは「圧勝」の表現で現職の勝利を伝えた。

投票率は62・15パーセントで、前回を大きく上回った。空港問題への関心の高さがその背景にあるのは間違いない。１０２万票を上回る得票は本県知事選史上では最多で、ともかくも私の２期８年の県政は「総合評価」で県民の信任を得たのだ。

条例案審議を再開

ただ、空港建設だけに絞れば、私の得票が必ずしも「空港支持派」で占められているわけでもなかった。各紙の世論調査でそれなりの数の有権者が「石川は支持するが、空港は反対」であったことが報道されていた。私の耳にも直接、そういう声は届いた。結果を謙虚に受け止めるとすれば、とても祝勝気分に浸るような心境ではなかった。

開票の夜、報道陣に囲まれた私は「選挙で空港問題が焦点になったとは思わない。住民投票を実施して県民の理解を得るよう、議会の審議結果を待ちたい」と、インタビューに答えた。従前からの思いを述べただけだが、圧勝という選挙結果を受けて最大与党・自民党内の空気が変わりつつあるのを私は感じていた。

同日選が終わって、県政の焦点は再び「継続審査」となった住民投票条例の再開審議に向かい、賛成、反対それぞれの運動は新たな展開を迎えた。投票実施を目ざす「住民の会」は8月2日、記者会見して「知事への票は住民投票を支持する票だ」と訴え、私と県議会に対して条例の成立を求める声明を発表した。

一方で空港推進の経済人や民間団体は「空港県民の会」を立ち上げ、設立総会で100万人を目標とする署名集めに取り組むなどの活動方針を決めた。また、空港地元の島田市など4市町の議会代表らが県議会や自民党県連に、条例案の否決と早期の開港を求める要望書を提出した。

盛夏のまっただ中、再開する連合審査会に備える自民党県議団の議員総会はもつれた。

空港反対の4候補を大差で退けた知事選の結果を踏まえ、党内世論の大勢は条例案の「否決」を求めて勢いづいていた。

議会民主制をよりどころとする議員の立場からすれば、住民投票に賛意を示す私の発言はとても看過できるものではないだろう。「もはや答えは出た。結論を急げ」という強硬論が支配的になる中、「知事選と空港問題は切り離すべき」とする慎重意見もあり、この日の総会での党内一本化は先送りとなった。

再開した連合審査会の集中審議は、新たに招致された参考人との質疑でスタートした。住民投票を実施するのに必要な実務を担当する市町村の意見聴取と、投票制度の法的な見解を学識経験者らから聴くのが狙いだった。

ところが初日の審議で県町村会、町村議長会の代表として招かれた2人の参考人が「投開票事務を委託されても協力はできない」旨の陳述を行い、この発言が思いがけぬ波紋を呼ぶ。

住民投票は県が市町村に事務を依頼して実施するが、自治体の側に引き受けの義務はない。受けるか拒否するかは市町村長や議会の判断に託される。県当局は従前から「すべての自治体が受託しなければ全県的な実施は困難」という立場で、それが投票実施の前提だった。

2人の参考人の発言には、「住民投票の会」や条例案可決を求める会派などから「(拒否は) 民主政治の否定」などと強い反発が起きた。一方で、自民党としては党内に広がる否決ムードがさらに後押しされる格好となり、条例案反対は党の総意となりつつあった。

8月30日、連合審査は最終日を迎えた。住民投票条例案は企画生活文化委員会における採決で、自民党などの反対多数により否決された。平成21と公明の2会派が提出した修正案も同様に否決となった。

議会事務局によれば審議は7日間、延べ28時間余に及んだ。熱く、そして長い平成13年の夏が終わった。

ただ、これによって空港反対運動が収束に向かうはずもなく、当然ながら条例請求に署名した県民の不満はつのった。「民意置き去り」「宙に浮く27万人署名」——。新聞各紙の見出しも、以前に変わらず厳しい論調だった。

連合審査の流れとそれに対応する自民党の動きを追いつつ、私は「否決」の覚悟はできていた。会見で感想を求められ、「議会の機能は十分に発揮された。委員会の決定を真摯に受け止めたい」と答えた。

苦渋の選択

この後9月12日、条例案は臨時県議会に諮られて原案、修正案ともに自民党の反対多数で否決、廃案となった。本会議場の傍聴席は空港推進、反対の立場双方の関係者で埋まった。県民と議会の間のギャップを埋める手立てはないものかと思案していた私は、与党3会派と協議し、学識経験者らによる専門家委員会の立ち上げを決めた。公平・中立の立場で空港の需要予測や経済効果などの重要データを検証してもらう狙いで航空、観光、環境、経済・財政などの専門家13人を委嘱した。

さらに委員会審議と並行し、県民と直接対話するタウンミーティングを県内3カ所、計6回にわたって開いた。空港建設に賛成、反対の発言や質問に対し、私自身が会場で答えるという形で70人を超える方々と意見交換した。

専門家委員会は11月の末、7回に及ぶ審議の結果を「空港推進は適当」とする最終報告にまとめ、私に提出した。「県民の理解を得るよう最大限の努力を必要とする」という注文つきながら、これまでの取り組みに対して「合格」の判定を下した。

私は住民投票条例の審議の間、中断したままだった空港本体工事の仮契約承認を議会に求めた。これにより、ほぼ半年にわたって凍結されていた工事は再開した。空港建設工事は新たなスタート台に立った。

工事が再開したころ、空港用地の取得率は約98%。残った未買収地（農家4世帯）の収用に向けて、地権者との交渉は胸突き八丁に至っていた。

そんな折、予定地内の反対地権者が起こした空港設置許可取り消し訴訟の控訴審判決が東京高裁であり、控訴棄却の決定が出た。一審の静岡地裁判決を支持し、建設推進の国・県側の主張を認めた内容である。

判決を力として、私は「何としても話し合いで円満に交渉を進めたい」と祈る思いだった。だが、期待とは裏腹に反対地権者との交渉はその後も難航を続けた。

交渉による解決が理想とはいえ、それにもおのずと限度はある。決断の時が迫っていた。

平成16年11月、私は強制収用の手続きに入る決意を固め、国交省中部地方整備局に対して土地収用法に基づく空港整備事業認定を申請した。

心の痛む決断だった。だが、早期の開港を望む声も県内には根強い。既に用地の提供に応じて下さった多くの地権者の思いというものも当然ながら尊重しなくてはならない。

反対地権者とは話し合いもままならないほどの状況に陥っており、任意の買収は断念せざるを得ないのか、というところまできていた。私に課せられた行政責任を全うするために、まさに苦渋の選択だった。

4度目の知事選、遅れる事業認定

新しい年を迎え、国土交通省の事業認定を待ったが、これがなかなか時間を要した。夏には4度目の知事選が巡ってくる。立候補の表明は国交省の事業認定が下りてからと考えていたが、6月になっても音沙汰はない。支援者をはじめ周囲に迷惑をかけるし、メディアからも頻繁に会見を要求されていた。

事業認定には確信を持っていたが、想定外の結果が下る見通しもゼロではない。ただ、その場合でも知事選で多くの県民の支持を得ればいいのではないか。場合によっては国に対して決定の取り消しを求める行政訴訟を起こすことも可能なのだ。

あれこれ思いを巡らしつつ、私はしびれを切らしてついに6月初め、県庁で記者会見して出馬を正式表明した。それからちょうどひと月、告示直前の7月5日になってようやく国交省は事業認定する旨を官報に告示した。

これにより未買収地の取得に強制代執行が可能になった。反対地権者との話し合いは引き続き努力していかねばならないが、交渉は新たな局面を迎えた。

目標とした平成21年春の開港に向けて大きな問題が解決できた、とこの時点ではいささか安堵の思いであった。知事選は民主党の一部国会議員や市民グループが担ぎ出した新人候補との一騎打ちとなった。

共産党も独自候補を立てようとしたが、告示直前になって擁立を断念し、民主陣営と候補一本化を図った。自民、公明など県議会4会派の推薦を得た私の多選阻止と県政の刷新を訴えて、空港反対の県民世論を結集する狙いであった。

斉藤知事の時代に発議されて以来18年、私自身も3期12年の歳月をかけて取り組んできた静岡空港の開港が見えてきたのである。何としてもこれを仕上げねばならない。私にとって4選は県民と約束した「空港完成」の責任を果たす戦いであった。

「県民くらし満足度日本一宣言」のスローガンで10項目の公約を掲げ、行財政改革や産業基盤整備などこれまでの実績を強調して盛り上げを図った。だが、知名度の劣る新顔候補を相手に、「勝負はついている」とばかりに陣営には序盤から楽勝ムードが先行した。

終盤に何とか引き締まったが、「投票率アップ」の願いむなしく、結果は45パーセントにとどまった。私の得票は82万1400余票、相手のそれは50万2900余票。圧倒的勝利とは言い難かった。新人候補の予想外の健闘に正直、驚いた。

予想外の事態

選挙戦のさなか、強制収用を認めた空港整備事業認定を不服として未買収地の地権者や共有地権者など反対派グループが、国を相手取って事業認定の取り消しを求める住民訴訟を起こした。さらに平成17年の年明けには、県収用委員会の下した審査結果に対して収容採決取消訴訟が同様に静岡地裁に提起された。

新たな法廷闘争のスタートである。これが思わぬ波乱を呼ぶことになるとは、この時点では予想だにしなかった。

島田・榛原の建設予定地では土地収用法に基づいて空港本体部の未買収地の境界確認を皮切りとする現地調査に着手した。現場には県職員や測量業者らを含む500人を派遣して不測の事態に備えた。反対派は「土地収用阻止」などの横断幕を掲げ、シュプレヒコールを繰り返しながら調査班と対峙した。

空港建設の現場と、そして法廷で、反対派との対立は激化していった。そんな状況下で静岡地裁の審理が進む平成20年夏、メディアが「航空機の運航に支障をきたす立木の存在」を報じた。

空港本体部の工事がほぼ終了し、近々に国交省に完成検査を申請するという開港への日程を狂わせかねない重大事で、多くの県民が報道に仰天した。

発端は静岡地裁で続く住民訴訟の何回目かの口頭弁論である。原告側は新たに提出した準備書面で「滑走路先端部の西側私有地に航空法の制限を超えた立木数十本がある」という事実を指摘し、被告の国にその存在を認めるよう迫った。

航空法では離着陸する航空機の安全を確保するため、空港周辺に一定の高さ制限を定めている。これが制限表面で、立木が残る西側制限斜面は反対地権者の一人が所有する土地であった。運航上の障害となる物件であることは明らかで、事実として認めざるを得ないものだ。

立木の存在は我々も一年前に把握し、制限表面に抵触する物件ではないかと危惧していた。所有者に立木の除去を求めながら対応を練っていた。だが1年もの間、事実関係を公表しなかった当局の責任を問うメディアの批判は厳しかった。当然ながら県議会からも詳細な説明を求められた。

立ち木の存在は隠そうとしていたわけではない。ただ、国が被告となって争う事業認定取り消し訴訟への影響を考慮すると公表することにためらいがあった。空港建設の是か非かを問う裁判の「重み」が両の肩にのしかかり、やむを得ない判断だった。

問題が公表された以上、もはや訴訟の影響に留意する必要はなくなった。議会や記者会見で事実経過を説明し、私自身の責任を明らかにした上で、県民に謝罪しなければならない。翌年3月に予定される開港は、完成検査が遅れることによりさらに延期せざるを得ない状況となった。

10月末に開かれた県議会全員協議会で私は立木問題の経緯を説明し、県民の皆さんへのお詫びを申し上げた。そして翌年の開港延期を正式に表明した。立木の除去ができない場合でも、滑走路を短縮する方法で遅くとも7月には暫定運用を目ざす目論みだった。立木が収用対象から漏れ、障害物件として残ってしまったのはなぜか。理由の一つは航空測量による誤差である。

現地測量では反対派との激しい対立で、衝突事故の発生なども予想された。このため立ち入り調査に替えて航空レーザー測量の導入を図った。ところが精緻なレーザー測量といえども精度に限界はあった。

急峻で複雑な地形に加え、樹木の密生した現地の制限斜面においては航空測量のデータが、入り組んだ斜面や物件の現況を正確に反映したものとはならなかった。結果、土地収用範囲の確定に誤りが生じた。さらに図面の作成過程でもデータの修正ミスなどがあった。それらが重なって障害物件が残ってしまったのである。

開港に向けては2500メートルの滑走路のうち、東側寄りの2200メートルを利用し、立木のある西側先端部斜面に生じる高さ制限をクリアする方法で対応する。苦肉の策ではあるが、安全運航に支障ないというこの短縮滑走路で暫定運用を続け、できるだけ早期に2500メートル滑走路による正規の運用を目ざす狙いだった。

ただ、滑走路の短縮には航空灯火や標識などの付け替えが必要で、1億1千万円をかけた追加工事が新たに発生した。空港の完成期日は当初予定の平成15年7月からすでに2度の変更を経ている。これで3度目の開港延期となった。

メディアや県民の批判の中で、何とか開港への道筋を示すことはできたが、肝心の立木伐採の交渉は、所有者である地権者との間で膠着状態が続いていた。

測量ミスから始まった「立木問題」の公表の遅れ、その結果として暫定開港に至らざるを得なくなった一連の経緯――。所有者はこれを行政の大失態であるとして、知事の責任を追及すると同時に、書面による謝罪を求めた。

事態打開への決断

両者の協議が滞る中で、事態が動いたのは年を越した平成21年のことである。2月のある日、地権者からの求めで県庁の一室で協議した。その場で地権者は「知事の引責辞任を条件に立木の伐採に応じる」との申し入れを、書面とともに提出したのである。

予期せぬ提示であった。即答を避け後日の返答を約束したが、私は要求に応ずるつもりはなかった。開港延期と工事の追加支出を招いた一連の責任は、期末手当の全額カットと報酬の減額措置（3割、3カ月）によりすでに果たしていた。けじめはつけたと考えていたのだ。

さらにこのころ、私にはもう一つ重い決断が迫られていた。夏に予定される知事選出馬への意思表明である。年末年初以来、新聞各社やテレビ各局の取材を受けていたが、記者の関心は常にその一点にあった。

取材に対しては「まだまだ県民のお役に立てるつもりだ」という思いを明かしつつも、

出馬への明言は避けていた。それでも各紙は「知事、5選に意欲」などと見出しを打って、読者の関心をひこうとしていた。

開港までの道筋がついたとはいえ、航空会社との詰めの折衝など完全運用をめざしてやることは山積する。「不出馬」を表明すれば私の求心力は陰り、職員との信頼関係も行政の推進力もたちまち失墜する。開港スケジュールに影響が及ぶ懸念が十分にあった。

それだけは避けたい。といって高まる多選批判を押し退けてまで出馬したとして、それで果たして県民の理解と支持は得られるのだろうか。

実際、この時点で自民党県連の幹部からは「石川支持で一本化するのは困難」という党内情勢を知らされていた。民主県連や「平成21」など、独自候補を模索する会派の動きも伝わってきた。これまでのような「オール与党体制」の支援は到底見込めない。思案のしどころであった。

そこへ地権者からの要請である。私が辞職を約束すれば立木を除去するというのだ。申し出を拒み、立木を強制除去する方策を選ぶとなれば、新たな法廷闘争が予想される。判決が確定するまでには数年がかかるだろう。

熟慮の挙げ句、私は交渉の打開に向けて地権者の申し出を全面的に受け入れることを決意した。大きな政治的決断だった。その決断を県民に公表するのにまずは自民党に、さらには県議会において説明の機会を持たなければならない。収束に向けたそのような手だてを模索しているうち、これを地元の静岡新聞に見事すっぱ抜かれてしまった。「石川知事、辞意表明へ　開港に道筋」。3月25日朝刊の一面トップ記事であった。同日午後、県庁で緊急記者会見を開いた。集まった60人にも上る報道陣を前に私は淡々といきさつを述べ、多くの記者の質問に答えた。翌26日、各紙は朝刊で私の会見内容を詳しく掲載し、テレビ各局は前日夕からにぎにぎしく報じた。

会見と並行して空港現地事務所の職員が地権者宅を訪れ、私の辞任要求受け入れを伝えるとともに、当方との協議に応ずるよう求める文書を手渡した。地権者はこれに応じる姿勢であった。この日、立木問題は一つの区切りを迎え、開港に立ちはだかっていた大きなヤマを乗り越えたのである。

開港へ

これに先立ち、空港の供用開始届けを国交省が受理し、暫定運用ながら6月4日の開港が事実上確定した。後に同省が告示し、正式決定となった。

再三の開港延期により、もたつく印象を航空業界に与えてしまった静岡空港だが、ありがたいことに就航希望は順調だった。

特に韓国路線にはアシアナ航空、大韓航空が相次いで就航を決め、1日2便が飛ぶ。これは福岡空港に次ぐ規模だという。上海路線はすでに中国東方航空が週4便の定期便を就航すると表明していた。これも地方空港では異例の措置である。

こうした中、静岡空港を拠点に航空運送事業に新規参入する「鈴与」傘下のフジドリームエアラインズ(FDA)が、運航1号機となるジェット機を関係者に披露した。ブラジル・エンブラエル社製の76人乗り小型機で、7月から小松、熊本、鹿児島の国内3路線に就航する。

鈴木与平社長は「新しいビジネスモデルで業界に新風を吹き込む」と意欲的だ。郷土に生まれた航空会社である。その将来に大いに期待したいと、私は乗務員訓練のため大分空港に向けて飛び立った小型ジェットの真っ赤な機体を追いながら胸を膨らませた。

この間も地権者との協議は続き、最終的に5月中旬までに立木などの障害物件を除去することで両者の合意が成立した。これに基づいて除去作業は5月17日に完了、適法な処置であることを確認して19日午前、公約通りに私は辞表を提出した。地方自治法の規定により、30日後の6月18日に知事を失職となる。

残された日々、全力を傾注して開港準備に当たるのが責務であると、私はひたすら前向きな思考であろうとした。が、メディアにとってニュースの核心はやはり「知事辞任」であって、この日の朝は知事公舎で公用車に乗り込む時からカメラの放列に会い、記者に追いかけられた。

県議会議長に辞表を提出した後の臨時記者会見では、当然のように4期16年の知事職を終える心境を問われた。何を語ったか、当時の報道で振り返る。

「懸案が滞りなく解決し、ホッとしている。道路や空港などの社会資本整備では私なりに目標、テーマを設定し取り組んできた。地域の将来を考えてやってきて、ほぼ目論み通りやり終えたと思う」「自己評価点？　点数は付けられないが悔いはない」「この16年間で時代は大きく変わり、中長期の課題が浮き彫りになった。それは次の知事さんの対応に期待をしたい」「知事は何期やるとかが目標ではない。地域の将来にどんな施策や事業が望ましいか、そういう観点で仕事をしてきた。それを県民、有権者の皆さんが支持し理解して下さる限りやり続けよう、そう思ってやってきた結果が4期16年だ」「5期は長いから辞めよう、という単純な考えはなかった。まだお役に立てる、まだ耐用年数はある、と言い続けたのはそういう思いからだった」——。

会見場で私は記者の皆さんと40分余り、そんなやりとりを交わした。

思えば知事の立場でこのような会見に立ち会う機会も、あと残りわずかである。昭和50年、学事文書課長として初めて本県に着任して以来の来し方を脳裏に思い浮かべながら、マイクの前で私は少しばかりの感慨に浸った。

＊＊＊＊＊＊＊＊＊＊＊＊＊＊＊＊＊＊＊＊＊＊＊＊

最後の仕事

それから半月後、「最後の地方空港」といわれ、国内98番目の運用開始となった静岡空港はようやく開港した。景気低迷でビジネス客の利用や観光需要が落ちこむ中、新型インフルエンザの流行が重なるなどして、残念ながら順風満帆の船出とはならなかった。だが、まずは国内6路線、海外2路線の就航に目途をつけたのだ。

開港式の空港周辺は曇り空ながら視界は良好。これから先の吉兆を予感させる空模様であった。式典で私は「まさに空港の未来を暗示している」と挨拶し、高らかに開港を宣言した。これを合図にくす玉が割られ、空港ターミナルは一気に祝祭ムードに包まれた。この日、私は知事として最後の仕事を終えた。

7月5日執行の知事選には結局、自・公推薦の元副知事で自民党参院議員の坂本由紀子氏、民主・社民など推薦の元静岡文化芸術大学長の川勝平太氏、共産党公認の平野定義氏、

静岡空港開港式＝平成 21（2009）年 6 月 4 日　© 静岡県

無所属で元民主党参院議員の海野徹氏の４人が立候補した。

近づきつつある総選挙の前哨戦として全国の耳目を集める知事選となり、国政で「政権交代」を掲げる民主陣営は鳩山由紀夫代表ら党幹部が続々と川勝候補の応援に来静した。逆風の自民と追い風に乗る民主の争いは大接戦となり、川勝氏が坂本氏の追い上げをかわして初当選した。1万5千票という僅差の勝利であった。

ついでながら触れると、この民主党ブームは知事選後の8月末に行われた第45回総選挙でも全国を席巻し、同党は歴史的勝利を遂げた。

衆院の絶対安定多数を超える３０８議席を獲得し、政権交代を期待して投票所に足を運んだ多くの有権者自身をも驚かせる結果となった。鳩山政権の誕生を横目に、118議席という大惨敗に終わった自民党は昭和30年の結党以来保持してきた衆院第一党の座から滑り落ちたのだった

▽静岡空港をめぐる動き

昭和61（1986）年7月　県内経済界などでつくる研究会が斉藤知事に空港設置を提言
昭和62（1987）年12月　空港建設地を榛原町・島田市に決定
平成3（1991）年11月　第6次空港整備5カ年計画に静岡空港が「予定事業」に盛り込み
平成5（1993）年8月　石川知事が初当選
同月　静岡空港新設が「新規事業」に格上げ
平成7（1995）年12月　県が運輸省に静岡空港の設置許可を申請
平成8（1996）年7月　運輸省が静岡空港の設置を許可
10月　反対住民が空港設置許可の取り消しを求めて運輸相を提訴
11月　用地買収を開始
平成9（1997）年7月　石川知事再選
平成10（1998）年2月　開港予定を平成15年11月から平成19年春に延期

11月　空港本体工事起工式

平成12（2000）年12月　空港設置許可取り消し訴訟で住民側が敗訴

平成13（2001）年6月　市民団体が27万人分の署名を添えて空港建設の是非を問う住民投票条例の制定を直接請求

7月　石川知事3選

9月　県議会が住民投票条例案を否決

平成15（2003）年5月　空港予定地で航空測量開始

平成16（2004）年11月　土地収用法に基づく事業認定を国に申請

同月　開港予定を平成19年春から平成21年春に延期

平成17（2005）年7月　国が土地収用法に基づき事業認定

同月　反対地権者らが事業認定の取り消しを求めて提訴

同月　石川知事4選

平成18（2006）年2月　富士山静岡空港株式会社が設立

平成19（2007）年1月　県収用委員会が土地収用を認める裁決

平成20（2008）年
7月　全日空、日航などが相次ぎ定期便就航を表明
12月　旅客ターミナルビル工事着工

平成21（2009）年
7月　フジドリームエアラインズが鹿児島などに定期便就航を表明
8月　空港本体部の工事完成
9月　滑走路西側私有地の航空法に抵触する立木の存在を県が認める
10月　県議会全員協議会で石川知事が平成21年春の開港断念を表明
短縮滑走路による暫定運用の方策を説明
12月　開港を平成21年6月4日と発表
2月　石川知事と地権者が直接協議
3月　石川知事が辞任の意向を表明
5月　石川知事が辞表提出
6月　静岡空港が暫定開港

第十三章　知事退任後～現在

「地方自治論」を講義

知事を退任し政治活動から身を退いた私は、請われて三島市にキャンパスを置く日本大学国際関係学部で客員教授として教壇に立った。週に一度、藤枝の自宅から在来線と新幹線を乗り継いでゆく通勤の小さな旅は、車窓の眺めからして新鮮な体験だった。

その教員生活が2年目を迎えた平成23年6月、私は皇居宮殿「松の間」で開かれた春の叙勲親授式において、最高裁判事経験者など他の4人の方とともに、天皇陛下より旭日大綬章を賜った。

東日本大震災の災禍から3カ月。祝賀のムードはどこか控えめで、メディアの報道も抑制の効いたものであった。私は新聞のインタビューに応じ、「静岡県の存在そのものが受賞の背景にあると感じている」と、思いを伝えた。

旭日大綬章の対象は国家あるいは公共に対して功労のある者、とうたわれている。知事も任期が長くなれば「有資格者」となるようだが、といってそれだけでもないらしい。在任中に私は全国知事会の地震災害対策委員長や、内閣府では中央防災会議や地震調査研究推進本部などの防災関連会議の委員を務めた。

これらの公職は「地震県」である静岡県知事として避けては通れない職務であり、県民、あるいは国民に対する責務として誠実にこなさなければならない。静岡県知事だからこそ担わざるを得ない責任、担うべき役割であり、私はその職責を懸命に果たしたつもりである。「静岡県の存在……」とはそういう意味であった。

防災先進県の知事としていささかの経験と知見をもとに、時には国にも物申した。静岡県知事としてのそうした取り組みが評価を得たのである。身に余る栄誉をいただき、私は静かに喜びを噛みしめた。

三島に通う生活はその後も続いた。主に3年生を受け持つ私の担当は「地方自治論」である。ナマの現場体験を交えてこの国の地方自治制度のあり様を解き、行政学、政治学を解説した。学生は卒業後に公務員を目ざす者も多く、熱心に講義に集中してくれた。

思えば私と地方自治との関わりは半世紀の長きに及ばんとしていた。昭和39年4月、胸ふくらませて当時の自治省に入省以来、本省と三重、千葉、静岡の3県を行き来した。そして静岡県知事を4期16年務め、退任時には通算すると地方自治行政との関わりは45年を数えた。

国家公務員としてのスタートは、まさに高度経済成長の実りが日本国内を潤し始めた時期だった。一方で成長のひずみとして地域間格差が極めて顕著になりつつあった。これを解消するのが自治官僚の務めではないか、という思いを支えに私は役人生活の日々を送ってきた。

そうしていよいよ知事に就任するころ小泉政権が誕生し、政策の柱の一つとして地方分権の推進強化をうたい始めた。地方にとって、さらに私にとって願ってもない内閣の出現である。地方がそれぞれ独自の政策を展開するに当たって政府が後押しをしてくれる、そういう環境が整いそうだというので非常に勇気づけられた。

それまでの政権も地方の自立に無関心であったわけではない。ただ、建前として地方自治を言いながら、実際には中央主導ですべての政策が立案され展開された。地方は実施機関として位置づけられたに過ぎず、地方独自の視点で政策展開を試みることなどほとんどなかった。

その反省に立って小泉内閣が地方分権改革を言い出したのである。それは市町村合併のさらなる推進であり、中核市や政令市の設置を目ざしていた。さらに都道府県レベルでいえば道州制の導入であり、いずれにしても大きな地方制度改革に取り組むべく国が動き出したわけである。

小泉内閣の分権推進は国の地方に対する関与を縮小し、地方の権限や責任を拡大するという理念で、国庫補助負担金改革や地方交付税の見直し、税源移譲の3つの柱からなる「三位一体の改革」と称された。戦後間もない「昭和の合併」に続き、「平成の大合併」と呼ばれる市町村の大再編事業となった。

もっとも、国の主導の下で進む平成の合併が全国で熱を帯びる以前から、静岡県では県都の静岡市が隣接の清水市と協議会を作って合併の道を探っていた。私はこれに加えて浜松市と周辺市町村の合併、さらに県東部の沼津・三島を中核とする広域合併の構想を描き、県内3つの政令市実現を目指した。

別項で記したとおり、結果は生まれ変わった静岡、浜松の2市が晴れて政令市への移行を実現したものの、残念ながら沼津・三島の構想はとん挫してしまった。とはいえ、本県において平成の合併は他県に比して極めて活発に推移したと思う。

日大三島キャンパスにおける週1回の講義では、学生自身が住まう生活圏で進行することのような自治体の変容を一つのケースとして取り上げ、地方自治の制度論を説く中での具体例として解説することもあった。そんな三島通いの生活も5年が経ち、私は75歳の定年を迎えた。

お茶は妙薬

キャリアの最終に大学教官の体験を加え、私の地方自治との付き合いはちょうど半世紀をもって終了となったわけである。以来、終の棲家の藤枝市郊外の田園で夫婦2人の静かな暮らしが続いている。知事就任中に2度のガンを体験したが、今はすこぶる健康な毎日である。ここ数年は、年に1度の健康診断以外に医師のお世話になることもない。

私が日常、気を配ることの1つが「真向法」で、もう1つがお茶を食べる健康法である。この2つの習慣が極めて体に合っている。真向法は股関節を中心に姿勢を整える心身のリフレッシュ体操で、畳一枚のスペースがあれば手軽に取り組める。役人生活の40代のころに出会い、ずっと親しんできた。おかげで私の身体は相当に柔軟になっている。そしてお茶である。茶産地・静岡の知事として、緑茶には相当うるさい口だ。とは言いながら「茶を食す」習慣はなく、人に勧められて始めた。東大剣道部の先輩である元警察庁長官の國松孝次氏である。

知事に就任して間もなく、所用があって上京の折りに当時警察庁次長だった國松さんを役所に訪ねたことがあった。よもやま話の中で「日本茶の効用」が話題になり、相談を持ち掛けられた。なんでも尿酸値が高く、健康診断の度に指摘されて困っておられる様子だった。

それなら格好の道具がある。このころ静岡市内の木工業者が作った「茶を食す」ためのアイデア商品が話題で早速、茶葉を粉に挽くその道具一式を差し上げた。すると3カ月も経ったころ、ご本人から感謝の電話があった。

粉末の茶を毎日食べ続けた結果、尿酸値が劇的に改善したという弾んだ声だった。おまけに「君もやってみたら……」という半ば強制的な薦めもあって、それ以来、私もヨーグルトに粉茶をふりかけたりして、茶を食す習慣にすっかりなじんでいる。

カテキンをはじめとする緑茶成分が、がん細胞の抑制や脳の機能維持・増強に効果があることは、県立大薬学部をはじめとする国内の各種研究機関による最新の臨床試験や疫学調査で明らかになっている。にもかかわらず緑茶の一人当たり購入量は減少の一途で、ことに若者の緑茶離れは著しい。そんな情報を耳にするたび、切歯扼腕の思いが私の胸をざわつかせた。

國松さんといえば、警察庁長官時代の平成7年3月、出勤のため東京・荒川の自宅マンションを出た先で、背後から何者かに狙撃されるという衝撃的な事件の被害者となる。腹部などに銃弾3発を受ける瀕死の重傷だったが手術が成功し、2カ月半後には職場に復帰するという奇跡の回復ぶりを示した。

退院後に話をうかがった。弾丸摘出の手術は数時間に及んだという。それに耐えられたのは「術前の検査で何の問題も見つからず、すこぶる健康体という結果だった。それで直ちに手術に着手できたんだ」とおっしゃっていた。それもこれも「お茶の効用だよ」と力説され、勧めた側としては安堵の思いしきりだった。

すっかり緑茶ファンとなった國松先輩は、全国24万の警察庁職員が講読する広報誌で緑茶の効用を説いたり、「茶を食す」ことの効能を会う人ごとに広めて下さった。まさに日本茶の広告塔を務めていただいたような奮闘ぶりで、茶どころ静岡の知事として感謝感激であった。

茶に関してはヒゲの宮さま、寛仁親王殿下との思い出も深い。平成11年、私は静岡市内で開かれた「世界お茶フォーラム in 静岡」における記者会見で、緑茶の世界的普及を目ざす新たな国際イベント「世界お茶まつり」の開催計画を内外に公表した。日本で普及・発展した緑茶の文化や効能、機能などあらゆる研究成果を世界に情報発信し、優れた緑茶産業の発展に寄与する狙いで、2年後の平成13年に第1回大会を計画した。その実行委員会の名誉総裁を寛仁さまにお願いし、実現したのである。

殿下は自らもがん治療と闘いながら、がんの征圧運動に取り組んでおられ、高松宮妃癌研究基金総裁として静岡がんセンターの設立にご助力をいただいた。そんなご縁があって、このお話も快くお引き受け下さった。

日本茶の魅力を世界に広めるキャンペーンの舞台は整った。世界中の緑茶関係者の関心を呼び込むためにこの大会は私の在任中、3年ごとに開催した。また、緑茶に関わる学識経験者や茶業関係者などで組織する、学術会議ともいうべき「世界緑茶協会」を合わせて立ち上げた。

お茶まつりの開催で得られた情報や技術、人的ネットワークなどの成果を蓄積する組織で、大会を継続開催していくのに必要なエンジンとしての存在でもある。協会はその後、公益財団法人化して現在に至っている。

第1回の世界お茶まつりは平成13年秋、静岡市のグランシップを主会場に開かれた。大会に強い関心を寄せた韓国、中国のほか、英国など世界の生産国12と国内の13府県が参加し、試飲ブースなどを設けて人気を集めた。また、ツインメッセ静岡では関連機器の展示があり、こちらは茶業関係者でにぎわった。

3年後、2度目となる大会の参加国・地域は24に倍増し、会期中に14万人の内外客が来場した。緑茶を世界市場に売り込むという当初の目論見は形ができつつあるようにもみえた。

私はこのころ、将来的には食品や飲料など消費流通商品の品質を審査・認証するヨーロッパの先例に倣い、緑茶の「モンドセレクション」を立ち上げていきたいなどと先々のことを思い浮かべていた。

だが、いざ商取引の拡大となるとそんな簡単なものではない。コーヒー、紅茶の習慣を緑茶に変えるなどという試みは食文化の大転換であり、世界の価値観への挑戦でもある。なまなかのことでは欧米人の関心を引き付けることは困難であった。

ただ、煎茶の習慣と異なり抹茶はドリンクとして、例えば砂糖などを加えても違和感のない受け取り方をされていた。方法はいろいろありそうだ。今後はその辺りに焦点を合わせて茶の振興に結び付けていく努力が求められる。最近はドリンク材料として抹茶の輸出量は増えていると聞く。可能性は小さくないのではないか。

食は人類にとって欠かせない日常の営みである。茶も含め、我々が口にする食材の向こう側には生産者の日々の努力の積み重ねがある。知事在任中、多くの農業従事者と交流する機会があり、知り合うことができた。高齢化や後継者不足、新規農業者の減少、さらには国内外の激しい競争と、本県の農業も厳しい環境下にある。国際化に対応した魅力ある農業を構築するため、市町村と連携しながら県も新たな農業施策を展開していかなくてはならない。

茶はもう一つ、我が家とは関係が濃い。私に茶道を習った体験はないが、妻玲子は早くから茶をたしなみ、裏千家茶道の教授の免許を許された。ただ、お弟子さんをとって教えたことはない。私の役人時代は転勤続きだったし、知事になって政治活動が加わるとなおのこと、そうした活動は慎むべきではないのかという思いが強くなったからである。

知事を退任して藤枝の旧居を建て直す時、家内の設計で和室の一つに炉を切り、茶室を設けた。老後は存分に茶の湯を楽しんでもらいたいという、私のせめてもの感謝の思いであった。その茶室を「藤里庵」と名付け、時おり客人を招いて茶会を開いた。

茶会は飲食を伴う。心を許す人たちと交わす茶席の会話は楽しいものであった。秘密の会話、謀りごとを企てるにはうってつけの場所でもある。信長や秀吉の戦国時代、権謀術数の日々に身を置く武将たちの間に茶の湯が流行ったという故事は極めて納得のゆく話である。

藤里庵の茶席には謀りごとなど全くなかったが、ここで茶会を開くとなれば亭主は当然、家内の務めだ。私は裏方である。仕出しの注文に始まって客人との連絡や当日のお世話など雑事一切を引き受け、汗をかいた。下足番も当然、私の仕事であった。

そこで私は、そのころ持ち歩く名刺の肩書に「藤里庵執事」と名乗り、笑いをとってい た。旧知の方も初対面の方も決まっていぶかし気な表情を見せ、説明すると頬を緩めて得心して下さる。私にとって愉快な一瞬であった。

真向法、そして緑茶との付き合い、この二つの健康法に加え、引退して後に励んでいるのが就寝前の読経である。我が家の菩提寺は日蓮宗で、長兄が亡くなり、私が後を継いだ。毎晩、夕食後になると仏間に座った。居住まいを正して日蓮宗の教え「法華経」を読み、お題目を唱える。1時間半ほどの心静かなお勤めである。

健康法かどうかはともかく、下腹に力を込めて声を発する行為は精神を安定させる。真向法と相まって身体にとてもいいことであると確信している。そんな毎日を送りつつ令和3年、私は傘寿の峠を越えた。一日一日、感謝の思いを積み重ねながらの日々である。

窓辺

静岡新聞夕刊コラム（1981.8.7-10.30）を再録

ヨーイコノサンセ！

「ヨーイコノサンセ（良い子の三世）！」

二昔前まで木造住宅の建築現場でよくこの掛け声が聞かれたものである。これは、家の基礎固めのため七―八メートルの櫓（やぐら）を立て、大きな石や鉄塊を三方から綱をつけてつり上げては地面にたたき落とす作業の際、人夫衆が節をつけて掛け合う掛け声である。

ある人が艱難（かんなん）辛苦の末、大きな財をなし、一家を繁栄に導いた場合、二代目の息子は親と苦労を共にし、親のなめた辛酸と苦労の程も十分承知しているので、親の遺産を大事に守り、大きくしようと一生懸命努力もする。しかし、三代目にあたるその子供に対しては、自分が経験した辛い思いや苦労はさせたくないとする気持がつい働くため、どうしても甘く育ててしまう。その結果は、ドラ息子、放蕩（ほうとう）息子の誕生となり、二代にわたって築いた財産も三代目ですってんてんという例が多い。

そこで、せっかく家を新築することになった一家が先々良い三代目をちゃんと育てて末永く栄えますようにという願いを込めて「ヨーイコノサンセ！」と掛け声を出すのである。

戦後わが国は世界にもまれな高度経済成長を成し遂げ、最近の二度にわたる石油危機も見事に乗り切って、今や先進諸国中最も順調な経済運営を誇るまでに至った。しかしこの繁栄のなかで、青少年の非行が増加の一途をたどっている。

今日の青少年は豊かさを謳歌（おうか）できるようになった日本のいわば三代目である。その三代目が、万引しても罪の意識を持たず、赤信号皆で渡れば怖くない式に自主性がなく、したいことをなぜしてはいけないのかと自制心もなく育っていくとしたら、これは個々の家庭の不幸の問題にとどまらず、これから先の日本にとっても一大事である。

今後日本に対する国際社会の風当たりはますます厳しくなるであろう。そのような状況のなかで資源小国日本が繁栄を持続していくためには、これまで以上に民族の努力と英知を結集しなければなるまい。良き三世の育成は、まさしく現下の最大の国民的課題であると思う。

1981.8.7

周総理の恩師　松本亀次郎

静岡県では、他県にさきがけて昭和五十四年から二年交代で県内公私立高校の国語の先生十人を北京、上海、旅大などの大学や外語学院へ日本語教師として派遣している。派遣された先生がたは教材不足などの困難な条件にもめげず、立派な教育成果をあげ中国側関係者から大変感謝されている。

先日、郷土史家の増田実、平野日出雄両氏から、戦前長期にわたり、中国から日本への留学生の日本語教育に携わり、今なお中国で「留学生の良き師、中国人民の良き友」として高く評価されている本県出身の故松本亀次郎氏の話を伺った。

明治三十六年、佐賀師範学校の教諭であった松本氏は嘉納治五郎氏経営の宏文学院教授に招かれ、以後昭和六年、自らの創立になる東亜高等予備校を辞するまでの間、中国人留学生に対する教育、とくに日本語教育に心血を注がれた。日本の中国大陸への武力侵攻にはいたく心を痛め、日中間の友好平和の回復を念じつつ、昭和二十年、郷里小笠郡大東町上土方において八十年の生涯を終えられた。

同氏の教え子は今なお中国社会の各方面で活躍しているが、故周恩来総理もその一人であった。一昨年周総理夫人鄧穎超女史が来日された際、わざわざ松本氏の遺族に面会し、周総理が日本留学当時、松本氏に師事し、お世話になったことに対し感謝の意を述べておられる。

また、昨年五月には、中国政府の日本語版広報誌「中国画報」は「中国人留学生の良教師」と題して松本氏の事績を称える記事を掲載している。

今日、全国の先頭に立って中国の日本語教育充実の手助けをしている静岡県の現状は、図らずも松本氏の遺業、遺思を継承したものになっている。何か奇しき因縁めいたものを覚え、感慨深い。

日中の友好親善は両国の繁栄とアジアの、いな世界の平和にとって不可欠である。現代版松本亀次郎先生方の一層の活躍によって日中の絆がますます強固になることを切に願うものである。

1981.8.14

郷土を愛する心

私はかねてより、郷里を離れて他所で活躍している静岡県出身者と静岡県（の人々）との関係が、他県の場合と比べて極めて淡泊であることが気になっている。

卑近な例として芸能人の場合を取り上げてみよう。岩手県出身のある歌手が東北弁を殊更に使ってそのことを強調し、歌の良さと三枚目的キャラクターとが相まって人気を博している。そして岩手県はこの歌手を県の宣伝に多大の寄与をしたとして表彰したことがある。

しかるに本県出身の芸能人は、およそ郷里のことを自ら話題にすることがない。例えば喜劇的マスクを売り物のあの人気女性タレントが「富士山の見える所に美人は育たないという俗説は真っ赤な嘘。だって、私静岡県出身だもん」とでも言えば大受け間違いなしと思うのだが。一方、地元では彼女が静岡県出身だからといって特別沸き立つわけでもなく、それ故に人気が高まるというのでもない。両者の関係はまことにクールと言ってよい。

八〇年代は地方の時代と言われる。地方の時代とは、地方がそれぞれ、いかに知恵を出し特色あるすばらしい地域をつくり上げていくかを競い合う時代である。と同時に、現代は情報化時代であり開かれた社会へ必然的に転換していく。

このようななかでの地域づくりは、まず何よりも地域を愛し、郷土を慈しむ心が土台となる。しかし、これは井の中の蛙大海を知らず式の偏狭な郷土意識ではなく、客観的な事実認識に裏付けられたものでなければなるまい。その点でことし一月に県教育委員会で刊行した「地域の発展に尽くした人々」が子供たちの郷土意識をはぐくむ教材として好評を得て活用されていることは喜ばしい。またこのように足元を見つめ直すほかに、郷里を出てさまざまな分野で活躍をしている人々との関係を見直すことが必要であると思う。

これらの人々は後輩の励みとなり、目標ともなる。また、郷土の良さも欠点も客観的にとらえうる立場にいる。これらの人々との結びつきを深め、その事績を顕彰し、意見や批判を素直に聴き、その力を地域づくりに生かしていくという構えが必要なのではなかろうか。

1981.8.21

生きとし生けるもの

ある真夏の昼下がり、田圃道を歩いていた友人がお百姓に手綱を引かれた牛車と出合った時のことである。すれ違いざま、何気なく牛の目と友人の目が合った途端、その牛はいきなり暴れ出し、友人目がけて突進してきた。鈍足の彼は吃驚(びっくり)仰天の暇すらなく、脱兎の勢いで逃げ出し、幸いなことに道端にあった松の木によじ登って辛うじて牛の攻撃をかわし、命拾いすることができたということだ。

戦前の台湾での話だが、農場で砂糖キビの生育状況を調査していた精糖会社の人がある時、畝間で突然、猛毒をもったアマガサヘビに出会(でくわ)した。心臓が止まるほど驚いたが、向こうもハッとして立ちすくんだように見えた。しかし、次の瞬間にはヘビはサッと見構え、飛びかかる姿勢に変わった。どれだけか睨み合いが続いた後、その人はヘビの目を睨みつけたまま、そらさないようにして徐々に後退し、ヘビとの間合を広げていくと、やがてヘビは砂糖キビの中へスルスルと消えて行った。戦い済んで我に返ると、暑い台湾にもかかわらず、体がガタガタと震えてしようがなかったということだ。

紀伊半島のある漁村に出掛けた時、素モグリで魚を獲る村一番の名人と会った。その人の話によると、大物を射止める時は決闘のようなものだそうだ。魚の習性から推して、やって来そうな所で待ち構え、運良く大物に行き合った場合、決まって睨み合いになる。途中、一瞬でも目をそらしたり、睨み負けたと思ったりした時は、どんなに素早くモリを投げても絶対に当たらないということだった。

このような動物との出合いの話は、人間のつくり出した文明の前にはいかに無力に見える動物達でも、すさまじいまでの防衛本能を持ち、生き物としてゆるがせに出来ない存在であることを改めて我々に思い知らせてくれる。

我々は、人間も他の生物と同じように神からその存在を与えられた自然の一部であるという謙虚さを失ってはなるまい。牛の一突き、ヘビの一咬(か)みによって、いとも簡単に命を失うことだってあるのだから。

1981.8.28

暗示

人は一生の間、実にいろいろな暗示にさらされ、なんらかの影響を受け、それが親や兄弟のような身近な人とか、憧れたり、尊敬したりする人によるものであればあるほど、その影響は大きい。また、暗示は与える側が意識すると否とにかかわらず、結果として相手側にとって強烈な暗示となる場合がある。

私は中学生になって間もなく碁を覚え、熱中した。夜寝床に就いても天井が碁盤に見え、なかなか寝つかれなかったほどである。その夏、東京へ就職していた兄が休みをとって帰ってきた時、碁を打ってもらった。兄は碁を覚えてから短時日のうちにメキメキ腕を上げ、習っていた専門棋士から「もっと小さなころからやっていればプロにもなれた素質がある」とほめられたことを自慢していた。

その兄に「僕は強くなれそう?」と聞くと、「お前の碁は手筋が悪い。しかし、どんなヘボでも一生懸命やれば、しまいには初段位にはなれるということだ」とのご託宣、それでも碁の熱中時代はしばらくは続いた。だが、やがて思ったように腕が上がらぬことがわかってくるに従って、心の底に「やっぱり兄貴の言う通りかも」という思いが広がり、やる気が失せていった。

その後、幾度か思い直して上達を試みるものの、「いくらがんばっても、しょせん、初段止まりじゃあつまらない」という思いが頭の隅にあって長続きしない。こういうことの繰り返しの結果、未だ初段はおろか、ザル碁の域さえ脱し切れないでいる。

暗示は悪い方向に作用した場合、いつの間にかその人を歪んだ条件づけで縛ってしまう。その逆の場合は、意欲を高め、能力を発揮させ、自己実現に力を貸すことになる。私は最近ヨガの有名な言葉として

I imagine it.（私は想像する）　I think it.（そう思う）
I believe it.（そう信ずる）　I live it.（その通りになる）

というのがあることを知った。

兄の暗示をはねのけ、この言葉に従って初段、いや、それ以上を目指してもう一度碁に挑戦してみようかと思うこのごろである。

1981.9.4

昭和世代の責任

ある時、昭和一けた生まれと昭和十年代生まれと戦後生まれの三人のサラリーマンが酒を飲みながら次のような話をしていた。

一けた氏「最近、友人が循環器疾患が原因といわれるぽっくり病というやつで突然死んでしまった。やっと重役になって、さあこれからと張り切っていただけにかわいそうだ。どうもこの病気、我が世代に多いそうだ。育ち盛りが戦中戦後の食糧難の時代だったため、栄養の摂取に問題があって、血管がぼろぼろになりやすいのがいけないとのことだ。悲しい世代だよ、我々は」

十年代氏「我々も戦中戦後の苦労は多少とも経験しているから、先輩のお気持ちはよくわかります。しかし、我々は例の団塊の世代というやつです。同僚同士の激しい競争で神経をすり減らし、ストレスが昂じて、ついにはうつ病などの精神障害に陥るケースが増え、問題になっているのです。それにしても、今の若者は今日の繁栄が我々や明治大正生まれの諸先輩の苦労の賜物であることをどう思っているのだろう。

明治、大正生まれの人は風呂に入る時、湯がいっぱいだったら、まず湯を使ってから入るという。戦前生まれの我々はそろそろと体を湯舟に沈め、あふれ出る量を出来るだけ少なくしようと細心の注意を払う。いずれも、湯を無駄にしてはもったいないと思うからだ。しかし、戦後生まれときたら、いきなりザブンと飛び込んで、いくらあふれようとおかまいなしだ。こんな調子ですべてやられたんじゃ、お先真っ暗だ」

戦後生まれ氏「諸先輩には心の中で十分感謝していますよ。ただ、型にはまった口上やお世辞が言えないだけなのです。今の若者は『なんとなくクリスタル族』や『竹の子族』だけだと思わないで下さい。今の若者は多様です。我々はやらねばならないとなったら、マラソンの瀬古や柔道の山下みたいに、ものおじせず、思い上がらず、さっそうとやり抜く強さとクールさをもった世代なのです。ご安心下さい」

一けた氏・十年代氏「酒を飲んだ上での大言壮語に終わらぬよう頼みますよ」

今年は昭和に入ってすでに五十六年目。そして戦後三十七年目。昭和生まれが全人口の八割を占め、戦後生まれだけでも五割を超えている。昭和生まれの責任重し。1981.9.11

偏差値よ、さようなら

現在の日本の大学入試で最大の難関は東大の理Ⅲ（医学部進学コース）である。先日、文部省のある人から「理Ⅲの学生に入学の動機を尋ねると、医者や医学を志したからではなく、自分の成績からいって他を受験することなど考えられなかった、ここよりやさしい所へ行くのはプライドが許さなかったからだと答えるのが相当数いる。こういうのに限って重い五月病にかかって困る」という話を聞いた。試験の点数即その人の能力や立派さの証明という錯覚もここまで来ては重症で、激化する受験競争の中の単なる話題として聞き流すにはあまりにも重大なものに感じた。

試験地獄の元祖は中国である。昔の中国では官吏の登用にあたって科挙という試験を行った。科挙に合格し、「進士」になれば、昇進のエスカレーターに乗ったも同然で、高級官吏としての出世が約束された。かくて科挙に向けて猛烈な受験競争が展開された。何万人もの受験者が何段階もの試験でふるいにかけられ、晴れて進士になれるのは三年に一度の会試に合格した二、三百人にすぎなかった。この進士たちは、最後に殿中で天子自らが立ち会う殿試において順位がつけられ、そのトップは状元と呼ばれた。天下の俊秀中の俊秀の折り紙がついたわけで、大変な名誉であった。

最近の売れっ子作家陳舜臣の「弥縫録」によれば、この状元で本当に天下を動かした人物は極めて稀(まれ)で、よく活躍したのは殿試の成績の上の下や中の上クラスの人たちだそうだ。日本でも有名な曽国藩や李鴻章などは状元ではなく、また、袁世凱などは進士にも及第しなかった挙人であったそうである。

この中国の例にみるごとく、世の中が真に必要とする人物はペーパーテスト至上主義の中からは生まれてこない。このような反省から、最近の新卒者の採用にあたっては、官民を問わず、一定の学力があればその優劣よりも学力以外の要素に重きを置く傾向にある。

偏差値主義に毒され、受験競争に勝ち抜くことが人生の一大事と錯覚する風潮は一刻も早くなくさなくてはならない。子供たちの真の幸せのために、また、これからの日本がますます必要とする人間性豊かな創造力に富む人材の育成のためにも。

1981.9.18

マンガをガマン

子供が学校から帰宅すると、いつもはカバンを置くのももどかしく外へ遊びに飛び出して行くのに、今日は珍しく机に向かっている。親はやっと勉強する気になってくれたかと内心嬉しく思いながら、のぞいてみると、友人から借りてきたマンガの本を読み耽っていてがっかり、ということがよくある。

また、バスや電車の中で、昔だったら川端康成などの純文学書をさりげなく抱えたり、朝日ジャーナルなどを読んで格好をつけたがる年ごろの若者が最近では、恥ずかしげもなく「少年（少女）〇〇」といったマンガ雑誌を読んでいる情景をよく見かける。

子供や若者が夢中になっているマンガの中には、確かに大人が見ても結構楽しいものがある。マンガは活字本と違って、読む側が想像し、推理し、あるいは思索するという知的作業をする必要がない。読むというより、見るだけでほぼ理解できる。だから、マンガは気分転換や暇つぶしにはもってこいである半面、読む者の思索する力を高めたり、知的能力を向上させる作用が少ない。

各種の読書調査から若者の活字離れ傾向が明らかになっている。書籍よりも雑誌、雑誌も活字よりもマンガという志向。今日、わが国は毎日七十余点の新刊書が店頭に並び、年間三十三億冊の書物が出版されている。このうち約三割、実に十億冊がマンガ本だと推計されている。

このごろの若者は思考が短絡的、感覚的で、思索することが不得手だといわれる。これにはテレビとともに、このようなマンガの氾濫が大いにあずかっていることは否めない。このままでは文化的に退行しかねないと心配する向きもある。しかし、これについてある大学の先生と話をしたら、先生曰く「最近の大学生を見ると、マンガ、特に劇画を通してまず世間的な常識を得て、それから本格的な読書へ向かうという傾向が強い。思考訓練ができていないから、いきなり本格的書物に取り組んでも消化不良を起こすだけで、かえってよくない。気長に誘導すれば、ちゃんとよくなりますよ」とのこと。

どうやら、マンガに目くじら立てるより、本に馴れ親しむまで気長にガマンが肝心ということらしい。

1981.9.25

人間とコンピューター

今からだいぶ前のことになるが、私は友人と秋の夜長のつれづれに人間と機械について語り合っているうちに、創造的思考活動をするロボットが将来出現するかどうかを巡って激論になってしまったことがある。

友人の主張は「人間の創造的思考とは、これまで思いも及ばなかった事柄を新しく思いつくという行為である。これは、無から有を生ずるものではない。過去の知識や経験という既定の情報を何らかの形で新しく組み合わせるというにすぎない。とすれば、人間の知識や行動をよく分析し、それを機械に行わせさえすれば、機械も創造ができるはずである。電子計算機はすでに記憶や演算の点で人間とは比べものにならないぐらい優れている。創造という点でも、将来人間と同等、いやそれ以上の能力をもったものが出現する可能性は大である。ロボットと人間が戦争したり、ロボットに人間が支配されるということすら考えられる。手塚治虫の『鉄腕アトム』の世界も決して夢物語ではない」というもの。

それに対して私は「電子計算機がどんなに発達しても人間の考えた論理の筋道を追うだけだ。電子計算機の発達によって、人間は煩わしい計算や単純な機械的作業から解放されて、人間の人間たるゆえんである創造的活動に一層専念できるようになるであろう。君の論を推し進めれば、機械が芸術や文学作品も創作しうることになる。人間の思考はそんな機械のようなものと違う」と反論したことを覚えている。その後今日までのコンピューターの発達には目覚ましいものがある。特に十年ほど前に出現し、日進月歩の技術革新をとげているマイコンは産業活動や日常生活に大きな変化をもたらしつつある。コンピューターが作曲し、図案を描き、翻訳をするようになった。また、ロボットが生産工程の一部を人間に代わって引き受けるようになったばかりか、ロボットがロボットを生産する工場まで誕生している。どうやら事態は友人が予想した方向に進みつつあるようだ。

その友人が昨年の総選挙で郷里の九州のある県から立候補し、誰が考えても不利な情勢をはねのけて見事当選した。立候補の決意にあたり、はやりのコンピューターを駆使した世論調査その他の情勢分析は一切無視したとのこと。友人との議論の決着をつけるのはまだ先にした方がよさそうである。

1981.10.2

学びの出発点

今月一日から当用漢字が常用漢字に改まり、出版社は辞書の改訂に大童だそうだ。そこで、辞書にちなんだ話二題。

まず、天性の詩人と言われ、「茶切節」で本県にも縁のある北原白秋の話。白秋は少年時代、辞典の「言海」を二冊買い、そのうちの一冊を毎日少しずつ切り取って学校の往復に暗記した。すっかり覚えたら、その紙片は帰りに家の近くの堀に捨てるという毎日を繰り返し、とうとう一冊をつぶしてしまった。白秋は友人にこのことを「僕は言葉を食べた」と語ったということである。

白秋は自分の心にあふれ出る詩情をありのままに表現するためには、どうしても正確で豊かな言葉の知識が必要であることをすでに少年のころから強く感じていたのであろう。単なる知識欲だけでは辞書を暗記するという味気ない作業を完遂することはできなかったはずだ。はっきりした自分自身の目的意識があったからこそ、何万という言葉を食べて自分のものとして消化し得たのであろう。

次は幕末動乱の世に大活躍した勝海舟の話。少年時代、学問に励む海舟に向かって父小吉が「野郎の本箱にだけはなるな」と言う。学問をやって書物をたくさん読めば、物知りにはなる。しかし、知恵が伴わなければ本箱と同じで、大した価値がないというわけである。

その海舟が二十歳過ぎごろから蘭学の勉強を始めた。蘭和辞書を欲しいが、これが六十両もする。極貧の海舟にはとても買えない。伝を得て、これを秘蔵する蘭医から一年間十両の損料を払うという約束で借り出し、夜もろくに眠らぬという苦労の末、五十八巻全部の筆写を二部完成させた。このうち一部を売り、三十両の金を得て損料と紙代を払って残った二十両近い金で息をついたという。このような苦労を重ねてオランダ語をものにした海舟は欧米先進諸国の知識、情報を吸収し、幕末動乱の中で八面六臂の大活躍をする。

海舟は「学問は活学問（いきがくもん）でなければならぬ」と口ぐせのように言っている。海舟が「野郎の本箱」にならず、イザヤ・ペンダサンに言わせれば「世界第一級の人物」になったのも海舟にこのような強い信念があったからであろう。

いずれの場合も、何のために学ぶのか、何故知りたいのかという出発点がきちんと決まっていることが肝要であることを教えてくれているように思う。

1981.10.9

観見二目

現在、我々は内外ともに非常に変化の激しい時代に生きている。それだけに、変化の徴候を適確につかみ、時代の行く先を正しく見極めることがなにより大切である。そのためにはどうしたらよいか。

剣道をかつて習った時、「観見二目を働かせよ」とさかんに教えられた。これは剣聖宮本武蔵に由来する。武蔵自身が書き残したとされる「五輪書」の中に、兵法者が心得ておくべき目のつけ方について次のような件(くだり)がある。即ち「目の付ようは、大きに広く付る目也。観見二ツの事、観の目つよく、見の目よはく、(中略)。敵の大刀を知り、いささかも敵の大刀を見ずと云事、兵法の大事也」。

戦う時の目の配り方は、大きく広く配らなければならない。「観」すなわち相手が究極のところどのような目的を持ち、何を狙っているのかということを見定めることが第一に重要である。「見」すなわち表面に現れてくるあれこれの動きを見ることは二の次とすべきである。敵の大刀の内容をよく知り、その表面の動きに惑わされぬことが何より肝心であるというのである。

例えば、相手がしきりとこちらの小手を攻めてくる。そこで、そのことばかりに気をとられてしまうと、こちらはどうしても面の方の備えが疎かになる。相手は待ってましたとばかり攻め込み、「面有り！」と相成る。こちらは相手の小手から面へという狙いや状況に応じた作戦の変更を観てとることが出来ず、ただ小手を攻めてくるという表面の動作のみに目を奪われて、相手の術中にまんまとはまってしまったというわけである。

現代は情報化社会といわれる。我々は昔の人とは比べものにならないぐらい多くの知識、情報を持つようになった。しからば我々は昔の人より賢くなり、時代を洞察し、先見性をもつようになったかと言えばどうも「ノー」である。

眼前に生起するさまざまな現象をとらわれずに、事の本質を見極めるよう心掛るべしという観見二目の話は、洪水のようにあふれる情報の中で右往左往しがちな現代人にとって極めて示唆に富んでいるように思われる。

1981.10.16

国際理解とは

資源小国でありながら今や世界有数の経済大国となった日本が、今後とも繁栄を維持していくためには、国際感覚をみがき、国際化を一層進めることが急務であるとよく言われる。教育の分野でも国際理解教育の推進が必要であると言われる。国際理解とは何であろうか。

今から三年前の昭和五十三年、日本の国会で日中平和友好条約の批准について審議が行われている際、中国漁船群による尖閣列島周辺の領海侵犯事件が頻繁に発生した。中国側の行動がこの島々への領有権を主張しているかの如きものだったため、早速国会で取り上げられた。

これに対し、日本政府は終始「尖閣列島が我が国固有の領土であることは、明治以来日本が行ってきた実効的支配に対し何ら中国側から抗議されなかったことからしても明白であり、中国側と交渉する必要はない」という見解に立った。その後、中国側の「漁船の尖閣列島周辺十二カイリ水域内への侵入は偶発的なものであった」との回答により、この問題は沈静化し、条約は批准された。

しからば中国側は日本の領有権を認めたのだろうか。その年の秋来日した鄧小平副首相は「この列島を中国では魚釣島と呼ぶように、日中双方でここの領有権に対する見解は違う。この問題の解決は後世に委ねるのが得策」と言明した。日本は明治以降のたかだか百年間位の事実に立脚して領有権を主張しているが、五千年という中国の歴史からみれば、圧倒的に中国の支配権が及んできたという考えが中国側の主張の背景にある。現に中国の中学校では、旧民主革命時代（一八四〇―一九一九年）に外国に奪われた中国領土としてビルマ、マレー半島、沖縄、カラフトがあったと教えているとのこと。魚釣島は当然自国領だと主張するわけである。

以上の話は国によって物の考え方やその尺度が全く違うことを示す良い例であろう。国際化とは諸外国との交流を広げ、友好を深め、国際社会でうまく処していくことであろう。とするならば、国際化を進める場合、海外援助の増額とか市場の開放以前の問題として、相手国の歴史文化を知り、価値観や物の考え方を理解し、彼我の見解の相違の根源までわきまえられる人材を育てることが必要ではないだろうか。

1981.10.23

死後の世界

親が子供から質問をされて返答に窮するものの一つに「人間は死んだらどうなるの?」というのがある。昔の親であれば、閻魔(えんま)様や地獄、極楽の話を持ち出したであろう。しかし、科学全盛のこのご時世、親自身信じられないそのような話をするわけにもいかない。さればとて、それに代わるうまい話があるわけでなし、はたと困るというのが大方の例ではないか。

大脳生理学によれば、人間の心や意識は外界からの刺激に対応して大脳内に生ずる電気的な生理現象であるとされ、そのメカニズムも次第に解明されつつある。ウソ発見機はそのような成果のひとつである。ところで、人の死は医学的には大脳の働きが完全に静止した時とされているから、人の意識は死とともになくなる。死後の世界の存在を考える余地はなく、肉体を離れた霊魂の存在など荒唐無稽な迷信であるということになる。

しかし、日本各地では死人の霊を呼び出して霊媒の口を通して語らせる口寄せが今なお行われている。私自身の体験から考えてもこれらがすべてインチキだと断定しがたい。親しい人が遠くで死んだ時の虫の知らせや未来を予見する夢見などの不思議な体験を持つ人は意外に多い。そして、それらがすべて錯覚だとも思われない。心霊学や超心理学はこれらの事実を実験的手法によって確認しようと試みている。はじめはまやかしの学問だといわれていたが、最近では実験による客観的データの積み重ねにより、ようやくその科学的価値が認められつつあるという。

現状では死後の世界の存否のいずれについても科学的に納得できる説明がされていないというのが公平なところであろう。

人間は誰も死を避けることはできない。だからこそ、肉体は滅びても、精神は永遠に生きたいという願いが生ずる。あらゆる哲学や宗教はここから出発しているといって過言でない。「人が死んだらどうなるの？」という子供の素朴な疑問は、実は、科学的問題であるより、哲学的宗教的な広がりを持った問題である。子供の疑問に科学的にどう答えるかと思い巡らすより、生命の尊さや人生の大切さを教えることが重要ではないだろうか。

1981.10.30

あとがき

一線から退いて静かな田園暮らしが心地よい日常となっていくうち、私にも傘寿の祝いが近づいてきました。すると先輩諸氏や後輩の方々から「悠々自適にお過ごしなら、役人生活と知事時代の足跡をおまとめになったらいかがです」という、叱咤と激励をいただくようになりました。

思いがけない申し出でした。なるほど、欧米には政治家や著名人が回顧録を出版し、それを当たり前に評価する風土と伝統があります。しかし日本ではそれはいささか出過ぎた行為と受け取られてしまいます。気の進まない思いでいるとなお、「当時の知事の偽りのない一言一言が後に静岡県政史の貴重な証言になるんです」と背中を押す人がいました。

もはや逡巡など許されない。最後の仕事といえば大仰ですが、気持ちを引き締めて作業に取りかかることにしました。そうして上梓したのが本書です。地方自治とともに歩んだ半世紀であり、さらに「生い立ち」を加えて私自身の半生の軌跡をまとめたオーラルヒストリーとなりました。

それぞれの時代に関わりをもった方々のお姿、お顔が思い浮かび、走馬灯のように脳裏を駆け巡ります。すでに鬼籍に入った方もおられます。いかに多くの人に支えられた人生であったか、言い尽くせぬ感謝の思いでいっぱいです。ありがとうございました。

聞き書き・構成は静岡新聞ＯＢの児平隆一氏にお願いしました。母校・掛川西高の後輩（18回卒）にあたり、古巣の新聞社では社会部を中心に健筆を振るわれました。同じ遠州人としての気安さもあり、拙宅でのインタビュー取材は毎回、緊張しつつも楽しい時間でした。取材はコロナ禍の中断をはさんで４年半を費やし、インタビューは１８０時間に及んだと聞きます。

出版に際しては静岡新聞出版部の庄田達哉氏に編集・校正でご尽力いただきました。

お二人にも心から感謝を申し上げます。

令和５年11月　　石川嘉延

【参考資料・参考文献】

『論より実践「ふじのくに」から世界へ発信』石川嘉延著　ぎょうせい
『戦後県政の総決算─検証・静岡県戦後県政史─』柴田岳夫著　静岡新聞社
『快適空間しずおかをつくる静岡県編』静岡県広報協会
『大赤字静岡空港』編集・発行　空港はいらない静岡県民の会
『静岡空港視界ゼロ』静岡空港・建設中止の会編　自治体研究社
『静岡空港・住民投票の会の記録』静岡空港・建設中止の会
『住民投票はなぜ否決されたのか』牧野たかお著　ぎょうせい
『県政リポート「静岡空港問題総括」捨て犬ふらりの尊厳死』大石哲司著
『地方創生とフジドリームエアラインズの挑戦』鈴木与平編著　イカロス出版
『連詩の愉しみ』大岡信著　岩波書店
『連詩　闇にひそむ光』大岡信編　岩波書店
『書誌　大岡信全軌跡』大岡信ことば館
『抗震　東海地震へのアプローチ』井野盛夫著　静岡新聞社

『東海地震がわかる本』名古屋大学災害対策室著　東京新聞出版局

「月間フェスク」４１２号　４１６号　４２０号

「静岡県立がんセンター年報第1号」　県立がんセンター事務局総務課

『動き出したファルマバレー構想「健康長寿の国・静岡をめざして」』地域情報化研究所編　静岡新聞社

『県庁を変えた「ひとり1改革運動」』⑲静岡総合研究機構編著　時事通信出版局

『静岡文化芸術大学一〇年史』文芸大一〇年史編集委員会編　平凡社

『県庁を変えた「新公共経営」』静岡県編著　時事通信出版局

静岡新聞、日本経済新聞、朝日新聞、毎日新聞、中日新聞、読売新聞、産経新聞各紙の、関連する一連の記事

「静岡県議会常任委員会議事録」

資料編

石川県政 16 年のあゆみ、
石川嘉延 関連年譜

石川県政 16 年の歩み　もくじ

1　仕組みづくり

2　イベント

3　社会基盤

4　行財政改革

1－(1)　静岡県の総合計画

1　新世紀創造計画

計画期間：平成7年度～平成16年度までの10年間
県づくりの目標：「未来への挑戦　あふれる活力　輝く静岡」
特　　徴：：10本の「輝く静岡」創造プログラムを提示

① 人と自然の共生プログラム
② 長寿社会形成プログラム
③ 都市創造プログラム
④ 生涯学習プログラム
⑤ 総合交通体系プログラム
⑥ 世界と静岡の交流プログラム
⑦ 独創的産業振興プログラム
⑧ 学術・文化振興プログラム
⑨ 高度情報化プログラム
⑩ 防災先進県プログラム

2　新世紀創造計画・第2次実施計画

県の長期計画である「静岡県新世紀創造計画（平成7年度～16年度）」を着実に推進するため、平成11年度～平成13年度を計画期間とする第2次実施計画を策定した。

計画期間：平成11年度～平成13年度
県づくりの目標：「感性豊かな人々が様々な分野で活躍し、住む人も訪れる人も快適と感じる「快適空間静岡の創造」」と具体的に表現
施策展開の基本方向：

① 健康で心あふれる安心社会
② 自然を生かす美しい県土
③ 世界に広がる出会いと連携
④ 未来を創る人と文化

⑤　独創性のある多彩な産業

３　魅力ある“しずおか”2010年戦略プラン－富国有徳　しずおかの挑戦－

新世紀創造計画の策定から７年を経過し、計画に掲げた多くの施策・事業が完了、または着手されていたことや21世紀を迎え少子高齢化やＩＴ革命など急速な時代潮流の変化に加え、地方分権一括法の施行に代表される社会システムの変革など、県政をとりまく環境変化を踏まえ、総合計画審議会から「21世紀の課題と基本方向」の提言を受けていること、目的指向型行政運営システムの確立のためには、県の政策執行の基本となる総合計画について見直しを行う必要があったことなどから、新たな総合計画の策定を平成14年度に行った。

目標年次：平成22年度ただし、平成17年度ごろの見直しを明記

基本理念：「富国有徳」の魅力ある地域づくり

基本目標：豊かな快適空間と有徳の志が織り成す「魅力ある“しずおか”」の実現

特　　徴：

①目的指向型行政運営の基礎となる計画

１計画－２実施－３考査（評価・改善）という行政運営サイクルの基礎として成果目標と基本方向を明確化するものであり、業務棚卸表等と連携することにより日本で初めて本格的なＮＰＭを確立した

②158項目の数値目標を設定

目指す将来像を明確化し、県民と目標を共有していくため、分野別のすべての項目に、平成22年度を目途とした数値おり、全体として158項目の目標数値を示している。数値目標は、できる限り最終的に成果を現す成果指標（アウトカム指標）を示している。

4　魅力ある“しずおか”2010年戦略プラン　後期5年計画　－富国有徳　創知協働－

「富国有徳　創知協働」の基本理念の下、166の明確な数値目標を設定し、県民の満足度を最大限高める「県民くらし満足度日本一」の達成に向けて確かな道筋をつけることを目指す。

基本理念：「富国有徳　創知協働」の魅力ある地域づくり

基本目標：豊かな快適空間と有徳の志が織り成す「魅力ある“しずおか”」の実現

特　　徴：

①新公共経営に基づく県民の視点による見直し

目的及び数値目標を県民にわかりやすいものとするため、表現の明確化と簡素化をはかるとともに、県民と県が協働で目指す社会目標であるアウトカム指標へ修正した。

②「県民くらし満足度日本一」への確かな道筋

総合計画が示す県民生活の姿を実現することで、県民のくらし満足度を高めることとし、基本計画の各章冒頭に「自然環境日本一」「健康長寿日本一」「地域のくらし満足度日本一」「安心・安全日本一」「産業活力日本一」「くらしの利便性日本一」「おもてなし満足度日本一」「人づくり日本一」など日本一に向けた道しるべを記載した。

③富国有徳の理念を実施する手段である“創知協働”の取組

166の数値目標の90％を超える151項目が、県が県民に呼びかけてともに実現を目指す誘導目標であることから、「主役は県民」という考え方にたって防災、防犯、人づくり、観光交流など様々な分野で県民運動を積極的に進める。

④新しい地域区分にる地域づくり

市町村合併や新型政令指定都市の誕生を踏まえて「伊豆半島、東部、中部、志太榛原・中東遠、西部」の新たな５つの地域区分による地域計画を策定。県と地域内の市町との連携による地域づくりを進める。

⑤業務棚卸表による毎年度のＰＤＣＡサイクルの徹底(実施計画の代替)

総合計画の毎年度の実施計画・実績報告である業務棚卸表に、総合計画の目的・数値目標を反映させ、ＰＤＣＡサイクルをスタートさせる。業務棚卸表を使い、新公共経営に基づいて事業を効果的、効率的に実施する。

1 −(2)　静岡市、浜松市政令市移行

1　概要

静岡市は平成 17 年４月、浜松市は平成 19 年４月に政令指定都市に移行した。

県としては、分権時代の全国のモデルとなるような、より高機能な「静岡型政令指定都市」の実現に向けた支援を行っている。

地域の課題に総合的に対応できるよう、法定移譲事務に加えて、県独自に県が処理している事務事業を県独自に両政令指定都市へ移譲した。これは他の政令指定都市に類を見ないもので、両市は従来の政令指定都市以上の権限を有することとなった。

また、移譲事務が円滑に実施されるよう、県は専門職員の人的派遣や、河川管理事務、道路整備に対して財政的支援を行っている。

政令指定都市移行に伴い、両市への県単独助成事業については、原則として市が独自に実施することになったが、大規模地震対策総合支援事業費、福祉医療費助成など県民の生命、財産の安全、保全に関わる補助金については、引き続き県で支援を継続している。

2　事業費（政令指定都市への財政的支援）

(1) 河川管理権限移譲費助成

（単位：百万円）

区分	17 年度	18 年度	19 年度	20 年度	21 年度	備考
静岡市	336	15	13	35	64	当初予算ベース
浜松市	−	−	32	3	16	

⑵ 高規格幹線道路等整備促進費交付金

（単位：百万円）

区分	17年度	18年度	19年度	20年度	21年度	備考
静岡市	1,278	1,432	1,696	1,812	1,874	当初予算ベース
浜松市	−	−	2,460	2,627	1,388	

3　成果

移行後は、県と政令指定都市間に関する重要施策の総合調整等を行うため、「静岡県・静岡市政策調整会議」及び「静岡県・浜松市政策調整会議」の設置や、知事と両市長によるトップ会談を開催している。

県と政令指定都市との連携・協働により、県全体の行政能力の強化、県土全体の発展につながっている。

1−⑶　広域連合「静岡地方税滞納整理機構」

1　概要

国から地方への税源移譲、近年の滞納額の増加など地方税務行政を取り巻く環境が大きく変化する中で、県及び県内全市町が参加する広域連合「静岡地方税滞納整理機構」を平成20年1月に静岡市内に設立し、同年4月から業務を開始した。

機構は、県や市町から徴収困難な滞納事案を引き受け、財産調査及び滞納処分を行うとともに、県、市町職員に対する徴収事務に関する研修や県や市町からの相談業務等を行っている。

機構の設立により、市町の機構の活用による事務の効率化、徴収職員の資質の向上等が図られ、県内全域で滞納整理の執行体制が強化されたとともに、機構が自ら徴収することに加え、県や市町において税の確実な徴収が促進され、税の公平性の一層の確保が期待されている。

なお、機構の設立は平成17年1月に発表した地方税一元化構想の第1段階であり、今後、電算システムの構築など税務事務全般の一元化についても、市町と検討、協議をしていくこととしている。

2　事業費

（単位：千円）

区分	事業費	備考
静岡地方税滞納整理機構負担金	30,000	H 20

3　成果

事業開始の 20 年度において、直接徴収で 7 億 2 千万円、納付の約束で 1 億 8 千万円の徴収実績があったほか、滞納案件の機構への移管予告による自主納付 31 億円を合わせた 40 億円の実績があり、目標 35 億円を上回る成果を上げた。

区分		目標額（億円）	実績額（億円）	達成率
機構の活動による効果	直接徴収	7.5	7.2	96.0%
	納付約束	7.5	1.8	24.0%
	計	15	9	60.0%
移管予告による自主納付等		20	31	155.0%
合計		35	40	114.3%

1 −(4)　内政制度改革

1　概要

平成 15 年 1 月、知事が「内政制度改革試案」を公表した後、学識経験者等による静岡県内政改革研究会を平成 15 年 2 月から 10 月にかけ 9 回開催し、11 月に筑波大学の古川教授（研究会座長）から知事に「静岡県内政改革研究会報告書」が提出された。

2　報告書の概要

(1) 国の統治のあり方

国は、外交、防衛等の国際社会における国家の存立に係る事務や経済、

金融等の全国的に統一して行われるべき諸活動に力を傾注する必要があり、地方に任せるべき権限を思い切って地方に移譲し、本来国が担うべき役割を果たすことに専念すべきである。

(2) 新型指定都市と広域連合

市町村合併後において、基礎的な地方公共団体における行政を自主的かつ総合的に行うため、指定都市については、法定の移管事務だけでなく、できる限り多くの県の事務を移譲する新しいタイプの指定都市（新型指定都市）を実現するとともに、指定都市以外の市町村の区域については、県も加わる「広域連合」を設置し、あたかも県内の全ての地域が指定都市で構成されるかのような県内構造を構築する。

(3) 政令県と道

人口、財政基盤、自治能力が一定の程度を超えると判断される府県について、「指定都市」制度と同様に、国の一定の権限委譲を認める新たな制度として「政令県」制度の創設を提案する。さらに、都道府県の再編の最終的な姿として、現在の国の出先機関の機能を吸収した新しい広域の地方公共団体「道」の制度を提案する。

(4) 大都市圏域

首都圏及び近畿圏については、人口や経済規模等の特殊性を考え、「道」と異なる取扱いとすることを検討すべきである。

(5) 行政経営の在り方

再編の結果、規模が拡大する地方公共団体においては、そのままでは必ずしも効率的な行政運営が行われないおそれがある。そこで、行政の生産性の向上を図るため、わが国においても、内政制度改革に任せて、静岡県等が行っている新しい公共経営手法であるＮＰＭを取り入れることが重要である。

３　成果

地域自らの知恵と工夫により地域経済の活性化と地域雇用の創造を図る国の「地域再生構想」の募集に対して「静岡政令県構想」を提案した。

1－⑸　TOUKAI（東海・倒壊）－0（ゼロ）

1　概要

東海地震の第3次地震被害想定結果において、建物大破は19万2千棟、死者は最大5,900人、この内建物の倒壊による死者は4,600人と約8割を占めている。

このため、県では平成13年度から旧耐震基準の木造住宅の耐震化を促進し、震災時における人命の安全を確保するプロジェクト『プロジェクト「TOUKAI（東海・倒壊）－0（ゼロ)』を推進している。

プロジェクト「TOUKAI－0（ゼロ)」は、東海地震による被害を減らすため、昭和56年5月以前に建設された旧建築基準の木造住宅（約38万戸）の耐震化を促進し、震災時における人命の安全を確保するため進めている事業である。

2　進捗状況（平成21年1月末現在）

（単位：戸）

年度	事業期間	目標戸数	⑱まで	⑲	小計	⑳（1月末）	合計
わが家の専門化診断事業	⑬～		47,352	4,469	51,821	3,556	55,377
木造住宅補強計画策定事業	⑭～		6,967	1,765	8,732	1,781	10,513
木造住宅耐震補強助成事業	⑭～	2万	6,293	1,500	7,793	1,487	9,280
木造住宅建替助成事業	⑱～		1	9	10	6	16

3　成果

平成13年度から、旧耐震基準の木造住宅の耐震補強1万戸をめざしてきたが、当初の目標をほぼ達成した。

また、新たに平成27年度までに住宅の耐震化率を90％にするという目標を掲げ、それを達成するため、目標戸数を2万戸に引上げ、更

なる耐震化の推進を目指している。

また、地方自治体としては初めてとなる個人住宅への耐震補強への助成を平成13年度に県単独事業でスタートしたが、平成17年度からは、国庫補助制度も制度拡充され、県、国、市町村をあげて、住宅の耐震化を推進することとなった。

このように、本県の耐震補強制度は、全国に先駆けて実施しており、ひいては全国の住宅耐震の水準アップに寄与してきた。

1－(6)　しずおかユニバーサルデザイン

1　概要

静岡県は誰もが暮らしやすい社会づくりを進めるため、平成11年度に、全国で初めてユニバーサルデザインを県政推進の基本方針として位置づけ、県を挙げてその推進に取り組むこととした。

静岡県がユニバーサルデザインに取り組み始めたのは、「すべての人のためのデザイン」というユニバーサルデザインの考え方が、人権の尊重、「静岡県福祉のまちづくり条例」の拡大、障害のある人の自立、老若・男女共同参画社会の実現、21世紀を切り拓く産業領域への取組を実施するための課題を解決することに大変有効と考えたからである。

このため、知事を本部長に教育長や県警本部長、各部局長をメンバーとした「ユニバーサルデザイン推進本部」を設置し、「しずおかユニバーサルデザイン行動計画」を策定し事業を実施することとした。

行動計画には目標数値（102項目）を設定し、内部評価と外部評価により進行管理を行い、理念の普及や、県有施設への導入、大規模イベントでの実践など、ハード、ソフトの両面でのアプローチを実施してきた。

2　主要指標の推移

・県民認識率　　　31.1%（平成11年度）→ 70.2%（平成20年度）
・県民満足度　　　41.6%（平成16年度）→ 44.4%（平成18年度）
・事業者取組割合 25.0%（平成12年度）→ 37.5%（平成18年度）

3　成果

静岡県では、ユニバーサルデザイン行動計画に基づき、全庁を挙げて総合的、効果的な施策の推進を図っている。平成11年度に実施した県の調査では、県民のユニバーサルデザインの認識度は31.1%であったが、平成20年度には70.2%に上昇した。また、事業者の取組割合は平成12年度の25%から平成18年度には37.5%となっている。これは、この10年間の普及活動や県有施設への導入、大規模イベントでの実践などに加え、バリアフリー新法の施行による交通機関への施設整備や街づくりへの導入、高齢社会に入り、企業がユニバーサルデザインに配慮した製品やサービスの提供を進めていることも大きな要因に挙げられる。

一方、団塊の世代が定年退職を迎え、これまでとは違うライフスタイルを訴求しつつあり、地域でいきいきと活動したいと思う新たな高齢者の増加にユニバーサルデザインの社会整備がますます求められている。さらに、富士山静岡空港の開港により本格的な大交流時代の幕開けにより様々な場面で多言語によるサービスも必要となってきている中、公共サインの多言語化などにも積極的に取り組んでいる。

すべての人が自由に活動し、いきいきと生活できる魅力ある“しずおか”の実現をめざし、社会の変化やニーズに柔軟に対応しつつユニバーサルデザインの推進に取り組んでいる。

1－(7)　ＮＰＯ活動への支援

1　概要

平成10年12月にＮＰＯ法（特定非営利活動促進法）が施行され、静岡県ではこれに対応し、ＮＰＯ活動を支援するため、「静岡県ＮＰＯ活動促進指針」の策定及び「ＮＰＯ活動センター」の設置を決めた。前者は「市民活動懇話会」を設置し、そこでの議論をもとに平成11年3月に指針を策定公表した。また、後者については「ＮＰＯ活動センター検討委員会」を設置し、静岡県がＮＰＯ活動センターを設置する場合の基本構想を策定した。

平成11年4月には、全国に先駆け、ＮＰＯを専門に担当するＮＰＯ推進室を設置した。また、同年7月には、モデル的な施設として「ふじのくにＮＰＯ活動センター」を設置し、施設や設備を提供するほか、情報の受発信、広域ネットワーク、人材育成、相談業務等のソフト機能を兼ね備えた施設として運営している。

2　ＮＰＯ法人申請数の推移（平成21年1月末現在）

（単位：法人）

年度	10年度	11年度	12年度	13年度	14年度	15年度	16年度	17年度	18年度	19年度	20年度
設立認証	0	40	70	70	89	105	102	110	109	117	76
累計	0	40	110	180	269	374	476	586	695	812	888
解散	0	0	0	0	2	4	3	3	8	8	7
累計	0	0	0	0	2	6	9	12	20	28	35
転出	0	0	0	0	0	0	1	1	0	3	0
累計	0	0	0	0	0	0	1	2	2	5	5
認証累計	0	40	110	180	267	368	466	572	673	779	848

3 成果

ＮＰＯ法人の支援のため、平成11年に「ふじのくにＮＰＯ活動センター」を設置し、その後、東部（東部パレット）、西部（西部パレット）にもＮＰＯ活動支援センターを設置し、全県において、ＮＰＯ活動を支援してきた。

また、人材の育成にも力を入れ、各種の人材養成講座を開催した結果、平成11年度には40だった法人数が、平成21年1月末で848法人になり、飛躍的に増加した。

また、平成17年には静岡市、19年には浜松市に認証権限を移譲するなど、市町村への権限移譲も推進し、県、市町村をあげてＮＰＯ法人の活動の支援を行っている。

1－(8) 静岡県舞台芸術センター（ＳＰＡＣ）

1 概要

演劇、舞踏等の舞台芸術に関し、その創造活動等を行うことにより、静岡県の芸術文化の振興を図り、香り高い文化の創出に寄与することを目的に、その推進組織として、平成7年7月に（財）静岡県舞台芸術センター（ＳＰＡＣ）を設立した。

自由な発想の下、芸術性の高い柔軟な活動ができる組織体制を念頭に、事業を芸術的観点から企画・指揮する芸術総監督や芸術活動に関する業務を所掌する芸術局を設置するなど他の公立劇団には見られない運営体制を築いた。

初代芸術総監督として鈴木忠志氏を選任し平成19年3月まで務められ、平成19年4月から現在までは、宮城聰氏が務められている。

ＳＰＡＣの活動拠点として、静岡市の有度山北麓に「静岡県舞台芸術公園」（平成9年3月完成）を整備した。公園内には、野外劇場、アト

リエ棟、稽古場棟などの施設を整備し、ＳＰＡＣが専用使用し、公演、稽古を行うこととした。また、東静岡駅に建設した静岡県コンベンションアーツセンター（グランシップ）（平成11年３月開館）にも静岡芸術劇場を整備した。

２　事業費

	区分	事業費（百万円）	備考
ＳＰＡＣの設立	基本財産の出資	1,700	Ｈ７～10
舞台芸術公園の整備	用地取得費・建設工事費	8,249	Ｈ７～８
活動への支援	助成金	300	Ｈ21当初予算額
公園の管理費	指定管理者委託料	62	Ｈ21当初予算額

３　成果

舞台芸術公園や静岡芸術劇場を拠点に公演活動に積極的に取り組んでいる。平成11年度には、ギリシャの演出家テオドロス・テルゾプロス氏の提唱により行われたシアター・オリンピックスの第２回大会を本県で開催し、世界レベルの舞台芸術を県民に提供した。

シアター・オリンピックス開催後は、「Shizuoka春の芸術祭」と銘打つ公演を毎年開催している。

また、県内の中学生にＳＰＡＣの公演の鑑賞機会を提供し、舞台芸術への関心を高める事業を平成15年度から始めるとともに、県民参加体験創作劇場や高校生の舞台芸術の支援活動など企画し、いわゆる「鈴木メソッド」といわれるレベルの高い稽古方法などに県民が触れることのできる機会を提供するなど、舞台芸術の振興に寄与する活動を続けている。

1 −(9)　富士山の環境保全

1　概要

静岡・山梨の両県は、平成８年に「富士山クリーン作戦」共同実施の成果及び両県知事によるテレビ対談での取組の提案、平成９年には、「富士山環境保全共同宣言」の発表及び「富士山サミット」の開催により、「富士山はひとつ」の共通認識のもと、両県が連携して富士山の環境保全に取り組むことを確認した。

平成 10 年には、日本のシンボルである富士山を世界に誇る山として、後世に継承するための全国的運動の原点となる「富士山憲章」を制定した。

また、富士山の環境保全対策としてバイオトイレの実証実験や、自然林の復元のため富士山 100 年プロジェクト 3776 推進事業により、広葉樹の植栽や、５合目付近でのフジアザミの植栽状況調査等を行った。

また、平成４年より「富士山を世界遺産」へ登録すべく官民併せて行動を行っており、「世界自然遺産」には漏れたものの、平成 19 年に「世界文化遺産」としてユネスコの暫定リストに登載された。

2　富士山憲章（抜粋・行動規範）

一、富士山の自然を学び、親しみ、豊かな恵みに感謝しよう。
一、富士山の美しい自然を大切に守り、豊かな文化を育もう。
一、富士山の自然環境への負荷を減らし、人との共生を図ろう。
一、富士山の環境保全のために、一人ひとりが積極的に行動しよう。
一、富士山の自然、景観、歴史・文化を後世に末長く継承しよう。

平成 10 年 11 月 18 日 静岡県・山梨県

3　成果

美しい富士山の大きな悩みは、夏山シーズンの登山客の汚物処理であった。富士山の山小屋は、ほとんどすべてが汚物を垂れ流している状

況であった。このため、平成 10 ～ 13 年にかけて富士山 5 合目にバイオトイレを設置し、その効果を確認した後、平成 14 年から 17 年にかけて静岡県側の山小屋全てにバイオトイレの設置を進めた。また、山梨県側においても、静岡の先進事例に習い、平成 18 年にバイオトイレの設置が完了した。

自然林の復元のための植樹やクリーンアップ作戦などをボランティアやＮＰＯと協働して実施し活動の裾野を広げている。

世界文化遺産の登録については、信仰の山としての遺跡の調査や、滝や鍾乳洞など自然信仰としての文化的な側面の調査を実施し、暫定リストへの登載を実現するとともに、平成 24 年の本登録をめざしている。

1 －⑽　富士山麓先端健康産業集積プロジェクト

1　概要

医療からウェルネスまで世界レベルの研究開発、医療・健康関連産業の集積を推進するため、平成 13 年に富士山麓先端健康産業集積構想（ファルマバレー構想）を策定し、世界一の健康長寿県の形成を目指し、ファルマバレーセンターを中核機関として、県東部地域の富士山麓エリアを中心に事業を展開している。

県立静岡がんセンター、国立遺伝学研究所などの研究機関と県東部地域に集積している医薬品・医療機器産業が連携し、医看工連携による研究開発を進めているほか、文部科学省の「都市エリア産学官連携促進事業」に採択され、富士山麓エリアの大学・研究機関と企業の技術開発力の結合により、がん治療技術の確立と製品化を目指している。

また、静岡県立大学の創薬探索センターを拠点とした静岡発の創薬探索事業や、県内の病院が参画する治験ネットワークを構築し、研究開発から製品化に至るまでの一貫した医薬品開発支援を行っている。

2　事業費

（単位：百万円）

	15年度	16年度	17年度	18年度	19年度	20年度	21年度	計
富士山麓先端健康産業集積プロジェクト推進事業	81	76	93	97	108	108	106	669
ファルマバレープロジェクト研究事業	−	−	−	−	11	10	10	31
創薬探索研究事業	−	197	180	114	39	40	46	616
先進医薬普及促進事業	151	148	68	72	66	61	61	627
健康筋力づくり推進事業	−	107	78	61	43	32	3	324
計	232	528	419	344	267	251	226	2,267

3　成果

医看工連携による研究開発では、東京工業大学、東京農工大学、早稲田大学と事業連携協定を締結するなど、静岡がんセンター研究所を拠点に、大学や民間企業等と共同研究を進めており、がん患者向け口腔ケアセットを商品化するなどの成果が出始めている。

創薬探索研究事業では、平成20年度までに抗がん剤関連等の特許9件を出願している。

先進医薬普及促進事業では、県内の中核医療機関の29病院が治験ネットワークに参画し、これまでに治験支援業務を26社から52件受託している。

1 −⑾　人づくり百年の計委員会

1　概要

21世紀を間近にした平成10年当時、社会経済環境は大きく変化し、いじめや不登校、高学歴志向の中での若者の理数系離れや技能者の不足、

農林水産業の後継者不足など、次代の担い手育成をめぐるさまざまな問題が生じていた。また、子どもたち一人ひとりが持つ優れた才能を引き出し、その長所を伸ばして、個性的で創造性に富んだ魅力的な人材を育てるためにはどうしたらよいか、進学や就職等人生のさまざまな分岐点で、その個性に応じた多様な選択をすることができる社会をつくるにはどうしたらよいかなど、明日の静岡県を担う人づくりのために検討すべき課題があった。

これらの問題や課題は、単に学校教育の領域にとどまらず、長期的な視点にたって、学校、家庭、地域社会、経済界など社会全体が密接な連携を図りながら、さまざまな角度から検討する必要があり、まさに百年の計ともいうべき重要なテーマであった。

こうした観点から、21世紀の本県を担う人づくりをどのように進めるべきかについて議論するため、故・草柳大蔵氏を会長に、教育や産業、福祉、文化・スポーツなど、さまざまな分野で活躍する県内外の有識者17人に委員をお願いし「人づくり百年の計委員会」を平成10年7月に設置した。

委員会は2年間で3回、各部会はそれぞれ3回開催し、平成11年10月20日に知事に対し提言を行った。

2　提言内容

「人づくり百年の計委員会」提言書　『意味ある人をつくるために』	
意味ある人…	「何かができるひと」、「精神的に自立している人」、「思いやりのある人」
提言内容	・子どもと家庭（美しく挨拶しよう、美しく歩こう、美しく話そう） ・子どもと学校（きれいな学校、気持ちのいい子ども、頼もしい先生） ・社会と人間（自分を磨く、自然と生きる、人と出会う）

3　成果

委員会提言書をもとに、県の施策に反映をしていくとともに、平成

14年策定の総合計画には､第6章「未来に拓くために何かができる“意味ある人”づくり」として、「意味ある人」作りを基本に、総合的・戦略的に人づくりに取り組み、さらに、平成18年3月には、「創知協働人づくり推進県民会議」報告書として「全国モデル　静岡発“人づくり日本一”さらに前進を～“意味ある人”づくりのバージョンアップ～」を報告し、人づくり推進員のネットワーク化、通学合宿の実施、授業外学習ポイント制度の構築、科学技術者育成セミナーの開催、静岡県版マイスター制度の創設等、具体的な施策を実施し、「人づくり県民運動が展開される“人づくり日本一”」を展開している。

2－(1)　静岡学術フォーラム

1　概要

21世紀を間近に控え、世界は、地球規模での環境問題、先進諸国を取り巻く高齢化、少子化の進行と、これに対置される発展途上国等での人口急増など、様々な課題に直面しており、これらの課題を克服するためには、国と国の枠を超えて知恵や知識を共有し、協力していくことが必要となっていた。スイスのダボスでは、世界のトップクラスの研究者等集まり「ダボス会議」が開催され、世界のあらゆる問題・課題が議論されていた。

このような世界の動きの中で、本県としても、学術を振興し、感性豊かで創造性にあふれた優れた人材を育成するとともに、最新かつ最高レベルの学術情報を世界に発信して、学問の進歩と地域の発展に貢献するため、「アジア・太平洋」と「健康・長寿」の2つをテーマに世界のトップクラスの研究者等を招請し、スイスのダボス会議に匹敵するくらいの地域として静岡が評価されるような会議をめざし、平成7年にプレフォーラムを実施し、平成8年度より継続的に学術フォーラムを開催した。

■テーマの設定

「アジア・太平洋」

- 21世紀はアジアの時代といわれ、アジア・太平洋地域への関心が大
- 静岡県とアジア諸国は人的・文化的・経済的交流が活発

「健康・長寿」

- 長寿社会や老化制御など健康・医療問題への関心が高い
- 県内には、国立遺伝学研究所や県立大学などの関連機関や民間研究施設が多く立地
- 「はつらつ健康県しずおか」の実現を目指し、県民の健康づくりを推進

2　実績（平成７年プレ～20年度13回）

区分	事業費（千円）	参加者数（人）	講師等招請者（人）
アジア・太平洋	1,266,571	14,638	470
健康・長寿		25,469	499
計		40,107	969

3　成果

「アジア・太平洋」については、アジア・太平洋地域をめぐる激しい環境変化に対応し、ロシア等の周辺地域の情勢を踏まえるとともに、経済的な視点に加え、政治・文化等からも分析を行っており、アジア・太平洋地域での相互理解を深めてきた。

また、「健康・長寿」については、急速に進展する高齢化に対応し、高齢社会における保健、医療、介護、福祉などについて、医薬品や健康食品等の正しい認識を深めることや、関連する学問研究水準の高度化と健康長寿に関する知識、意識の啓蒙に貢献した。

2 −(2)　伊豆新世紀創造祭

1　概要

本県の宿泊観光は、平成３年度をピークとしてその後は伸び悩み、特に、伊豆地域の落ち込みが顕著であった。

このため、本県の代表的な観光地域である伊豆地域において、観光を中心に地域の活性化を推進するため、地域を挙げて観光地づくりに取り組み、魅力ある伊豆をアピールするとともに、21世紀の新しい観光・リゾートのスタイルを提案し、観光客の増加を図るため、平成12年(2000年）に伊豆新世紀創造祭を開催した。

愛称を「チェンジ伊豆2000！」、スローガンを「伊豆ワカガエル大作戦」として、カエルのイズノスケをキャラクターに、温泉、食、スポー

ツ、文化・体験のテーマによるイベントを伊豆の各地域で年間を通じて多彩に開催した。

また、伊豆への旅をテーマとしたテレビ番組を１年間首都圏で放映するなど、首都圏をはじめ全国から観光誘客を計る大型広報を展開した。

2　事業費

（単位：百万円）

	10 年度	11 年度	12 年度	計	備考
広報宣伝	98	808	532	1,438	県　34.4 億円 市町村　9 億円 民間　15 億円 等 合計　60 億円
自慢づくり	4	2	1	7	
新観光システム	43	125	108	276	
全域イベント	45	665	323	1,033	
回廊イベント	21	176	444	641	
その他	25	13	7	45	
計	236	1,789	1,415	3,440	

3　成果

期間中、イベントには、拠点型イベントに約８万人、回廊イベントに約 205 万人、市町村イベントに約 265 万人と、合計で約 478 万人の参加があった。

イベントの企画運営などを通じ、人的ネットワークが構築され、「ＮＰＯ伊豆」、「フィルムコミッション伊豆」などが設立された。

また、今後の誘客の目玉（観光商品の骨格）となるものを発掘し、観光を中心に農林、水産、商工業などあらゆる産業が活性化した。

2 −(3)　東海道四〇〇年祭

1　概要

東海道は本県の産業・経済、文化などの形成・交流に大きな役割を果たしてきており、県内には、当時の面影を残す場所が各所にある。

このため、東海道をはじめとして、南北の街道や川のもつ歴史や機能に着目し、それを生かした地域振興を進めるとともに、東海道の宿駅制度開設400周年である2001年（平成13年）に東海道四〇〇年祭を開催した。

東海道大宿場まつり、祝祭劇、文化芸術ワークショップ等の拠点イベントを県の東・中・西部で行った。

また、市町村、民間団体、企業等が自主的に企画実施する事業をエントリー制度により募集し、承認したソフト事業に対する助成や、石畳整備、道標整備などのハード事業に対する助成を行った。

2　事業費

（単位：百万円）

区分	内容	事業費
拠点イベント	5イベント	457
ソフト助成	エントリー制度により1/3補助	260
ハード助成	市町村への原則1/3補助	245
広報活動	ＴＶ、ラジオ、新聞等で全国に発信	388
計		1,350

3　成果

1年間の四季を生かした通年事業により、全国に向けて本県の魅力を情報発信することができた。

市町村、民間団体、県民等の積極的な参加を得て、協働によるイベントの企画、実施をした結果、県内各地に地域づくりリーダーを養成することができた。

また、道や川筋の持つ歴史的資産を活用し、個性豊かなまちづくりの推進に寄与するとともに、歴史文化施設の拠点整備や街道ルートマップの作成等により、21 世紀に財産を残すことができた。

2 −⑷　FIFA ワールドカップ

1　概要

2002 年 6 月～ 7 月にかけて、日本と韓国の共同開催による「2002 年日韓ワールドカップサッカー」が開催された。日本では、本県（静岡スタジアムエコパ）をはじめ、北海道（札幌ドーム）、宮城県（宮城スタジアム）、茨城県（カシマスタジアム）、埼玉県（埼玉スタジアム 2002）、神奈川県（横浜国際総合競技場）、新潟県（新潟スタジアム）、大阪府（長居スタジアム）、兵庫県（神戸ウイングスタジアム）、大分県（大分スポーツ公園総合競技場）の 10 会場で試合が行われた。

本県への招致については、平成 4 年 7 月に知事及び県議会議長連名でワールドカップ招致委員会に対して出願書を提出し、同年 9 月に第一次開催計画書をした結果、平成 5 年 1 月には、国内開催候補 15 団体に選定し、その後、静岡県招致委員会を設立し、招致活動を続ける中で、平成 8 年には「日・韓共同開催」が FIFA により決定され、本県も正式な開催地として決定された。

本県では、JAWOC（日本招致委員会）本部・支部への職員派遣等の人的支援のほか、開催地となるスタジアムやアクセス道路の整備、JR 東海道線への新駅（愛野駅）設置、観客誘導や警備体制の確保等に取り組み、多くの県民にワールドカップの興奮を提供した。

2　事業費

区分			事業費（百万円）	備考
全体経費			2,682	
主な内訳	JAWOC への出資金	基本財産等の出資	240	
	宝くじ負担金	宝くじ収益金の一部	720	JAWOC への負担金
	人件費補助金	JAWOC 派遣職員	229	H11 ～ H14

3　成果

本県では、カメルーン対ドイツ（6/12）、ベルギー対ロシア（6/14）、イングランド対ブラジル（6/21）の３試合が開催され、各試合ともに４万５千人を超える観客が試合を観戦した。

また関連イベントを含めると、国内外から 40 万人余が静岡を訪れ、大会開催における経済波及効果は、約 99 億円と試算されるなど、大きな波及効果が県内経済にもたらされた。

大会の会場となった「静岡スタジアムエコパ」では、その後Ｊリーグ公式試合をはじめとした質の高い競技が開催され、本県スポーツの殿堂として利活用されている。

また、JAWOC からの剰余金を活用して、平成 15 年には「ワールドカップ開催記念基金」を設置し、静岡世界少年サッカー大会の開催など、本県のスポーツ振興に役立てている。

2－(5)　ねんりんピック

1　概要

「ねんりんピック」の愛称で親しまれている全国健康福祉祭は、厚生労働省、（財）長寿社会開発センター、開催地の地方自治体が主催する、60 歳以上の高齢者を中心としたスポーツ、文化、健康と福祉など幅広

いイベントが開催される一大祭典です。

第 1 回大会は厚生省（現厚生労働省）の創立 50 周年を記念して昭和 63 年に兵庫県で開催され、その後、各都道府県持ち回りで毎年開催されている。

平成 18 年 10 月 28 日（土曜日）から 31 日（火曜日）までの 4 日間に、「これまでの経験や事故の能力を活かし、自らの意思で積極的に健康づくり、生きがいづくり、社会参加をするなど年を重ねても質の高い生活を送ることにより、ふれあいと活力ある健康長寿社会の形成」を目的に第 19 回目のねんりんピックを静岡県で開催した。

2　事業費等

全体事業費　　1，5９7百万円

競技種目

▪ スポーツ交流大会

・卓球、テニス、ソフトテニス、ソフトボール、ゲートボール、ペタンク、ゴルフ、マラソン、弓道、剣道

▪ 文化交流大会

・囲碁、将棋、俳句

▪ ふれあいスポーツ交流大会

・グラウンド・ゴルフ、ウォークラリー、なぎなた、太極拳、ソフトバレーボール、サッカー、水泳、ダンススポーツ、ボート、バウンドテニス

開催市町　　17 市 1 町

3　成果

大会はエコパスタジアムをメイン会場にして、17 市 1 町で、交流大会として 23 種目、ファッションショー、音楽祭、美術展、健康フェア等を行い 57 万 7 千人の方々が参加し、盛況のうちに閉幕した。その経済効果は、82 億円あまりとなった。

2－⑹　ユニバーサル技能五輪国際大会

1　概要

本県は、製造品出荷額や企業立地件数等に示されるとおり、日本有数のものづくり県であるとともに他県に先駆けてユニバーサルデザインを推進してきた。

企業の海外移転や産業の空洞化が進む中で、ＩＴに代表される先端技術のみでなく、「ものづくり」の技能・技術を次世代に継承していくことが必要と考え、「技能五輪国際大会」と「国債アビリンピック」の両大会を誘致し、平成19年に本県で開催した。

第39回技能五輪国際大会は、平成19年11月15日から18日にかけて、沼津市門池地区の沼津技術専門校を活用して整備した会場で開催した。第7回国際アビリンピックは、平成19年11月15日から17日にかけてツインメッセ静岡で開催した。両大会には63カ国・地域から選手・役員3,771人が参加した。

両大会はこれまで主に大都市で開催されてきたが、本県という地方都市で行われたこと、大会史上初めて同時開催されたことは、大会に新たな歴史を刻むものであった。

2　事業費

（単位：千円）

	～16年度	17年度	18年度	19年度	計
予算額	138,000	76,000	292,900	1,994,000	2,500,900

3　成果

大会では、本県関係の日本代表選手が金２人、銀２人、銅２人、敢闘賞２人の合計８人が入賞するなど、その実力をいかんなく発揮した。

県民にとって、世界各地から静岡に集まった多くの選手の競い合う姿を目の当たりにし、交流することは貴重な体験であり、特に、若年層の

技への関心を高める効果があった。

また、大会には、世界各国からの選手、大会関係者のほか、国内外から多くの来場者があり、想定の 20 万人を上回る 29 万人余の参加があった。大会事業費と来場者支出を併せた経済波及効果は 113.3 億円にも上った。

2 −(7) 全国豊かな海づくり大会

1 概要

全国豊かな海づくり大会は、水産資源の維持培養と海の環境保全に対する意識の高揚を図るとともに、水産業に対する認識を深めるための国民的行事として、天皇皇后両陛下の御臨席を仰ぎ、昭和 56 年から全国各地で開催されている。

本県では、平成 13 年 10 月 28 日、第 21 回大会を「うみがすき、魚いっぱい、あおいうみ。」をテーマに、新焼津漁港で開催した。

大会当日は、式典における功績団体の表彰、漁船・県有船による海上での歓迎パレード、マダイ・ヒラメ等の放流、踊り・合唱等のアトラクションを行った。

大会前日の 10 月 27 日にはウエルカムフェスティバル等を開催した。

また、この大会を契機に、焼津漁港周辺の臨港道路の整備及びこれに伴う旧堤の撤去を行った。

2 事業費

（単位：千円）

区分	10 年度	11 年度	12 年度	13 年度	備考
大会関係	7,000	15,050	48,900	456,952	
	基本構想	基本計画	実施計画	大会開催	
道路整備		581,000			・臨港道路整備 ・旧堤の撤去

3　成果

大会当日に 57,392 人、大会前日のウエルカムフェスティバルには 47,354 人もの多数の参加があった。

本県水産業の振興と漁業環境の保全を図る契機となるとともに、「水産県静岡」のＰＲにつながった。

2 −⑻　世界お茶まつり

1　概要

優れた文化性と効能や機能を持った緑茶に係る情報を、国内外に発信し、多くの人が緑茶に親しみ、その恵みを享受できるようにするとともに、お茶にかかわる産業、文化及び学術の飛躍の契機とするため、世界お茶まつりを平成 13 年 10 月に開催した。

その後、第 2 回目を平成 16 年 11 月、第 3 回目を平成 19 年 11 月と、3 年ごとに開催している。現在、平成 22 年の 4 回目の開催に向けて、準備を進めている。

いずれもグランシップ、ツインメッセ静岡を中心とした会場において、茶業関係者の出展によるイベント、展示、学術会議など多彩なプログラムを提供し、来場者の好評を博している。

また、世界お茶まつりで得た情報や技術、世界的な人的ネットワークなどの貴重な成果を継承し、さらに発展させていくための核となる仕組みとして、平成 13 年 9 月に「世界緑茶協会」を設立した。平成 18 年 3 月には、世界の緑茶の中心地静岡の確立に寄与するよう、安定した財政基盤と組織体制を持つ財団法人に改組した。

2　事業費

（単位：千円）

区分	内容	事業費
世界お茶まつり	世界の銘茶・日本の銘茶フェア、2001年国際O-CHA学術会議等	557,700
世界お茶まつり2004	テーマ館「O-CHAは世界語」、ワールドO-CHAメッセ、世界緑茶会議等	192,190
世界お茶まつり2007	ワールドO-CHA縁日、O-CHAタイムトンネル、新・緑茶空間等	162,420

3　成果

国内外から来場があり、来場者数は2001年が11万1千人、2004年が14万5千人、2007年が10万2千人であった。来場者は、日本茶の魅力を再認識するとともに、世界の様々なお茶とその文化を間近に体験し、お茶の世界の多様さを満喫することができた。

世界お茶まつり2007では、過去最多の26カ国・地域からの参加があり、国内外の多くのメディアに取り上げられるなど、静岡からお茶の産業、文化、学術の情報を広く世界に発信することができた。

世界緑茶会議では、9カ国・地域の茶業関係団体の代表者が、緑茶の消費拡大策などについて議論するとともに、静岡からは、輸出する緑茶に付ける日本茶マークを提案し、消費国などから賛同が得られるなど、日本一の茶拠静岡での開催の意義を内外に示すことができた。

2－(9)　浜名湖花博、浜名湖ガーデンパーク、浜名湖フラワーフェスタ

1　概要

花と緑にあふれ、自然と人間生活が調和した潤いのある豊かな県づくりを推進するとともに、世界に向けて、花と緑の素晴らしさ・文化の情報発信をするため、平成16年、しずおか国際園芸博覧会「パシフィッ

クフローラ 2004」(愛称:浜名湖花博)を開催した。

日本の花博としては、平成2年の国際花と緑の博覧会、平成12年の淡路花博に次ぐ3回目で、浜松市庄内半島に整備した浜名湖ガーデンパークを会場に、平成16年4月8日から10月11日の187日間にわたって開催した。約56haの会場に、延べ6000品種、500万株の花、8万本の樹木の展示を行った。

浜名湖ガーデンパークは、花博会場として使用した後に一旦閉鎖し、展望塔(当時名称:きらめきタワー)、花の美術館(当時名称:モネの庭)など一部の施設を残す形で再整備し、平成17年6月に現在の形で開園した。

また、浜名湖花博の理念を継承し、花と緑に関わる産業振興及び消費拡大、並びに花と緑の生活文化の普及及び定着を目的に、浜名湖フラワーフェスタを平成18年から継続して開催している。

2　事業費

(単位:百万円)

区分	内容	事業費	備考
浜名湖花博	開催経費、会場整備	17,130	H 6 ~ 16
浜名湖ガーデンパーク	造成工事、施設建設、展示等	23,607	H 10 ~ 16
浜名湖フラワーフェスタ	フラワーフェスタ 2006	31	H 17 ~ 18
	フラワーフェスタ 2007	28	H 18 ~ 19
	フラワーフェスタ 2008	27	H 19 ~ 20
	浜名湖フラワー&ガーデンフェア 2009	220	H 19 ~ 21

3　成果

浜名湖花博の入場者は目標の500万人を上回る544万余の来場者があった。経済波及効果は、静岡県レベルで2,495億円、全国レベルで4,797億円だった。

浜名湖花博開催後、浜名湖ガーデンパークは都市公園として開園した。

公園の管理には、浜名湖花博でも活躍したボランティアにも引き続き参加してもらっている。

また、浜名湖花博の余剰金により設置した基金を活用し浜名湖フラワーフェスタや浜名湖フラワ＆ガーデンフェア 2009 を浜名湖ガーデンパークで開催し好評を博している。

この様な中、浜名湖ガーデンパークの来場者は順調に増加しており、平成 21 年 3 月に開園以来の通算来園者数 400 万人を達成した。

2 −⑽　静岡国際オペラコンクール

1　概要

本県ゆかりのプリマドンナ「三浦環（みうらたまき)」をたたえ、その業績を検証するとともに、次代を担う声楽界の人材を発掘・育成し、国際交流を通じて内外と連携を深め、世界に広がる「しずおか文化」を創造することを目的として、三浦環没後 50 年にあたる平成 8 年度に第 1 回「国際オペラコンクール in SHIZUOKA」を開催し、以後 3 年に 1 度コンクールを開催している。

平成 14 年の第 3 回大会の後、声楽分野のコンクールではアジア初となる国際音楽コンクール世界連盟に加盟が実現し、「静岡国際オペラコンクール」と改称した。

平成 20 年度開催の第 5 回大会では、コンクール史上初めて日本人（光岡暁恵・ソプラノ）が第 1 位に輝いている。

世界各国の声楽家や他の一流コンクールの上位入賞者からの多数の応募があるとともに、厳しい審査基準によるハイレベルな審査が行われ、過去の入賞者も第一線で活躍するなど、レベルの高いコンクールとなっている。

2　事業費

（単位：百万円）

区分	第1回	第2回	第3回	第4回	第5回	第6回
	H7～8	H9～11	H12～14	H15～17	H18～20	H21
準備費、開催費ほか	233	223	199	207	199	53

3　成果

これまでのコンクールの入賞者の多くが、世界のオペラ界で活躍するなど、有望新人の発掘の場として高い評価を受けている。

また､回を重ねるごとにコンクールへの応募者数が増加するとともに、他の国際音楽コンクール世界連盟のコンクール上位入賞者からの応募があるなど、コンクールの質的な向上も図られている。

さらに､ボランティア団体｢HELPの会｣を中心とした60人のコンクールボランティアの活動が活発化し、オペラ関連事業への参加者数が増加するなど、県民のオペラに対する関心が高まるきっかけとなっている。

（参考：三浦環　みうら たまき）

1884年、東京生まれ。父母はともに静岡県出身、夫も静岡県出身。1903年、19歳で日本人の演じた初のオペラ「オルフォイス」の主役に抜擢され、その後、帝国劇場専属のプリマドンナとしても活躍した。1914年よりドイツ、イギリス、アメリカ、イタリアに暮らし、各地で数多くの公演を成功させた。特にオペラ「蝶々婦人」の蝶々夫人役では、作曲者プッチーニからも「この作品はタマキ・ミウラのために作られたようなもの」と絶賛され、上演回数は2,000回以上に及んだ。1935年の帰国後は、国内での活動を続けたが、1946年東京で永眠した。

2－(11)　伊豆文学フェスティバル

1　概要

川端康成や井上靖などが優れた作品を数多く生み出し、文学の地とし

て名高い伊豆・東部地域をはじめとして、多彩な地域文化を有する本県の特性を活かして、心豊かで文化の香り高いしずおかづくりを推進するため、「伊豆文学フェスティバル」を開催している。

伊豆文学フェスティバルは、平成7年度から2年に1度開催する「世界翻訳コンクール」と平成9年度から毎年開催している「伊豆文学賞」から構成されている。

「世界翻訳コンクール」は、「伊豆の踊り子」が翻訳されたことにより、日本文学の素晴らしさが世界に発信され、本県と世界をつなぐ役割を果たしていることから、若手翻訳者の育成を図ることにより、多彩で魅力ある「しずおか文化」を世界に発信するため、わが国の優れた文学を翻訳するコンクールであり、英語、独語、韓国語を課題言語として、小説・論評等の翻訳結果を審査・表彰している。

また「伊豆文学賞」は、伊豆をはじめとする静岡県全域を対象とした小説・紀行文・随筆を募集し、審査・表彰するとともに、優秀作品等を出版している。

2　事業費

（単位：百万円）

区分	第1回	第2回	第3回	第4回	第5回	第6回	第7回
	H7～9	H10～11	H12～13	H14～15	H16～17	H18～19	H20～21
コンクール	37	40	49	50	50	47	37
フェスティバル	49	53	33	22	25	21	15
管理運営費	10	9	7	2	2	2	2
計	96	102	89	74	77	70	54

3　成果

「しずおか世界翻訳コンクール」は、海外の大学や国際交流基金、ドナルド・キーン財団等から高い評価を受けるとともに、コンクールの受

賞者がプロの翻訳者として多数活動している。また、全国知事会の「先進政策創造会議」において、教育・文化部門の優秀政策として表彰されている。また平成 21 年度国予算において、「しずおか世界翻訳コンクール」を参考とした「翻訳者育成事業」を含む「現代日本文学翻訳・普及事業」が計上され、今後は国家的事業として実施されることとなっている。

「伊豆文学賞」については、250 件を超える多数の応募（平成 20 年度実績）があるなど、高い関心が寄せられ、伊豆文学賞作品による新たな静岡の魅力の発掘に貢献している。

3－(1)　コンベンションアーツセンター・グランシップ

1　概要

東静岡貨物駅操車場跡地の土地利用については、昭和63年3月の「新都市拠点懇話会中間報告」により、空港の設置の議論がある中、東静岡に新駅の設置や、コンベンション施設、多目的ホールの設置等が必要であるとの報告がされた。

これを受け、平成3年3月「東静岡地区新都市拠点整備事業総合整備計画書」が建設大臣に認可され、「県民国際プラザ」の設置が決定した。

平成5年に「東静岡都市拠点総合整備委員会」が設置され、県民国際プラザに求められる機能及び規模が提言された。

平成6年度から、建築家　磯崎新氏の設計により建築が進められ、平成11年3月に「新たな文化の創造拠点として、人、もの、文化、情報が交わり、人々が集い憩う“県民のオアシス”となること」を理念に「静岡県コンベンションアーツセンター（愛称グランシップ）」がオープンした。

2　施設概要

所在地	静岡市駿河区池田79番地の4	階数	地上12階・地下2階
敷地面積	36,009㎡	構造	鉄骨鉄筋コンクリート＋鉄骨造
建築面積	13,647㎡	建築費	50,227百万円
延床面積	60,630㎡	開館日	平成11年3月13日

【主要施設】

▪大ホール、中ホール、会議ホール、交流ホール、展示ギャラリー、静岡芸術劇場、会議室（19室）、映像ホール、託児室、練習室、情報ラウンジ等

▪グランシップ広場：敷地面積　14,531㎡、仮駐車場：360台収容

3　成果

グランシップの運営管理には、オープン時から（財）静岡県文化財団が携わっており、運営を取り仕切る「館長」には、初代は山本肇氏が、二代目（現館長）は田村孝子氏が就任している。

運営の特色は、「自主企画事業」の実施と「グランシップサポーター」との協同である。「自主企画事業」は、貸館事業の他に財団が自ら企画した事業であり、平成21年には、46本の企画の実施計画を用意している。また、「グランシップサポーター」は、ボランティアを組織し、公演時の入場受付や、資料配布、託児業務、来館者への案内などの業務に携わってもらうなど、県民との協働による運営を行っている。

このような運営に取り組んだ結果、平成11年3月のオープンから10年を迎え、800万人を超える来場者数となり県都の文化発信の拠点として確固たる位置付けを築いている。

3 –(2)　富士山こどもの国

1　概要

次代を担うこども達が、雄大な自然の中で、友達や家族と元気にのびのびと遊ぶことを通じて、生命の貴さや自然の厳しさを学び、夢や冒険心を育むことができる場を創造するため、富士山の麓に「富士山こどもの国」を平成11年4月26日に開園した。

平成元年度の「静岡県県土新総合公園構想調査」をはじめとして、平成3年度に「基本構想」、平成4年度には「基本計画」を策定し、平成6年度から5年間の整備期間を経て、現在「草原の国」「水の国」「街」のエリアから構成された94.5haが共用されている。

また、こども達が自ら遊びだすきっかけとするため、機械的な遊具は設置せず、年間を通じて様々なイベント・プログラムの実施やプレイリーダーを配置するなど、従来の公園運営とは異なる特色のある事業運営を

行っている。

平成17年4月には、多様化する住民ニーズに対応したサービス向上と運営の効率化を図るために指定管理者制度を導入している。

2　事業費

区分		事業費（百万円）	備考
公園の整備	第1期分	13,901	H6 ～ 11
周辺整備費	道路、河川整備	4,135	H14以降は建設部移管
公園の管理費	指定管理者委託料	300	H21当初予算額

3　成果

富士山こどもの国の入園者数は、平成11年度（開園時）は29万人であったが、年間を通じた季節イベントや「富士山クロスカントリー」「ディスクゴルフ大会」など、様々な魅力のあるイベントが開催され、平成19年度には、年間目標25万人を大きく上回る33万人が公園を利用した。

また、公園利用者は県東部だけにとどまらず、県中部や西部の利用者のほか、首都圏からの利用者も増加するなど、幅広い地域の人が公園を利用している。

3－(3)　小笠山総合運動公園

1　概要

幅広い年齢層の県民が、それぞれの目的や能力にあった健康スポーツ、レクリエーション活動が可能な生涯スポーツの拠点とするとともに、「2002年日韓ワールドカップサッカー（平成14年）」や「NEW!! わかふじ国体（平成15年）」が開催可能なスポーツ王国静岡にふさわしい競技施設を有した公園として袋井市愛野に整備され、平成13年5月10日に供用開始された。

施設は、第１種公認陸上競技場（球技場兼用）で５万人の観客収容数を誇る「静岡スタジアム」を中心として、「補助競技場」「多目的運動広場」「静岡アリーナ」「人工芝グラウンド」「広場、園地、園路等」、合計 269.7ha の面積を有しており、平成 13 年５月の供用開始以降、段階的に整備が進められている。

特に、中心施設である「静岡スタジアム」は、平成８年の一般公募作品の中から「エコー・歓声のこだま」と「エコロジー・環境」を意味する「エコ」と、「パル・仲間」と「パーク・公園」を意味する「パ」を組み合わせた「エコパ」と名付けられ、多くの県民に親しまれている。

また、バレーボールやバスケットボール等の屋内スポーツの国際大会等を誘致するため、平成 21 年４月、新たに「エコパ補助体育館」を整備した。

２　事業費

区分		事業費（百万円）	備考
公園の整備	スタジアム、アリーナほか	83,641	H3 ~ 15
補助体育館	設計、建設費ほか	876	H19 ~ 20
関連整備費	道路、河川整備	28,068	H7 ~ 8
愛野駅関連	助成金	2,182	
公園の管理費	指定管理者委託料	645	H21 当初予算額
わかふじ国体	開催費ほか	5,429	

３　成果

公園利用者数は、年間 80 万人を超えており（平成 19 年度:85 万人）、毎年、多くの県民が公園を利用している。

平成 13 年５月の供用開始以降、「2002 年日韓ワールドカップサッカー」や「NEW!! わかふじ国体」、「ねんりんピック」のほか、サッカーJリーグの公式試合や様々な国際大会、全国大会が開催され、「本県スポーツの殿堂」として位置付けられている。

特に、平成 15 年に「“がんばるが好き”」をスローガンとして開催された「NEW!! わかふじ国体」は、エコパをメイン会場として県内各地で開催され、本県の競技力向上の取組の結果、天皇杯、皇后杯ともに総合 1 位を獲得することができた。

また、スポーツ以外においても、コンサートをはじめとする大規模文化イベントの会場や県民のレクリエーションの場などとして利活用されている。

平成 18 年 4 月からは指定管理者制度を導入し、多様な県民ニーズに応える公園として、幅広い県民にトップレベルの競技施設と健康づくりの場等を提供している。

3 −⑷　静岡文化芸術大学

1　概要

静岡文化芸術大学は、静岡県と浜松市、地元産業界が協力して設立・運営する「公設民営方式」の大学で、私立大学の柔軟性と公立大学の安定性を兼ね備えた大学です。

平成 5 年に静岡県立大学の短期大学部の将来の在り方を検討する中で、新しい 4 年制大学を設立する考え方にいたり、京都大学の国際政治学者、故・高坂正尭氏と、東京大学の歴史学者、故・木村尚三郎氏が入念に構想し、文化の理想を託した 21 世紀型の若々しい大学として平成 12 年に開学しました。

大学の理念は、

・豊かな人間性と的確な時代認識や社会認識を持ち、国際社会の様々な分野で活躍できる人材を養成する。

・地域、国際、世代が教育研究の場で幅広く融合する“開かれた大学”として地域社会及び国際社会の発展に貢献する。

・静岡県立大学短期大学部が地域に果たしてきた役割、培ってきた教育研究実績を生かし、4 年制大学としての機能、役割を実現する。

として、地域に根ざした開かれた大学を目指しました。

2　大学の概要

(1) 事業費

施設整備事業費補助（⑩〜⑭）	24,850 百万円	敷地面積	28,256㎡
H21 運営費補助	992 百万円	延床面積	50,689㎡

(2) 学生数

（単位：人）

学部	1年生	2年生	3年生	4年生	全学
文化政策学部	247	234	262	272	1,015
デザイン学部	110	111	122	126	469
大学計	357	345	384	398	1,484
大学院	12	17	—	—	29
総計	369	362	384	398	1,513

3　成果

「知性と感性」「人とモノと技術」「地域と世界」などのコラボレーションが求められる新しい時代にあって、こうした要請に応えられる創造性と実践力を持った実務型の人材育成を目指す教育機関として、各方面から大きな期待が寄せられる中、2009 年には 6 期生を社会に送り出し、大学院からも修士課程を修めた 4 期生が 巣立っていくなど、着実な実績をあげております。

また、地域社会との幅広い交流や連携を図るため、文化・芸術研究センターにおいて、市民向けの文化芸術セミナーや公開講座、公開工房などの開催のほか、民間企業や自治体との共同研究・受託研究などの産学連携も進めています。

3－(5)　総合教育センター「あすなろ」

1　概要

静岡県総合教育センター「あすなろ」は、「学習と教育の中核的存在として、新しい時代の人づくりを目指す」を基本理念として、平成7年に「静岡県立教育研修所」「静岡県立情報処理教育センター」「静岡県教育委員会事務局教育相談センター」を統合して、掛川市に新たに設置した。

センターは、「教職員研修センターとしての機能」「教育情報センターとしての機能」「教育相談センターとしての機能」「生涯学習推進センターとしての機能」「カリキュラムセンターとしての機能」「特別支援教育センターとしての機能」などの幅広い機能を有し、本県の教育の中核的機能を果たしている。

平成21年4月には、学校教育の授業・教科に関する指導部門を集中化し、学校への指導・支援の強化・充実を図る教育委員会事務局の再編にあわせて、学校指導支援機能を総合教育センターに集中化することとなり、総合教育センターの役割は、ますます重要となっている。

2　事業費

区分		事業費（百万円）
土地造成費ほか		2,186
建築費	設計、外溝工事含む	10,711
その他	備品購入ほか	637
計		13,534

3　成果

平成7年の開所以来、教職員研修の企画・運営を実施し、情報化や国際化、教科指導力の向上に資する研修を実施し、年間延べ1万人を

超える教職員等の能力向上に資するとともに、平成17年に策定した静岡県版カリキュラムの普及・活用、学習指導や学校経営、教育行政等の教育情報を収集し、幅広く提供するなど、本県の教育の質の向上に貢献している。

また、青少年や保護者からの教育相談や悩み相談を受ける「ハロー電話ともしび」、発達が気になる子どもの教育相談を受ける「教育相談あおぞら」、不登校児童生徒への学習支援を行う「あすなろ学習支援室 ステップバイステップ」を開設し、子どもの心の相談に応えている。

さらに、県民の生涯にわたる学習への支援として、NPO、企業等の学習資源を収集し、データベース化した学習プログラムの提供、授業外ポイント制度の創設、ふじのくにゆうゆうクラブの開設、しずおか県民カレッジの開設等により、生涯学習情報・学習機会の提供を行うほか、県民への施設開放を行い、年間7万5千人（平成19年度）の県民が利用している。

3－(6)　静岡がんセンター

1　概要

昭和63年「静岡県地域保険医療計画」において、高度先進医療の充実を図るため、がんセンターの設置及び、県東部地域における高度専門医療供給体制の整備充実が課題とされていた。

平成7年の「静岡県新世紀創造計画」において、県民の死亡原因のトップであるがんの制圧に取り組む拠点施設を、県東部地区に整備することとなり、これを受け、平成10年度より建設をはじめ、平成14年9月6日に開院した。

また、ファルマバレーの中心的な存在としてがんセンター研究所を平成17年にオープンし、医看工連携の研究をスタートさせた。

2　施設概要

項目	内容
住所	駿東郡長泉町下長窪 1007
敷地面積	131,047.95㎡
全体事業費	71,454 百万円
病床数	615 床(うち緩和ケア 50 床)(全床開棟時、21 年度は 569 床で運営)
施設	病院本棟、緩和ケア病棟、陽子線治療施設、エネルギーセンター 研究所（H17.11 開所）、管理棟（H21.9 完成予定）、職員宿舎、 保育所、小児患者家族宿泊施設

※病院本棟延べ面積には、地下駐車場等 7,564㎡を含む。

なお、外来患者数増及び業務量増に対応するため、病院本棟を 21 ～ 23 年度に改修予定

3　成果

がんは、県民の死亡原因の第一位を占める重大な病気ですが、今では適切な治療により治すことが可能です。

がんセンターの設置により、県民は、我が国トップレベルの医療技術者と、最新の医療機器や診療システムを駆使した、がんの治療を受けることが出来るようになった。

また、がんセンターでは、患者さんや家族の心を大切にする医療を実践し、県民の皆様の期待に応える医療サービスの提供に努めている。

こうした結果、静岡がんセンターは全国に数あるがん専門病院の中でも高い評価を受けており、医療技術だけでなく、患者さんの満足度がトップレベルであるなど全国的に高い評価を受けている。

また、患者数も年々増加しており、開院当初 1 日あたりの外来患者数が 249 人であったのに対し、平成 19 年には 851 人となるなど、着実に地域のがん拠点病院としての機能を果たしている。

4－(1)　行政改革・新公共経営（ＮＰＭ）の確立

1　概要

静岡県では、従来の節約型の行政改革ではなく「行政の生産性向上」を目指し、「業務をゼロから再構築するＢＰＲ（ビジネス・プロセス・リエンジニアリング）手法の導入」、「業務棚卸表を活用した行政評価の実施」、「戦略計画としての総合計画と業務棚卸表の連結」などを行い、日本で初めての具体的で実効性のある新公共経営（ＮＰＭ）の仕組みを確立した。

2　これまでの歩み

年度	取組
平成６年度～	「行政の生産性の向上」提唱 リエンジニアリング研修
７年度～	新行政改革大綱、文書・事務ハーフ運動
９年度～	業務棚卸表
10 年度～	本庁組織のフラット化、ひとり１改革運動
11 年度～	戦略展開システム
14 年度～	「魅力ある“しずおか”2010 年戦略プラン（総合計画）」策定 成果指標（158 項目の数値目標）設定 「新公共経営」の本格導入
15 年度～	評価を加えた業務棚卸表を県議会に提出 ＰＤＣＡサイクルによる予算編成
17 年度～	総合計画に見直し（成果指標＝ 166 項目の数値目標）
19 年度～	県民と市や町の視点に立った本庁組織の再編

3　成果

(1) 業務棚卸表（平成９年度～）

室（組織）がその目的を達成するために、１年間に実施する業務の作戦体系を示し、具体的に何をどこまでやるのか、業務の構造を記述した

作戦書として業務棚卸表を導入した。業務棚卸表と総合計画の目的・目標を一致させることにより、県の施策展開に対する評価を目に見える形にすることにより、ＰＤＣＡサイクルを確立した。

⑵ サマーレビュー（平成9年度）

累積した多額の借入金残高を抱えている上、税収の伸びも多くを期待できない厳しい財政状況に鑑み、行財政対策委員会において「サマーレビュー特別部会」を設け、事務事業の抜本的な見直し（サマーレビュー）を行った。

※サマーレビューの成果は別紙（052頁参照）

⑶ ひとり1改革運動（平成10年度～）

「県民本位の生産性の高い行政システム」を構築していくため、職員一人ひとりが自ら考え、行動する力をつけるため平成10年度から「ひとり1改革運動」を展開してきた。運動のスローガンは「速く　ムダなく　いい仕事」とし、全職員が積極的に取り組んでいる。

	取組件数	経済効果	時間節約	県民満足度向上
平成17年度	12,392件	355億6,641万円	135,377時間	5,301件
平成18年度	12,590件	141億8,122万円	97,086時間	5,935件
平成19年度	12,368件	166億5,871万円	86,819時間	6,224件

⑷ 本庁組織のフラット化（平成10年度～）

目的志向型行政運営への転換を図るとともに、行政運営における迅速性、柔軟性を向上することを目的として、本庁組織のフラット化に取り組んだ。フラット化の手法は、それまで「課」単位であった組織を施策目的ごとに意思決定及び業務執行単位を小規模な「室」に再編するとともに、施策目的の共通性で大括りした「総室」（平成19年度以降は「局」）

を設置した。また、これまで課長が持っていた業務執行の権限を現場の指揮官となる「室長」に委譲するとともに、次長や課長補佐といった中間管理職をなくし、職位階層を平ら（フラット）にした。

平成9年度に100課14室であった組織が、平成21年度には、35局163室となっている。

(5) 戦略的政策展開（平成11年度～）

翌年度以降の重要懸案事項に対処するため、トップ（長）が目指すべき方向性を明示し、その実現に向けて、新機軸の構築や施策の重点化等、施策や事業を優先・重点的に展開することとした。毎年度「知事方針書」に基づき各部局長が政策をまとめ、予算、組織に反映させてきた。

(6) 本庁組織の再編（平成19年度～）

県民視点の行政の実現を目指して進めてきた2つの政令指定都市の誕生や市町村合併など、県内自治構造が大きく変化する中で、新たな広域的課題や行政需要の変化に対応するため、本庁組織を再編した。その内容は、事業実施部門を平成18年度の8部体制（生活・文化部、環境森林部、健康福祉部、商工労働部、農業水産部、土木部、都市住宅部、空港部）を5部体制（県民部、厚生部、産業部、建設部、空港部）とし、管理部門（総務部、企画部）とあわせ7部体制とした。

■サマーレビューの成果

課題	検討内容
補助金等の抜本的な見直し	全補助金の見直し（新たな補助金の抑制と、既存の補助金の抜本的見直し）を実施し、平成10年度には、252件で、約41億円4千6百万円の見直しとなった。
県と市町村の役割及び負担の見直し	市町村への権限委譲推進計画を策定し（38法令、165事務について、原則、平成12年度までの3年計画で推進）、平成10年度には、10法令35事務について市町村へ委譲する。
主要プロジェクトの見直し	別紙のとおり（051頁以降参照）
公共投資の見直し	公共投資の効率化・重点化を図るとともに、公共工事コスト縮減の数値目標を示すものとする。平成11年度末を目途に10%以上のコスト縮減を図ることとする。
行政スリム化の推進と外郭団体の見直し	平成10年度の組織改正により、（財）静岡県学術教育振興財団を（財）静岡総合研究機構に統合するとともに、3公社（土地開発公社、道路公社、住宅供給公社）の管理部門を統合するこことする。今後、県の出資割合が50%以上の団体について業務・組織の見直しに継続的に取り組むものとする。
事務処理システムの変革	平成10年度から、総務事務のうち、給与、旅費、職員厚生などの事務を各部主管課で集中処理する。（現在の総務事務センターの奔り） 「消耗品ＰＯＳ一括管理システム」を導入する。（現サプライセンター）

■主要プロジェクトの見直し

プロジェクト名	現計画		主な見直し事項	新計画	
	完成年次	事業費（億円）		完成年次	事業費（億円）
静岡空港	15年度	2,000 用地費、土工事費、自然環境保全対策費等の増分を含んで 2,150	・平成15年秋の開港予定を、平成18年春とする。 ・アクセス道路を開港までに必要となる道路区間及び構造で整備する。 牧之原・金谷ルート：暫定2車線（開港時） 島田ルート：片歩道に縮小、権現原区間（L=3.6km）は開港後に整備 榛原・吉田ルート：片歩道に縮小、現道拡幅区間（L=2.8km）は開港後に整備 ・ターミナルビルへの出資に民間資金の導入を図る。 ・事業費の精査による工事費の縮減を図る。 調整池、新幹線トンネル保護対策、無線施設移設 ・事業の一部の進度調整を行う。 大規模農地開発、騒音対策、隣接地域振興事業の各一部	18年度	（開港時まで） 1,900

新大学（静岡文化芸術大学）	11年度	300 施設整備費及び備品費	・校舎等施設の仕様を見直す。 ・備品整備計画の見直しを図る。（既存備品の活用及び一部リース化） ・備品整備計画の学年進行による平準化を図る。 ・（11年度から14年度の4か年で整備）	11年度	260 施設整備費及び備品費
コンベンションアーツセンター	10年度	713 多目的広場・備品を含む	・すでに、地下駐車場整備の中止等を行った。 ・多目的広場の仕様を変更する。 ・備品整備計画の見直しと、一部を開館後の整備とし、経費の平準化を図る。	10年度	706 多目的広場・備品を含む
第二東名関連道路	供用年	2,300	・計画交通量を現計画の平成22年推計から本線開通時のものに変更する。 ・新設路線を交通需要に合わせ、暫定2車線供用化による本線開通時までの経費縮減を図る。 ・現道拡幅路線を渋滞が予想される交差点等の優先整備など、段階的実施による本線開通時までの経費縮減を図る。	15年度	第二東名本線開通時まで 1,665

富士山こどもの国	1期 10年度 2期 13年度	(2期まで) 215 関連道路・河川を含む	・1期計画事業の一部を延伸する。(学びの森は13年4月供用開始) ・2期計画（⑪～⑬計画）を当面延期する。 (開園後の状況により再検討する。) ・アクセス道路整備の一部を通常事業（公共等）で対応する。	1期のみ 10～12年度	(1期のみ) 180 関連道路・河川を含む
小笠山総合運動公園	12年度	1,236 関連道路・河川を含む	・スタジアムの仕様を見直す。 ・メインアリーナの整備年次を1年延期しワールドカップ本大会までに整備する。 ・サブアリーナ及びプールの整備を当面延期する。(国体終了後に再検討する。) ・その他の公園施設の整備を、国体までは必要最小限とし、経費の縮減を図る。 ・アクセス道路の一部を暫定2車線供用とする。	12～13年度	(国体開催まで) 1,127 関連道路・河川を含む
がんセンター	13年度	未定	・開院年次を1年延期する。 ・病床数を700床から630床に変更し、効率的な運営を図る。 ・研究所の整備計画を開院3年後を目標に延期する。	14年度	480 医療機器・職員宿舎等除く

(注) 新計画額は、今後発注予定の工事に対するコスト縮減を加味した額である。

4 −(2) 指定管理者制度

1 概要

平成 15 年 9 月の改正地方自治法の施行により、公の施設の管理について、これまでの公的な性格の団体に限って委託できるとした「管理委託制度」が廃止され、代わって、これらの団体に加え民間事業者を含んだ幅広い団体の中から地方公共団体が指定するものが公の施設の管理を代行する「指定管理者制度」が創設された。

改正法施行時に管理委託中の施設については、平成 18 年 9 月 1 日までに指定管理者制度の導入か直営によるか管理形態を決定し、必要な手続きを完了することとなった。

	管理委託制度	指定管理者制度
管理を行うことができる団体	地方公共団体の出資法人、公共団体、公共的団体のみ	特段の制約を設けず民間事業者も含む
使用許可	不可	可
利用料金制度	導入可	導入可

2 指定管理者の導入済施設の内訳

管理開始年度	施設数	従前の管理形態		募集方法		指定管理者の内訳			
		管理委託	直営	公募	単独	民間事業者等	NPO	公共的団体	県外郭団体
16 年度	2	0	2	0	2	0	2	0	0
17 年度	5	5	0	5	0	5	0	0	0
18 年度	31	27	4	18	13	11	1	11	8
19 年度	2	0	2	2	0	2	0	0	0
21 年度	2	0	1	1	1	1	0	1	0
計	42	32	9	26	16	19	3	12	8

3 成果

平成 21 年度までに指定管理者制度を導入した 42 施設における導入効果額は、7 億 7 千万円と見込んでいる。また、指定管理者が各施設において外部評価などを実施し、利用料金の値下げなど様々なサービス向上策を実施している。

サービスの内容	施設数	具体例
料金の値下げや料金体系の見直し	16 施設	入園料割引（こどもの国）、施設料金下げ（グランシップ）
利用可能な日や時間を拡大	11 施設	利用時間延長（愛鷹運動公園）、通年営業（森林公園森の家）
多彩なイベントや講座の開催など企画催事の充実	27 施設	施設無料開放（県立水泳場）、スポーツ教室開催（武道館）
予約時期の前倒しや HP の充実など利用しやすい環境づくり	22 施設	利用料金のコンビニ払い導入（グランシップ）

（県資料より）

石川嘉延 関連年譜

西暦	和暦	月日	石川嘉延の事項
1940	昭和 15	11.24	静岡県佐東村（旧大東町・現掛川市）で生まれる
1946	昭和 21	春	5 歳半まで台湾で育ち、本土帰還
1946	昭和 22	4 月	佐東村立佐東小学校入学
1953	昭和 28	4 月	城東村立城東中学校入学
1959	昭和 34	3 月	掛川西高校を卒業
1964	昭和 39	3 月	東京大学法学部卒業
		4 月	自治省入省
		8 月	三重県総務部に赴任
1967	昭和 42	4 月	自治省行政局公務員部福利課に配属
1968	昭和 43	10 月	結婚
1969	昭和 44	4 月	千葉県企画部主管（課長職）
		7.20	
1970	昭和 45	2.11	
		3.15 ～ 9.13	
		3.31 ～ 4.3	
		4 月	千葉県公害対策局公害対策課長
		6.23	
		7.23	
1971	昭和 46	2.15	
		6.17	
		7.1	
		7.30	
		8.2 ～ 10	
		8.15	

静岡県の出来事	国内・海外の動き
	米宇宙船アポロ 11 号、人類初の月面着陸成功
	日本初の国産人工衛星打ち上げ成功
	大阪で日本万国博覧会開催
	赤軍派、日航機よど号ハイジャック
	日米新安保条約、反安保統一行動の中で自動延長
田子の浦港内ヘドロの外洋投棄決定	
県公害防止条例制定、施行	
	沖縄返還協定調印
	環境庁発足、公害行政の一元化
	全日空機、自衛隊機と衝突、死者 162 人
朝霧高原で世界ジャンボリー開催	
	米大統領、ドル防衛措置発表（ドルショック）、28 日政府、円変動為替相場制を実施

		8.2 ~ 10	
		10.25	
		10.30	
1972	昭和 47	2.3 ~ 13	
		2.19	
		4 月	千葉県新都市開発局開発課長
		5.15	
		9.29	
1973	昭和 48	1.27	
		2.14	
		4.26-27	
		10.6	
		10.17	
1974	昭和 49	2.4	
		4 月	自治省大臣官房文書広報課課長補佐
		5.9	
		6.7	
		7.7	
		7.7	
1975	昭和 50	4 月	静岡県総務部学事文書課長
1976	昭和 51	3.17	
		7.27	
		8.23	
		10.1	
		10.29	

朝霧高原で世界ジャンボリー開催	
	中国が国連に復帰
県公害防止センター開所	
	札幌で冬季五輪開催
	連合赤軍「浅間山荘事件」
	沖縄の施政権が日本に返還、沖縄県発足
	日中共同声明調印、国交正常化
	ベトナム平和協定調印、29日米大統領戦争終結を宣言
	円、変動相場制へ移行
	春闘ゼネスト決行、310万人参加
	第四次中東戦争が勃発
	OAPEC（アラブ石油輸出国機構）石油戦略発動、第1次オイルショックを招く
富士市と129工場が公害防止協定調印	
伊豆半島沖地震（M6・9）発生、死者・行方不明者38人	
浜松医科大学開校	
県知事選、山本敬三郎氏当選	
七夕豪雨、死者44人、全半壊家屋415戸、浸水家屋7万3千戸	
浜岡原発1号機、営業運転を開始	
	田中角栄前首相、ロッキード事件外為法違反で逮捕
	石橋克彦東大助手が駿河湾巨大地震説を発表
県地震対策班が発足	
	政府が防衛計画大綱を決定。11/5防衛費をGNPの1%以内と決定

1977	昭和 52	4 月	自治省大臣官房企画室室長補佐
		8.1	
		12 月	自治省大臣官房総務課長補佐
1978	昭和 53	1.14	
		5.10	
		6.18	
		8.12	
1979	昭和 54	1.1	
		2.11	
		4 月	静岡県総務部財政課長
		6.28 ～ 29	
		7.11	
		11.16	
		12.27	
1980	昭和 55	4 月	静岡県教育委員会教育次長
		8.14	
		8.16	
		9.22	
1981	昭和 56	5.1	
		6.8	
		10.1	
1982	昭和 57	2.8	
		2.9	
		4.20	
		6.27	

県地震対策課設置	
伊豆大島近海地震（M7.0）発生、死者 25 人	
	新東京国際空港（成田空港）が開港
山本敬三郎氏が知事選再選	
	日中平和友好条約調印
	米中が国交回復
	イラン革命。以降、イランの原油生産が激減し第 2 次オイルショックへ
	東京で先進国首脳会議（東京サミット）
東名日本坂トンネルで事故、火災。7 人死亡、車両 173 台焼損	
県内全域で東海地震を想定した初の総合地震防災訓練	
	ソ連軍がアフガニスタンに侵攻
富士山で大落石、死者 12 人	
静岡駅地下街でガス爆発、死者 15 人、重軽傷 223 人	
	イラン・イラク全面戦争に突入
	日米が乗用車対米輸出自主規制で合意
浜松市がテクノポリス（高度技術集積都市）の建設調査地に決定	
	当用漢字を廃止し、使用制限を緩和した常用漢字表を採用
	ホテル・ニュージャパンで火災、死者 33 人
	日航機、機長の逆噴射操作により羽田沖に墜落、死者 24 人
県と中国・浙江省が友好提携調印	
山本敬三郎氏が知事選 3 選	

		6.28	
1983	昭和 58	2.1	
		2.1	
		5.26	
		9.1	
		10.12	
		11.22	
1984	昭和 59	1.31	
		2.14	
		3.18	
		4 月	静岡県総務部長
1985	昭和 60	3.17 ～ 9.16	
		3.11	
		4.1	
		5.17	
		8.12	
		9.22	
1986	昭和 61	2.11	
		4 月	自治省行政局公務員第二課長
		4.19	
		4.26	
		6.22	
		9 月	自治省大臣官房文書広報課長

浜松市の人口 50 万人突破、県内初	
県立総合病院、静岡市に開院	
県の人口 350 万人を突破	
	日本海中部地震（M7.7)、死者 104 人
	ソ連戦闘機、サハリン沖で大韓航空機を撃墜、269 人死亡
	ロッキード事件田中角栄元首相に懲役 4 年の実刑判決
掛川市・つま恋でガス爆発、死者 14 人	
静岡市で第 1 回県暴力追放県民大会	
深海潜水調査船「しんかい 2000」駿河湾で初の学術探査	
	江崎グリコ社長誘拐、グリコ・森永事件発生
	筑波研究学園都市で科学万博「つくば '85」
	ゴルバチョフがソ連共産党書記長に就任、ペレストロイカを提唱
	NTT、日本たばこ産業が民間会社として発足
	男女雇用機会均等法が成立
	日航ジャンボ機が群馬・御巣鷹山中に墜落、死者 520 人
	プラザ合意、先進 5 カ国がドル高修正で協調
熱川温泉ホテル大東館火災、24 人焼死	
県立美術館が静岡市谷田にオープン	
	ソ連チェルノブイリ原発で大事故
県知事選、斉藤滋与史氏当選	

		11.21	
1987	昭和 62	4.1	
		4.20	
		10.19	
		12.16	
1988	昭和 63	3.13	
		4 月	自治省大臣官房文書課長
		4.10	
		6 月	
		7 月	自治省行政局公務員第一課長
		9.5	
		12.15	
1989	昭和 64	1.7	
1989	平成元	4.1	
		4.20	
		5.12	
		6 月	自治省大臣官房総務課長
		6.4	
		11.9	
		11.21	
		12.15	
		12.29	
1990	平成 2	6 月	自治省会計課長事務取扱、総務課長
		6.17	
		8.2	
		10 月	自治省大臣官房審議官

	伊豆大島・三原山が大噴火、全島民が避難
	国鉄分割・民営化でJR6社発足
静岡県立大学開学	
	NY株史上最大の暴落、翌20日東京株式市場も史上最大14.9%下落
静岡空港建設予定地、榛原町・島田市に決まる	
	世界最長の青函トンネル開通
	瀬戸大橋開通、日本列島が地続きに
	リクルート社から政官界への未公開株譲渡が発覚、政官界工作次々と明らかになる
金指造船所が会社更生法適用を申請。負債356億円、県内最大の倒産	
	自治省「ふるさと創生1億円」の全国市町村一律配布を決定
	昭和天皇崩御、皇太子明仁親王即位
	消費税（3%）実施
県地震防災センターが静岡市に開所	
県立大、静岡市谷田に完成	
	中国で天安門事件
	東独が国境開放、ベルリンの壁崩壊
	総評解散、日本労働組合総連合会（連合）が発足
県が静岡空港基本計画を発表	
	東証株価終値3万8915円87銭と史上最高値を更新
県知事選、斉藤滋与史氏再選	
	イラクがクウエートに侵攻

		10.3	
		11.12	
1991	平成 3	1.17	
		2 月	国土庁長官官房審議官
		3.29	
		6.3	
		10 月	自治省大臣官房審議官
		12.25	
1992	平成 4	3.1	
		6.15	
		7 月	自治省行政局公務員部長
		7.28	
		8.1	
		9.12	
		9.17	
		10.23	
		10.31 ~ 11.3	
1993	平成 5	6.14	
		6 月	自治省退官
		8.1	県知事選、初当選
		6.18	
		8.6	
		8.25	
		11.19	
1994	平成 6	3.23	

	東ドイツが西ドイツに編入されドイツ連邦共和国が誕生
	皇居宮殿で「即位礼正殿の儀」
	多国籍軍がイラク空爆、湾岸戦争勃発
県が磐田市桶ケ谷沼と周辺地域を自然環境保全地域に指定	
	雲仙普賢岳で大火砕流が発生、死者・行方不明者 43 人
	ゴルバチョフ大統領辞任、ソ連解体、独立国家共同体に移行
	暴力団対策法施行
	国連平和維持活動（PKO）協力法が成立
バルセロナ五輪で岩崎恭子（沼津五中）が日本競泳史上最年少優勝	
県の機関が完全週休 2 日制を実施	
	学校週 5 日制スタート
	PKO による自衛隊のカンボジア派遣第 1 弾出発
	日中国交正常化 20 周年で天皇皇后両陛下が初の中国訪問
静岡市で第 1 回大道芸ワールドカップイン静岡を開催	
斉藤滋与史知事が辞任	
	宮沢内閣不信任案可決、衆院解散
	首相に細川護煕日本新党代表
静岡空港が「新規事業」に格上げ	
建設大臣が第 2 東名自動車道に施工命令	
県立美術館「ロダン館」開館	

		6.29	
		10.8	
1995	平成 7	1.17	
		3.20	
		3.30	
		4.1	
		4.3	
		5.17	
		7.11	
		8.1	
		8 月	
		8.15	
		8.19	
		9.22	
1996	平成 8	1.11	
		5.31	
		7.13	
		7.26	
		9.20	
		10.19 ～ 20	
		10.20	

	首相に村山富市社会党委員長
浜松アクトシティがオープン	
	阪神淡路大震災発生
	地下鉄サリン事件
	國松孝次警察庁長官が狙撃され重傷
10年間の県政運営の指針「新世紀創造計画」スタート	
県庁に県民サービスセンター開所	
県が地震対策300日アクションプログラム	
国際交流促進のため創設した「ふじのくに親善大使」に外国人留学生25人を委嘱	
学校教育、生涯学習の拠点となる県総合教育センターが掛川市に開所	
県が３年間で文書の半減を目標とする「文書ハーフ運動」を開始	
	村山首相が戦後50年談話発表
ギリシャで開催する第１回シアターオリンピックスを視察	
「県民本位」「ゼロベースからの再設計」を基本姿勢に行政の生産性向上を目指した行財政改革大綱を策定	
	村山内閣総辞職、橋本龍太郎自民党総裁が首相に
	サッカー2002年W杯、日韓共催決定
	Ｏ１５７集団食中毒発生、全国に拡大
運輸省が静岡空港の設置許可	
２００４年国際園芸博の浜松開催が正式決定	
第１回静岡健康・長寿学術フォーラム開催	
	初の小選挙区比例代表並立制による総選挙。自民239議席で比較第一党

		11.2 ～ 10	
1997	平成 9	3.26 ～ 28	
		4.1	
		4.30	
		6.4	
		7.6	県知事選、再選
		8.11	
		10.19	
		11.17	
		11.24	
		12.11	
1998	平成 10	1.25	
		2.7	
		6.4	参院行財政改革・税制特別委で「政令県」構想示す
		6.29	
		7.3	
		7.7	
		8.31	
		9.24	
		10.30	
		11.18	
1999	平成 11	3.13	
		3.23	

第1回国際オペラコンクール in SHIZUOKA 開催	
第1回静岡アジア・太平洋学術フォーラム開催	
	消費税率を5%に引き上げ
県舞台芸術公園が完成	
第1回しずおか世界翻訳コンクール審査結果発表	
静岡・山梨両県が「富士山環境保全共同宣言」を発表	
第1回伊豆文学フェスティバル開催	
	北海道拓殖銀行が経営破たん
	山一証券が自主廃業決定
	地球温暖化防止・京都会議が議定書採択
静岡・山梨両県と周囲4市1町の首長による「富士山サミット」が開催	
	冬季五輪長野大会開幕
県が業務棚卸表を公開	
県「人づくり百年の計」委員会初会合	
知事と流域11市町長らで構成する「奥大井・南アルプスマウンテンパーク構想推進協」が発足	
	北朝鮮が弾道ミサイル・テポドン発射
インターネットで県議会を“生中継”	
JR東静岡駅開業	
「富士山憲章」を制定	
県コンベンションアーツセンター「グランシップ」開館式典	
	不審船2隻が日本海で領海侵犯、翌日初の「会場警備行動」発令

		4.1	
		4.16 ～ 6.13	
		4.26	
		4.28	
		5.30	
		7.1	
		8.4	
		9.30	
		10.19	県財政の危機的状況を初めて明らかにする
		10.21	
		10.22 ～ 25	
		10.29 ～	
		12.31	
2000	平成 12	2.23	
		3.26	
		4.13	
		4.15 ～ 5.15	
		6.16	
		6.21	
		11.16	
2001	平成 13	1.1	

県が「ユニバーサルデザイン推進本部」を設置	
第２回シアター・オリンピックスグランシップなどで開催	
富士山こどもの国 開園	
NPO 法に基づき、5 団体を県内初の NPO に認証	
天皇皇后両陛下をお迎えし天城湯ヶ島町で全国植樹祭	
NPO 活動センターが静岡市にオープン	
清水港開港 100 周年記念式典	
	茨城県東海村の核燃料加工施設で国内初の臨界事故
県人づくり百年の計委員会が提言書「意味ある人をつくるために」を知事に提出	
技能五輪全国大会開催	
第１回しずおか連詩の会（創作 29-31 日、発表・交流会 11 月 3 日）	
観光振興イベント「伊豆新世紀創造祭（~ 2001.1.1)」スタート	
再編整備を推進する「県高校長期計画」を発表	
	ロシア大統領選でプーチン氏当選
静岡文化芸術大学が浜松市に開学	
森づくり行事を集中開催する「第 1 回森づくり県民大作戦」を展開	
2007 年技能五輪国際大会の静岡県開催が決定	
2003 年国体の静岡県開催が正式決定	
「富士山麓ファルマバレー構想検討委」が初会合	
東海道四〇〇年祭開幕	

		1.6	
		4.1	
		4.26	
		5.12	
		5.31	
		7.29	県知事選で 3 選
		8.30	
		9.4	
		9.11	
		9.21	
		10.5 ~ 8	
		10.28	
		11.10	
		11.20	
		12.9	
2002	平成 14	1.1	
		1.17	
		1.24	
		4.1	
		4.4	
		4.16	
		4.20	

	中央省庁が１府 12 省庁に再編
清水市、富士市が特例市に移行	
	小泉純一郎内閣発足、構造改革スタート
W 杯・国体の会場となる静岡スタジアムが完成し初のＪリーグ公式戦	
東海地震第３次被害想定を発表	
	政府が政令市の人口要件を 70 万人に緩和するプランを発表
世界緑茶協会の設立総会開催	
	米中枢同時多発テロ発生
県が市町村合併支援本部を設置	
静岡市で世界お茶まつりを開催	
天皇皇后両陛下をお迎えし焼津市で全国豊かな海づくり大会	
	WTO（世界貿易機関）が中国の加盟を承認
	テロ対策特別措置法に基づき、アフガン米軍支援で自衛隊に派遣命令
東海地震対策プロジェクト「TOUKAI－０」の「わが家の専門家診断」が掛川市で始まる	
	ユーロ紙幣・通貨流通開始
東海地震を想定した県初の全県図上訓練	
ユニバーサルデザイン全国大会が浜松市で始まる	
	完全学校週５日制始まる
県の総合計画「魅力ある“しずおか”二〇一〇年戦略プラン」スタート。新公共経営（NPM）を本格導入	
文科省の知的クラスター創生事業に県西部のテクノポリス地域が内定	
静岡市で県と浙江省の友好提携 20 周年記念式典・交流会を開催	

		6.11	
		8.5	
		9.6	
		10.15	
		10.25	
2003	平成 15	1.28	
		3.20	
		4.1	
		4.1	
		4.7	
		4.9	
		5.19	
		5.23	
		6.6	
		6.24	
		7.26	
		8.26	
		9.13 ~ 16	
		10.25 ~ 30	
		11.8	
		11.15 ~ 16	
2004	平成 16	1.15	
		1.22	

日韓共催サッカーＷ杯エコパ開幕戦「カメルーン対ドイツ」が行われる	
	住民基本台帳ネットワーク稼働
長泉町に県立静岡がんセンター開院	
	北朝鮮拉致被害者５人が24年ぶりに帰国
中国・杭州市で県と浙江省の友好提携20周年記念式典	
県男女共同参画基本計画を決定	
	米英、イラクを攻撃
合併で新静岡市が誕生	
ファルマバレーセンターが開設	
	WHOが中国、台湾などで新型肺炎（SARS）で98人死亡を発表
	バグダッド陥落、フセイン政権崩壊
	気象庁の「東海地震に関する情報」が「注意情報」新設など大転換
	個人情報保護法が成立
	有事関連法が成立
清水港の輸送拠点「新興津コンテナターミナル」供用開始	
	イラク復興支援特別措置法成立
しずおか地産地消推進協議会が発足	
NEW! わかふじ国体夏季大会	
NEW! わかふじ国体秋季大会	
第３回全国障害者スポーツ大会「わかふじ大会」開幕	
第57回全国お茶まつり静岡大会	
政府が募集した地域再生プランに対し、県が「政令県構想」と「奥大井・南アルプスマウンテンパーク構想」を提案	
	イラク派遣の航空自衛隊本隊が出発

		2.27	
		3.26	
		3.30	
		4.1	
		4.1	
		4.1	
		4．8　～ 10.11	
		6.21	
		10.23	
		11.3 ~ 7	
2005	平成 17	1 月	
		1.17	
		2.16	
		4.1	
		4.1	
		4.1	
		4.25	
		4.25	
		5.5	
		6.1	

	オウム真理教・麻原彰晃被告に死刑判決
県立森林公園に「バードピア浜北」が完成	
浜名湖花博会場（浜松市）への主要アクセス道路が開通	
御前崎市と伊豆市が誕生	
県の深層水利用施設（焼津市）がオープン	
	国立大法人化、法科大学院68校開校
浜名湖花博（しずおか国際園芸博覧会）開催	
知事が静岡NPO国際フォーラムで「静岡型協働システム」を提案	
	新潟県中越地震で68人死亡
静岡市で「世界お茶まつり2004」開催	
県が地方税の賦課徴収事務の共同処理を目指す「地方税一元化構想」を提案	
小笠町と菊川町が合併、菊川市が誕生	
	COP3で採択された京都議定書が発効
静岡市が政令指定都市に移行	
合併で5市1町誕生(磐田市、掛川市、袋井市、沼津市、伊豆の国市、西伊豆町)	
	ペイオフ全面解禁
中曽根元首相を会長に「富士山を世界遺産にする国民会議」が発足	
	JR福知山線脱線事故で死者107人
金谷町と島田市が合併、新島田市誕生	
	クール・ビズがスタート

		6.5	
		7.1	
		7.24	県知事選で４選
		9.20	
		10.11	
		10.14	
		10.17	
		11.17	
		12.19	
		12.22	
2006	平成 18	1.23	
		1.30	
		2.14	
		4 月	
		4.3	
		9.6	
		10.9	

浜名湖花博跡地を利用した「浜名湖ガーデンパーク」が開園	
県西部12市町村合併、新浜松市誕生	
中川根町と本川根町が合併、川根本町が誕生	
相良町と榛原町が合併、牧之原市が誕生	
	郵政民営化法が成立
富士山の世界文化遺産登録を目指し県が知事を本部長とする推進本部を設置	
	千葉県市川市の一級建築士が構造計算書を偽造。耐震強度の偽装が発覚
静岡、山梨両県、関係市町村が「富士山世界文化遺産登録推進両県合同会議」を設置	
	厚生労働省が人口動態統計の年間推計で日本の人口が初めて減少したことを公表
	証券取引法違反の疑いでライブドア堀江貴文社長らを逮捕
「ユネスコの活動と世界遺産事業」をテーマに静岡市で国連加盟50周年記念公開シンポジウムを開催	
空港運営会社「富士山静岡空港株式会社」設立	
荒廃森林の再生事業に活用するため「森づくり県民税」を導入	
世界緑茶協会が県お茶室から分離し財団法人化。「しずおかO-CHAプラザ」オープン	
	秋篠宮悠仁さま誕生、皇室の男子誕生は41年ぶり
	北朝鮮が初の地下核実験

		10.28	
2007	平成 19	1.18 ～ 19	
		3.6	
		3.26	
		4.1	
		4.3	
		5.14	
		5.19 ～ 20	
		6.4	
		6.27	
		8.16	
		10.1	
		10.26	
		11.1 ～ 4	
		11.14 ～ 18	
2008	平成 20	4.1	
		4.1	
		4 月	
		7.26	
		9.15	

ねんりんピック県内各地で開催	
東海地震を想定した県の大規模図上訓練。初めてシナリオなしのロールプレイング方式を採用	
	財政破綻した北海道夕張市が財政再建団体に指定される
県と中国浙江省の友好提携25周年記念式典・交流会を静岡市で開催	
浜松市が政令市に移行	
常葉菊川高が選抜高校野球大会で優勝	
	国民投票法が成立
朝鮮通信使400周年記念事業のメーン行事として再現行列が行われる	
	年金不明記録問題が浮上
富士山が世界文化遺産暫定リスト入り	
	米サブプライムローン問題で世界同時株安
	日本郵政グループ誕生
中国・杭州市で県と浙江省との友好提携25周年式典	
世界お茶まつり2007を開催	
沼津市・静岡市でユニバーサル技能五輪国際大会	
	後期高齢者医療制度スタート
静岡空港開港に向け観光客誘致のため、県が観光局を新設し強化	
	日伯移民100周年、東京、神戸で式典、浜松でイベント
フジドリームエアラインズ（FDA）が小松、熊本、鹿児島に定期便就航を表明	
	米証券大手リーマン・ブラザーズ経営破たん、金融危機が拡大

		10.28	
		10.29	
		11.4	
		12.25	
2009	平成 21	3.25	知事辞職の意向を表明
		4.30	
		5.19	辞表を提出
		5.21	
		6.1	
		6.4	
		6.11	
		6.17	知事を退任
		7.5	
		7.23	
		8.11	
		8.30	
		9.19	
		10.24	
		10.29	
		12.21	

	日経平均株価がバブル後最安値となる 6994 円 90 銭を記録
知事が県議会全員協議会で立ち木問題を説明し、静岡空港の翌年３月開港断念を表明	
自動車に「富士山ナンバー」導入	
静岡空港の暫定運用による開港が 09 年６月４日に決まる	
	米自動車３位のクライスラーが経営破たん
	裁判員裁判制度がスタート
	米自動車再大手の GM が経営破たん
富士山静岡空港開港	
	新型インフルエンザが猛威、WHO がパンデミック宣言
県知事選、川勝平太氏当選	
フジドリームエアラインズ（FDA）が就航開始	
駿河湾震源に最大震度６弱の地震発生	
	衆院選で民主党圧勝、政権交代
浜松モザイカルチャー世界博が開幕	
「第 24 回国民文化祭・しずおか 2009」が開幕	
	日本航空が企業再生支援機構に支援要請
県議会が２月 23 日を「富士山の日」とする条例案を可決	

資料編（石川県政 16 年のあゆみ、関連年譜）
は横組みです。
最終ページからご覧ください。

■編集・写真協力

静岡県／静岡新聞社／静岡文化芸術大学

地方自治と半世紀

石川嘉延（第13～16代静岡県知事）回想録

2023年11月24日　初版発行

著者・発行者　石川嘉延

編集制作
発売元　株式会社静岡新聞社
〒422-8033　静岡市駿河区登呂3-1-1
TEL054-284-1666

印刷製本　三松堂株式会社

ISBN978-4-7838-8075-2